디지털 시대
인문학의 미래

일 송
학술총서
7

Digital

디지털 시대
인문학의 미래

이중원
신상규
구본권
샹제項潔 · 천리화陳麗華
김일환 · 이도길
Wayne de Fremery · 김상훈

일송기념사업회 편

人文學

인공지능의 발달로 인간과 유사한 인격성을 가진 로봇이론바로보사피엔스의 등장이 머지않았다 이에 따라 로봇의 도덕성 책임을 새로운 윤리적 철학적 문제가 떠올랐다

디지털과 빅데이터 덥분에 역사 문학 등 인문학 연구에서도 자료의 축적 활용의 폭이 회기적으로 커졌다 도구로서의 디지털 정보를 어떻게 구축하고 활용할 것인가

유적견 지능을 놓고 인공지능이 야기한 지적 변화에 대한 일인가 책임은 누구의 몫인가 로봇과 친구나 연인

푸른역사

한림대학교 한림과학원 일송기념사업회는 한림대학교 설립자 고故 일송一松 윤덕선尹德善 선생의 유지를 기리기 위해 2009년부터 매해 가을 학술대회를 개최하기로 했습니다. 일송 선생은 늘 한국의 앞날을 걱정하고 우리 사회의 병폐를 광정하는 데 평생 고민하셨습니다.

일송 선생은 "한국의 형체는 허물어졌어도 한국의 정신은 멸하지 않고 존속해 언젠가는 그 형체를 부활시킬 때가 온다"는 박은식朴殷植 선생의 경구를 자주 인용하면서 올바른 역사인식의 중요성을 강조하셨습니다. 또한 선생은 언제나 초가집 처마 밑에서 밖의 세상을 모르고 읊조리는 제비와 같은 좁은 시야를 하루 속히 탈피하고 국제적인 안목을 지녀야 한다고 말씀하셨습니다. 세계적인 수준에서 우리의 올바른 역사의식을 갖추라는 선생의 이 같은 당부는 오늘날 우리가 시급히 풀어야 할 시대적 과제이기도 합니다.

이에 일송기념사업회는 "한국 사회, 어디로 가야 하나"를 장기 주제로 삼고 이 주제에 부응하는 연차 주제를 매년 선정해 일송학술대회를 개최키로 했습니다. 교육, 역사, 학문, 통일, 문화, 삶과 가치, 인간과 자연과 같은 우리 사회의 근본 문제들을 한국의 역사와 전통, 그리고 미래의 바람직한 발전 방향과 밀접히 연계해 검토하기로 했습니다.

일송학술대회는 이들 문제를 일회적인 학술모임의 차원을 넘어서 한반도에서 인간적이고 한국적인 삶을 영위하기 위해 우리의 시각에서 조망할 것입니다. 또한 시대의 문제를 총체적으로 파악하고 그 대안을 숙고했던 위대한 실학자들의 학문 정신을 계승해 새로운 한국적 학문 전범典範을 세우도록 노력하겠습니다. 이를 위해 국내의 석학들을 비롯한 중견, 소장 학자들을 두루 초빙하여 거시적인 안목에서 성찰하고 실사구시實事求是의 정신에 입각한 방향 제시를 모색하고자 합니다.

일송기념사업회 운영위원장

김봉구

Digital

다가올 로보 사피엔스의 철학적 문제들

이중원

人文學

인공지능의 발달로 인간과 유사한 인격성을 가진 로봇 이른바 로보 사피엔스의 등장이 머지않았다 이에 따라 로봇의 도덕성 책임문 등 새로운 윤리적 철학적 문제가 떠올랐다

디지털 빅데이터 덕분에 역사 문학 등 인문학 연구에서도 자료의 축적 활용의 폭이 획기적으로 커졌다 도구로서의 디지털 정보를 어떻게 구축하고 활용할 것인가

유전적 지능을 높혀주는 ... 전통하여 인공지능이 야기한 ... 책임은 누구의 몫인가 로봇과 친구나 연인

다가올 로보 사피엔스의 철학적 문제들

포스트휴먼 시대

인류 역사에서 17~18세기의 근대 혁명은 근대적인 의미의 개인은 물론 그러한 개인들로 구성된 사회를 탄생시켰고, 나아가 인간 개개인의 존엄성과 주체성을 강조하는 인본주의 곧 휴머니즘을 탄생시켰다. 또한 그동안 철학에서 인간 본성의 핵심 요소로 알려진 감성, 이성, 도덕성, 의식, 자유의지 등에 대한 철학적 분석들이 본격적이고 체계적으로 시작되었다. 뿐만 아니라 인간과 신, 인간과 인간, 인간과 자연, 인간과 기계 등의 관계에 대해서도 인간중심적인 관점에서 새로운 정립이 이루어졌다. 바로 인간과 인간이 아닌 다른 모든 것들을 구분하고, 주체인 인간을 중심으로 다른 모든 것들이 인간 주위에 객체로서 마주하도록 설정한 것이다. 한마디로 모든 사유가 개인인 '나'를 중심으로 이루어지는 인간중심주의가 확립된 것이다.

근대부터 본격적으로 발전하기 시작한 과학의 경우도 이러한 인간중심주의를 벗어나지 못하고 이에 기초하고 있다. 과학적 탐구에서 인간은 객체이자 대상인 자연을 탐구하는 인식의 주체이자 능동적 행위자이다. 가령 자연의 모든 정보들은 인간이 설계한 관측장치나 실험도구에 의해 인간이 인지할 수 있는 형태의 정보로 수집되고 분석되며, 자연의 모든 법칙과 현상들은 수학을 포함한 인간이 만들어 낸 언어 및 개념체계에 의해 규정되고 이해된다. 기술의 경우도 기술 개발의 목적 자체가 인간 생활의 풍요로움에 있는 한 인간중심주의를 벗어날 수 없다. 결국 그동안 구축된 과학기술문명 자체도 인간의, 인간에 의한, 인간을 위한 인간중심의 문명인 셈이다.

그렇다면 우리가 살고 있는 지금, 21세기는 어떠한가. 20세기까지 기계는 주로 인간의 육체적 활동들을 대신해 주는 방향으로 발전해 왔다. 하지만 20세기 말부터 생명공학기술, 정보통신기술, 나노기술, 로봇기술 등 육체적 측면에서 인간이 지닌 물리적, 생물학적 능력의 한계를 훨씬 뛰어넘는 일들을 수행하는 첨단 기술들이 발전하면서, 과거 인간의 외부에서 인간을 도와 주는 단순한 도구에 불과하던 기계적 장치들에 대한 인식의 변화가 싹트기 시작하였다. 그 중 하나가 외부 세계를 지각하는 데 필요한 기계적 장치들을 인간 외부의 대상이 아니라 인간 신체의 연장선상에서 인식주체의 일부로 간주하는 것이다.[1] 가령 나의 감각지각 기능을

---

[1] 돈 아이디D. Idhe는 기술을 인간이 세계를 구성하는 하나의 방식으로 보고 있다. 단순히 목적 달성을 위한 중립적 수단으로 존재하는 것이 아니라, 인간과 세계 사이에 개입하여 그 관계를

높여주는 전자현미경, 전파망원경 등 다양한 첨단 기계적 장치들은 이제 나의 외부에 존재하는 대상으로서의 도구가 아니라, 나의 감각지각의 한계로 접근할 수 없었던 나노세계와 초거시적 우주세계에 대해 인지 가능한 정보를 제공해 줌으로써 나의 인지 능력을 놀랄 만큼 확장시켜 주는 나의 '확장된 자아'가 된다. 마치 시각을 통하지 않고는 일상세계를 관찰할 수 없듯이, 이러한 장치들에 의존하지 않고는 인간은 세계와 단절되고 더 이상 세계를 탐구하는 인식주체가 될 수 없게 된 것이다. 이제 인간은 이러한 첨단 장치들이 제공해 준 정보에 대한 해석을 통해서만 세계를 이해할 수 있게 되었다는 점에서, 그러한 기계적 장치들은 인식주체에게 없어서는 안 될 중요한 일부가 됐다고 말할 수 있을 것이다.

하지만 보다 근본적인 변화는 다른 데 있다. 21세기에 들어오자마자 인간의 생활세계에 커다란 변화가 발생하였는데, 바로 인간의 육체적 활동을 뛰어넘어 인간의 정신적 활동까지 대신해 줄 기술이 급속히 발전하고 있다는 점이다. 실제로 21세기에 들어오면서 인간의 지적 능력을 훨씬 뛰어넘는 인공지능 컴퓨터 및 프로그램이 구체적으로 현실화되고 있다. 이미 세계 최고의 체스 선수들을 연거푸 이긴 인공지능 프로그램 '딥 블루', 포커게임에서 매우

굴절시키고 궁극적으로 인간의 실존방식에 어떤 식으로든 영향을 가한다. 아이디는 기술이 존재하는 방식, 달리 말해 인간이 세계와 교섭하는 과정에서 기술이 인간과 맺는 관계를 체현관계embodiment relation, 해석관계hermeneutic relation, 배경관계background relation 등 세 가지 유형으로 제시하고 있다. D. Idhe, *Technics and Praxis*(1979), pp. 6~14.

높은 승률을 자랑하는 '케페우스', 미국의 제퍼디 퀴즈 쇼에서 과거의 쟁쟁한 우승자들을 이기고 우승한 IBM의 '왓슨', 가장 복잡하다고 알려진 바둑게임에서 세계 최고 고수들을 연거푸 이기고 있는 구글 딥 마인드의 '알파고' 등등. 여기에 머물지 않는다. 가정이나 직장에서 똑똑한 비서 역할을 해 주는 각종 인공지능 장치들, 인간의 심리를 상담해 주는 다양한 인공지능 프로그램들, 자율적인 판단으로 움직이는 자동차나 군사용 로봇 등이 이미 선보였다.

예전에는 주로 공상과학소설이나 영화 속에서나 나올 법한 얘기들이 지금은 모두 현실이 되어 가고 있다. 이들은 어떤 특정한 영역에서 인간의 지능을 훨씬 뛰어넘는 고도의 인지 능력을 지녔다는 공통점을 갖고 있다. 나아가 어떤 인공지능들은 인간의 지적 능력을 뛰어넘을 뿐 아니라, 인간처럼 느끼고 생각하고 행동하는 능력도 갖추고 있다. 이런 추세라면 머지않은 미래에 높은 지능에만 국한된 것이 아니라 인간처럼 스스로 학습하면서 성장하고, 인간의 감정을 표현하고 대화를 나누며, 인간처럼 자율적으로 판단하고 행동하는 인공지능 로봇이 등장하게 될 것이다. 이뿐만이 아니다. 인간의 신체 일부가 기계로 대체돼 기존의 인간의 능력을 훨씬 뛰어넘는 사이보그도 등장할 것이고, 인간의 형상을 꼭 빼닮은 인공지능 휴머노이드 로봇도 등장할 것이다. 한마디로 로보 사피엔스의 출현이 예고된다.[2]

---

[2] 이 말은 미국의 TV 뉴스 연출자인 페이스 달루이시오Faith D'aluisio와 사진작가인 피터 멘젤 Peter Menzel이 2000년에 쓴 책인 《새로운 종의 진화, 로보 사피엔스》에서 처음 사용됐는데, 진

그렇게 본다면 21세기는 인간과 기계의 탈경계 시대, 기계가 인간 외부에서 객체인 도구로 머무는 것이 아니라 인간의 몸과 마음의 일부로서 주체가 되는 시대, 나아가 감성, 이성, 자율성 등 그동안 인간에게만 고유한 것으로 인식됐던 능력들이 인간이 아닌 기계에서도 구현 가능한 시대, 한마디로 포스트휴먼 시대라고 말할 수 있을 것이다. 2016년 알파고의 등장은 이의 시작을 알리는 경종에 다름 아니다.

로보 사피엔스의 기술적 토대

'사피엔스sapiens'라는 말은 '지혜로운'이란 의미를 지닌 라틴어다. 그렇다면 '로보 사피엔스'는 인간처럼 지혜로운 로봇을 의미한다. 로보 사피엔스는 다른 말로 하면 바로 휴머노이드 로봇이다. 인간은 아니지만 인간처럼 생각하고 느끼고 행동하는 로봇이다. 이것이 과연 진화론적 차원에서 호모 사피엔스인 인간을 대체할 것인지는 지금의 과학 영역에선 언급하기 매우 어렵지만, 적어도 인간처럼 생각하고 느끼고 행동하는 인격성을 지닌 로봇이 머지않은 미래에 등장하게 될 것임은 분명하다. 어떻게 그런 일이 가능할까.

화론적 시각에서 호모 사피엔스인 인간을 대체할 수 있다는 가능성을 함축하고 있다. 이 글에서는 그 책 속에 쓰인 '로보 사피엔스'이 이미이느 ㅍㅋ세, 놈 너 넓게 재해석한 의미로 로보 사피엔스라는 표현을 사용하고자 한다.

인간이 아니면서 인간과 유사한 인격성을 지닌 로봇이 등장하기 위해선 다음과 같은 조건들이 필수적이다. 우선 인간의 지능에 준하거나 능가하는 인공지능을 갖추고 있어야 한다. 이는 주로 논리적으로 추론하고 합리적으로 분석하는 이성적인 영역의 지적인 작업들을 수행하는 데 필요하다. 다음으로 인간처럼 감성적이고 정서적인 영역에서 감정을 느끼고 표현할 수 있는 능력이 있어야 한다. 마지막으로 인격성의 가장 핵심적 요소라 할 수 있는 스스로 판단하고 결정할 수 있는 자율성, 자의식, 자유의지가 있어야 한다. 현재 휴머노이드 로봇의 발전 수준은 첫 번째 조건인 지적인 작업을 수행하는 인공지능의 영역에서 보면 상당한 발전 단계에 와 있고, 두 번째 조건인 감정 인지 및 표현 능력과 관련해서는 초기 발전 수준을 넘어서고 있다. 하지만 세 번째 조건과 관련해서는 이론적으로 다양한 논의들은 있지만 실제로 자율성이나 자유의지를 기술적으로 구현하고 있지는 못하다. 그런 면에서 로보 사피엔스는 전체적으로 이제 시작 단계에 들어섰다고 말할 수 있다. 그렇다면 각 요소 별로 어느 정도의 발전이 이루어지고 있는지 개략적으로 살펴보자.

2014년 6월 영국 왕립학회는 '유진 구스트만'이라는 슈퍼컴퓨터에서 돌아가는 '유진Eugene'이란 인공지능 프로그램이 튜링 테스트를 최초로 통과했다고 발표했다.[3] 튜링 테스트는 영국의 전산학

---

[3] http://www.yonhapnews.co.kr/international/2014/06/09/0601330100AKR20140609020400091. HTML

자인 앨런 튜링Alan Turing이 개발한 테스트로 '기계가 과연 인간처럼 생각할 수 있는가'를 판정하는 방법으로 사용되어 왔다.[4] 이에 따르면 컴퓨터가 인간과 문자로 대화를 주고받는 상황에서 컴퓨터의 반응을 인간의 반응과 구별할 수 없다면, 그 컴퓨터는 인간처럼 생각하는 것으로 보아야 한다는 것이다. 실제로 유진 프로그램은 우크라이나에 사는 13세 소년인 것처럼 사람과 대화를 나누었고, 이 상황을 커튼 뒤에서 지켜보던 심사위원 가운데 33퍼센트 이상이 '유진'을 진짜 13세 소년으로 착각함으로써 튜링 테스트를 통과하게 된 것이다.

이보다 먼저 아이비엠의 최초 회장이었던 토마스 왓슨의 이름을 따 만들어진 아이비엠의 인공지능 컴퓨터인 '왓슨Watson'은 2011년에 미국의 유명한 퀴즈 쇼인 '제퍼디'에 참가하여 그동안 제퍼디 퀴즈 쇼 사상 최대 금액 우승자 및 최장기 챔피언 기록 보유자와의 대결에서 승리하는 기염을 토했다. 한편 1996년에는 역시 아이비엠에서 만들어진 '딥 블루deep blue'라는 인공지능 컴퓨터가 체스 경기에서 세계 챔피언인 인간을 이겼다. 이외에도 인간과 자연스럽게 가상의 지능적인 대화를 나눌 수 있도록 한 '채터봇chatterbot'이라는 인공지능 프로그램도 다양한 용도에 맞게 개발되어 있다. 가령 환자와 대화하면서 심리치료사의 역할을 수행하는 인공지능 상담 프로그램인 '엘리자Eliza' 등등. 채터봇의 경우

---

[4] A. M. Turing, "Computing Machinery and Intelligence", Mind, 59(1950), pp. 433~460.

대부분 언어와 문맥을 사람과의 상호작용을 통해 스스로 배우도록 설계되어 있다. 음성 인식이 기존에 정해진 패턴의 음성만을 인식할 수 있도록 한 특정 알고리즘 기반의 하향적 방식에서, 무수히 집적한 빅데이터를 활용하여 자기학습을 통해 다양한 음성 패턴들을 인식할 수 있도록 한 상향적인 딥 러닝deep-learning 방식으로 바뀌어, 인간과의 자연스러운 대화가 훨씬 용이해지고 있다. 한마디로 인간의 능력을 훨씬 뛰어넘거나, 아직은 완벽하진 않지만 인간처럼 생각하면서 행동하는 인공지능 컴퓨터들이 속속 등장하고 있다.

최근의 충격적인 예를 하나 더 들자면, 인간처럼 논리적이고 합리적으로 생각하며 스스로 자율적인 학습을 통해 성장하고 행동하는 인공지능 알파고를 생각해 볼 수 있다.[5] 알파고에는 세 가지 핵심기술이 적용돼 있다. 하나는 자율적인 학습을 가능케 하는 딥 러닝 기술이고, 다른 하나는 수많은 컴퓨터들을 네트워크로 연결하여 작동케 하는 클라우드 컴퓨팅cloud computing 기술이며, 마지막으로 바둑에 관한 수많은 정보들을 효율적으로 활용케 하는 빅데이터 분석big-data analytics 기술이다. 딥 러닝 기술은 인간두뇌의 신경망을 모방한 알고리즘을 개발, 적용하여 인간의 두뇌가 학습하고 사고하는 것처럼 사고할 수 있도록 하고 있다. 즉, 이 인공신경망 알고리즘을 통해 알파고가 인간과 유사하게 스스로 학습

---

5 http://www.yonhapnews.co.kr/bulletin/2016/09/13/0200000000AKR20160913132700007. HTML?input= 1 179m

하여 성장할 수 있을 뿐만 아니라, 논리적으로 추론하고 합리적으로 분석하는 이성적인 영역의 지적인 작업들을 수행함으로써 인간을 능가하는 지능을 갖출 수 있게 한 것이다. 그런 의미에서 딥러닝 기술은 인간과 유사한 지적 능력이나 자율성의 기반이 되는 핵심기술이라 할 수 있다. 클라우드 컴퓨팅 기술은 수많은 컴퓨터가 네트워크로 연결되어 동시에 병렬작업을 수행함으로써 빠른 속도의 정보처리를 가능하게 하는 기술이며, 빅데이터 분석 기술은 지금까지 바둑에 관한 수많은 정보들을 집적한 빅데이터를 알파고가 가장 효과적으로 활용할 수 있도록 분석하는 기술이다. 이러한 기술들의 도움을 받아 알파고는 현재도 바둑에 관한 한 천하의 고수들을 상대로 연승 행진을 이어가고 있다.

한편 인간의 감정을 인식하고 표현할 수 있는 로봇, 소위 감성로봇은 어느 정도까지 발전하고 있는가. 가장 최근인 2014년에 일본의 소프트뱅크 사는 사람의 감정을 인식하고 이에 따라 반응 행동을 적절히 표현하는 감성로봇 '페퍼pepper'를 발표했다.[6] 페퍼에게는 두 가지 기술이 적용되었다. 하나는 사람의 얼굴을 보거나 음성을 듣고 그 사람의 감정을 인식하는 감정 인식 기술이다. 감정 인식을 위해서는 표정, 동작, 말소리 등을 인식할 수 있는 시청각 센서 기술이 필수적이다. 나아가 최근에는 웨어러블 컴퓨터 등을 활용하여 인간의 감정과 관련한 체온, 심장 박동 등의 생리

---

[6] http://www.yonhapnews.co.kr/bulletin/2014/06/06/0200000000AKR20140606044000073.HTML?input=1179m

적 변화를 측정함으로써 인간의 감정을 더욱 풍부하게 인식할 수 있다. 이러한 기술과 딥 러닝 기술이 어우러져 페퍼는 인간의 감정을 체계적으로 인식할 수 있는 능력을 갖게 되었다. 그 결과 페퍼는 기존에 프로그래밍 된 대로 행동하지 않고, 사람들의 감정을 인식한 다음 자기학습을 통해 그에 적합한 행동을 스스로 만들어 나간다. 또 다른 기술은 '클라우드 서비스 감성 엔진'이라 불리는 기술이다. 인공지능을 갖춘 클라우드 환경 안에서 여럿의 페퍼가 접속하여 각자가 인지하고 학습한 다양한 감정 및 반응 행동에 관한 정보들을 공유하는 방식으로 감정에 관한 일종의 집단지성을 만들어 내는 기술이다. 또한 클라우드 환경에서는 인간의 감정과 관련한 빅데이터에 접속이 가능한 만큼, 이를 통해 페퍼는 인간의 복잡하고 다양한 감정들을 빠르게 인지하고 학습할 수 있을 뿐 아니라 보다 정교하게 반응할 수 있게 될 것이다. 페퍼와 같은 로봇이 인간의 감정을 인식하고 표현할 수 있다고 해서 그것들이 인간과 같은 감정과 정서를 동일하게 갖고 있다고 말하기는 아직 일러 보인다. 하지만 이런 능력으로 인해 로봇은 충분히 인간과 감성적 차원의 교류를 할 수 있으며, 이는 인간과 로봇 간의 사회적 관계를 형성하는 데 매우 중요한 기초가 되는 것임은 분명해 보인다.

마지막으로 로보 사피엔스에서 가장 어려운 부분인 자율성, 자의식, 자유의지에 대해 살펴보자. 이러한 능력들은 앞의 두 가지 능력과 달리 아직까지 과학적으로나 기술적으로 구현된 적이 없다. 엄밀히 말하자면 이런 문제를 중점적으로 다루는 철학이나 심리학에서조차 자율성이나 자의식이 무엇인지, 자유의지가 무엇인지에 대해 어떤 통일된 견해가 존재하지 않는다. 그럼에도 불구하고 인간이 아닌 고등동물이나 인공지능 로봇에게 인격성을 부여하려는 철학적인 시도들과, 인간의 자율성이 결국 뇌의 복잡한 활동의 산물일 수 있다는 최근의 뇌과학 연구 성과를 바탕으로 자율성 나아가 자의식을 표현할 수 있는 뇌의 시스템에 대한 수학적 모델링 작업들이 시도되고 있다.

최근의 뇌과학을 보면 자율성이나 자유의지에 대한 기존의 생각에 도전하는 새로운 연구 결과들이 나오고 있다. 전통적으로 인간은 자유의지를 갖고 있고 이것을 통해 두뇌나 육체가 움직인다고 믿어 왔다. 그런데 1983년에 신경외과 의사인 미국의 벤자민 리벳과 동물생리학자인 독일의 한스 코른후버 등이 행한 의식과 행동에 관한 뇌 실험(소위 '리벳의 실험') 결과를 보면 이와 전혀 다른 결과가 나왔다.[7] 가령 나의 의지로 손을 드는 경우, 내 마음이 의지에 따라 결정을 내리고 나면 뇌가 이에 따라 작동하고 뇌에 의해 다시 손을 드는 행동이 뒤이어 일어나는 것이 아니라, 내 마음이 결정을 내리기 이전에 이미 나의 뇌는 그런 결정을 알고 있었고 바로 이에 의해 행동이 일어났다는 것이다. 이를 액면 그대

---

[7] B. Libet, C.A. Gleason, E.W. Wright & D.K. Pearl, "Time of conscious intention to act in relation to onset of cerebral activity (readiness potential). The unconscious initiation of a freely voluntary act", *Brain*(1983) 106: pp. 623~642.

로 해석하면 우리 행동의 원인은 인간의 의지가 아니라 뇌이며, 그럴 경우 자유의지는 뇌의 산물에 지나지 않게 된다. 하지만 리벳의 실험이 자유의지를 부정하는 실험이라고 단정 짓기는 곤란하다. 이는 단지 인간의 뇌 안에 행동에 관한 자율적 예측 시스템이 존재하여 의식을 통한 행동 결정을 예측할 수 있음을 주장하고 있기 때문이다. 이러한 결과를 바탕으로 최근의 인공지능 연구에서는 우리의 뇌가 미래의 행동과 관련한 예측적 학습을 할 수 있는 능력을 갖고 있고 이를 수학적으로 어떻게 모델링 할 것인가에 많은 관심이 집중되고 있다. 만약 이러한 모델링이 성공적으로 이루어지고 이에 대한 기술적 구현이 가능해진다면 적어도 자율성을 지닌 인공지능의 탄생은 머지않아 가능할 것으로 예측된다. 이것이 이루어진다면 자유의지, 자의식을 무엇으로 규정하는가에 상관없이, 인간처럼 자율성을 갖고 생각하고 행동하는 로보 사피엔스의 등장 가능성은 더욱더 높아질 것이다.

이러한 로보 사피엔스의 등장은 우리에게 새로운 철학적 문제들을 던져 주고 있다. 우선 더 이상 인간의 직접적 조작에 의해 작동하거나 지속적인 개입을 필요로 하는 수동적 존재가 아니라, 일종의 직권 위임에 의해 스스로의 자율적 판단을 통하여 행동하는 능동적 행위자,[8] 곧 로보 사피엔스를 존재론적으로 어떻게 규정할 것인가, 달리 말해 이들의 존재론적 본질은 무엇인가, 라는 새로

---

[8] 예를 들어 자율주행 자동차에 장착된 인공지능 프로그램은 더 이상 자동차의 보조적인 장치가 아니라 자동차를 직접 운전하는 운전자의 범주에 해당한다.

운 철학적 문제에 직면하게 된다. 나아가 이들의 출현으로 인간은 앞으로 과거에 전혀 경험하지 못했던 새로운 유형의 다양한 윤리적·사회적 문제들에 직면하게 될 것이고, 인간과 로보 사피엔스의 공존이라는 새로운 시대적 과제를 안게 될 것이다. 이러한 문제들에 보다 능동적이고 미래지향적으로 대처하기 위해, 존재론적·윤리학적 관점에서 인공지능을 포함한 로보 사피엔스의 철학적 문제들에 대한 체계적인 연구가 필요하고 중요하다. 여기서는 로보 사피엔스의 존재론적 문제와 관련 비인간 인격체로서의 가능성을, 그리고 로보 사피엔스의 윤리학적 문제와 관련 준도덕적 행위자로서의 가능성을 집중 논의하고자 한다.

로보 사피엔스의 인격성

앞서 언급한 바와 같이 앞으로 맞닥뜨릴 로보 사피엔스는 인간에게 유용한 스마트한 도구로서가 아니라 인간과 흡사한 인격체로서의 본성을 지닐 가능성이 높다. 그런 연유로 지금까지 인간중심적인 관점을 견지하고 있는 철학적 견해들은 이러한 로보 사피엔스의 본성을 올바로 해석하고 판단하는 데 많은 어려움을 겪을 수밖에 없다. 그래서 탈인간중심적인 관점에서 로보 사피엔스의 이 같은 본성을 제대로 해석하고 평가할 수 있는, 로보 사피엔스의 존재론에 대한 논의가 시급하다. 로보 사피엔스의 존재론적 본성에 관한 연구 작업은 한편으로는 동서양을 막론하고 전통적인 철학체계 가운데서 인격성의 다양한 요소들을 인간에게만 배타적으로 적용하지 않은 철학적 견해들을 중심으로 살펴보면서, 다른 한편으로 최근의 뇌과학 및 인지과학 그리고 컴퓨터과학의 연구 성과들을 바탕으로 인공지능에 대한 새로운 해석을 시도하는 철학적 작업들을 기반으로 이루어지는 것이 바람직하다. 로보 사피엔스의 물리적 특성에 대한 과학적 이해와 이에 상응하는 인격성에 대한 철학적 분석을 융합할 때 로보 사피엔스의 존재론적 본질을 제대로 규명해 볼 수 있을 것이기 때문이다. 여기서는 특별히 로보 사피엔스의 인격체로서의 가능성에 초점을 맞추어 논의를 전개하고자 한다.

로보 사피엔스의 존재론적 본질에서 중요한 관건은 인격성이다. 우선 인격성 개념부터 살펴보자. 영국의 경험론 철학자이면서 다른 경험론자들과 달리 이성적 활동의 중요성을 받아들인 존 로크J. Locke는 근대적 개인 개념을 확립하는 과정에서 인격person과 인간man의 개념을 구분했다.[9] 인간을 생물학적인 종 개념으로 본 반면, 인격은 "이성을 갖고 반성하며 시간과 장소의 변화에도 불구하고 자기 자신을 자기 자신으로 여길 수 있는 생각하는 지적 존재자"[10]

---

[9] 로크의 작업은 궁극적으로는 근대적인 개인 개념에 대한 철학적 토대를 확립하려는 데 있다. 즉 르네상스 이후 새롭게 등장한 인간에 초점을 두고 근대적 개인의 정체성을 인격의 동일성으로부터 구축하려 한다. 하지만 그의 인격성 개념은 인간에만 국한되지 않는다. John Locke, *An Essay concerning Human Understanding*(Oxford: Clarendon Press, 1975), 2권 27장.

[10] John Locke, *An Essay concerning Human Understanding*, (Oxford: Clarendon Press, 1975), p. 335.

로 보았다. 달리 말해 이성에 근거를 둔 반성적 사고능력, 타자와 구분되는 '자아self' 형성 능력, 그리고 자신의 자아 동일성을 확인하는 기억 능력을 인격성의 핵심으로 간주했다. 그래서 그런 능력을 가진 존재자가 있다면, 인간이 아니라 하더라도 그 무엇이든 로크적인 의미에서 인격성을 가졌다고 말할 수 있다. 따라서 인간처럼 생각하고 판단하며 행동하는 로보 사피엔스가 존재한다면, 이에 로크의 인격 개념을 충분히 적용해 볼 수 있을 것이다.

이렇듯 로크적인 의미의 인격성 혹은 인간에서와 유사한 인격성 개념을 로보 사피엔스에 적용하고자 한다면, 로크가 언급한 인격성의 요소들 혹은 조건들이 오늘날 혹은 앞으로 기술적으로 구현될 수 있는가에 대해, 적어도 가능성 차원에서라도 면밀한 검토가 필요하다.[11] 우선 논리적으로 추론하고 합리적으로 분석·판단하는 이성적인 영역의 작업들을 수행할 수 있는 능력부터 살펴보자. 이는 단순히 지적 작업에만 그치지 않고, 나아가 반성적이고 비판적인 사고를 통해 도덕적인 판단에 이르는 데도 필요하다. 예를 들어 자율주행 차의 경우 윤리학에서 '전차 문제Trolley Problem'라 불리는 도덕적인 문제 상황이 발생할 수 있다. 가령 자율주행 차의 브레이크가 갑자기 고장 났을 경우 도로상의 교통방어벽에 부닥쳐 승차자만 다치게 할 것인지, 아니면 승차자의 안

---

[11] 이에 관한 자세한 논의는 다음을 참조할 것. 이중원·김형찬, 〈로봇의 존재론적 지위에 관한 동·서철학적 고찰〉, 《동서의 학문과 창조》, 이학사, 2016, 이종원, 〈인공지능 로봇은 인격체가 될 수 있는가〉, 《인문의 길, 인간의 길》, 한길사, 2016, 89~106쪽.

전을 위해 인도로 돌진해 행인이 다치고 상점이 파손되도록 할 것인지를 결정해야 하는 상황이 발생할 수 있다. 이를 해결하려면 적어도 해당 지역의 주변 및 교통 상황에 대한 정확한 정보 수집과 이에 대한 신속하고도 합리적인 분석은 물론, 다양한 선택 가능지의 설정과 각각의 선택지가 가져올 위험들에 대한 비판적 성찰을 바탕으로 최선의 선택, 곧 특정한 도덕적 판단에 근거한 결정이 내려져야 한다. 이 경우 어떠한 도덕석 가치를 근기로 한 선택이 올바른가를 놓고 인간들 사이에서 매우 복잡한 논쟁은 일겠지만, 만약 논쟁을 거쳐 적어도 사회적으로 수용 가능한 도덕적 가치가 제시된다면, 이를 도덕적인 행위 프로그램이나 관련된 빅데이터를 통해 자율주행 차에 기술적으로 구현하는 것은 불가능한 일이 아니다.

다음은 자아 형성 능력이다. 자아 형성을 위해서는 적어도 외부 세계에 관한 다양한 정보에 접근할 수 있는 능력과 이 정보들을 대상으로 스스로 학습할 수 있는 능력이 필요하다. 이는 마치 어린아이가 다양한 경험과 학습을 통한 성장 과정에서 스스로 자아를 형성해 가듯이, 타자와 구분되는 자신의 자아를 형성하는 데 필수적이다. 경험론 철학자인 로크에 따르면 자아는 백지 상태에서 출발하여 무수한 경험을 통해 형성된다. 보다 철저한 근대 경험론자인 흄은 자아를 단지 다양한 지각들의 다발이나 집합으로 보았다. 흄에 따르면 자아란 무엇을 인식하고 의식하고 행위하기 위해 선험적으로 있어야 할 어떤 것이 아니라, 인식하고 의식하고 행위하는 경험의 과정을 통해 형성되는 것이다.[12] 또한 자아는 인격성의 중요한 요소라 할 수 있는 자율성, 자의식, 자유의지와도 밀접한 연관이 있다. 자아가 성숙해질수록 자의식이나 자유의지 또한 한층 분명해질 것이고 궁극에는 이것들이 자신과 타자를 완전하게 구분하는 근거가 될 것이기 때문이다. 이러한 관점에서 본다면 자아의 형성은 기술적으로는 빅데이터 기술, 클라우드 컴퓨팅 및 네트워킹 기술 그리고 머신 러닝 기술로 가능할 수 있다. 특히 빅데이터 기술은 인간이 오랜 진화 및 경험 과정에서 축적한 정보들을 빅데이터 형태로 간단하게 집적하여 학습자료로 제공해줌으로써 효율적인 기계학습이 가능하도록 하고 있고, 현재의 머신 러닝 기술은 아직 초보적인 수준에서 자율성을 구현하고 있을 뿐이지만 언젠가는 인간에서와 같은 고차적인 자율성이나 자유의지를 기술적으로 구현할 것으로 예상된다.

마지막으로 자아의 동일성을 지속적으로 확인할 수 있는 능력이다. 로크 자신은 경험론자이면서도 이성적 요소들을 받아들이고 있었기에 자아의 동일성 문제를 중요하게 강조했다. 그리고 이와 관련 기억의 역할을 강조하고 있다. 자아에 대한 지속적인 동일한 기억이 인격성에서 중요하다고 보았기 때문이다. 이러한 기억의 능력은 기술적으로 구현하기 어렵지 않다. 이미 형성된 자아와 관련된 중추적인 내용들을 빅데이터 형태로 특정한 메모리 안

---

[12] 자아 혹은 인격성에 관한 흄의 주장에 대해서는 다음을 참조할 것. D. Hume, *A Treatise*, Book I, Part 4, Sect. 6; Appendix to the *Treatise*.

에 저장해 두든가, 아니면 딥 러닝을 통한 학습 과정에서 이것들을 기억해 내는 방식으로 구현할 수 있다.

한편 동양철학의 관점에서 보면 어떠할까? 다른 철학적 관점들도 가능하겠지만, 우선 성리학의 심성론에서 로보 사피엔스에게 어떤 인격성을 부여할 수 있는지에 관한 실마리를 찾아 볼 수 있다. 개략적인 수준에서 살펴보면, 성리학은 우주와 인간에 대한 통일적인 세계관을 확립하여 유교적인 도덕적 실천의 확고한 근거를 마련하기 위한 학문이다. 우선 성리학은 이理와 기氣 개념에 근거한 독특한 존재론을 갖고 있다. 그것에 따르면, 모든 사물은 이와 기로 구성돼 있고, 이란 어떤 사물을 그것이 되도록 하는 이치로서 만물의 존재 및 생성에 관한 법칙 또는 원리를 뜻하며, 기란 어떤 것의 이치가 실현될 수 있는 질료 혹은 재료이자 이를 실현시키는 힘을 가리킨다. 여기서 이는 기의 존재 근거이고 운동 원리이지만 기에 의존함 없이 존재하거나 운동하지 못한다는 면에서, 이와 기는 '서로 떠날 수 없고, 서로 섞이지도 않는' 긴밀한 상관관계를 갖고 있다고 말할 수 있다. 우주의 존재 및 생성에 관한 이와 같은 이기론의 분석은 성리학에서의 인간의 마음에 관한 연구, 곧 심성론에 그대로 적용된다. 특히 심성론에서 로보 사피엔스의 인격성과 관련하여 관심을 끄는 부분은 바로 인성물성론人性物性論이다. 여기에는 인성과 물성이 서로 같다는 입장과 서로 다르다는 입장, 두 가지 상반된 관점이 있지만, 그 어느 입장이든 사물에 대해서도 인간에게 부여됐던 인격성의 일부 또는 전부를 부여할 수 있다고 주장한다.[13] 이는 로보 사피엔스의 인격성을 주장하는 데 매우 의미심장하다.

한편 인격성 개념은 앞서 언급한 로크적인 의미만이 아니라 오늘날 다양한 의미로 다양한 영역에서 인간 개념과 구분하여 실제로 사용되고 있다. 가령 피터 싱어와 같은 동물윤리학자는 고통을 느낄 줄 아는 동물도 인간처럼 인격성을 갖고 있다고 본다. 즉 고통을 인격성의 중요한 기준으로 본 것이다. 2014년 아르헨티나 법정은 20년 동안 동물원에 갇혀 있던 오랑우탄 '산드라'가 인격성을 지니고 있으므로 동물원에서 풀어 주라는 판결을 내린 적이 있다. 이때 적용된 인격성 개념의 중요한 근거는 피터 싱어가 언급한 고통을 느끼는 능력이었다. 한편 이와는 다르지만 법조계에서 오래전부터 사용해 온 '법인격'이라는 개념도 있다. 회사 법인과 같은 인공적인 조직에 법인격성을 부여하는 것인데, 이때 법인격성의 중요한 근거는 자율성이나 자유의지가 아니라 자기 소유권이다. 법인 단체들은 인간에 준하는 자율성이나 자유의지를 갖는

---

13 여기에는 인성과 물성이 서로 같다고 주장하는 동론同論과 서로 다르다고 주장하는 이론異論, 두 가지 관점이 있다. 동론에 따르면 사람이나 사물은 드러나는 기질은 분명 다르지만, 내재해 있는 이理가 서로 같으므로 본연지성은 서로 같다는 것이다. 사람과 마찬가지로 사물도 '인의예지신仁義禮智信'의 '오상五常'을 똑같이 타고났으나 기질에 치우쳐 있어 타고난 본성을 인간처럼 온전히 발현하지 못하고 있을 뿐이라고 본다. 한편 이론의 입장에서 보면 사람이나 사물의 경우 그 근원으로서의 이치는 하나로 같더라도, 사람과 사물 각각의 개체에 부여되는 본성인 이와 기질은 서로 다르다고 본다. 그리고 '인의예지신'은 개체적 본성인 이에 속하는 것들로 인간과 사물에 서로 다르게 부여된다고 본다. 이에 관한 자세한 내용은 다음을 참조할 것. 한국사상사연구회, 〈인성·물성의 동이논변에 관한 연구〉,《인성물성론》, 한길사, 1994, 3~15쪽.

것은 아니지만 자기 소유권을 지닌 법인으로서 그에 준하는 자율
성과 함께 고유한 권리를 갖게 되고, 그러한 권리에 입각한 행동
이 잘못될 경우 사회적·법적 책임과 함께 처벌을 받게 된다. 그런
의미에서 비록 인공물이지만 인격성을 부여하고 있는 것이다. 정
리하면 인간이 아니더라도 자연적 존재이건 인공적 존재이건 그
것이 각기 어떤 요건과 조건을 충족한다면 서로 다른 의미의 인격
성을 부여할 수 있다.

로보 사피엔스의 도덕성

로보 사피엔스의 등장과 관련하여 다양한 윤리적인 문제들이
새롭게 등장할 것이다. 이들이 인간 사회에서 갖는 도덕적 지위는
무엇인가, 이들의 등장으로 인간의 생활세계는 어떻게 달라질 것
인가, 어떤 사회적·윤리적 문제들이 발생할 것인가 등등. 여기서
는 앞 절의 논의와 연계해서, 로보 사피엔스의 도덕적 지위 문제,
곧 도덕성 문제를 집중 논의하고자 한다. 이 논의는 로보 사피엔
스와 관련한 다른 모든 윤리적 문제들에 대한 논의의 근간이 될
것이다.

인간이 로보 사피엔스의 존재론적 지위에 대해 논하는 것은 로
보 사피엔스라는 새로운 존재를 현 사회의 한 구성원으로서 어떻
게 인정할 것이며, 나아가 어떻게 인간과 로보 사피엔스가 공존할

것인가에 관심을 가지기 때문일 것이다. 그러한 의미에서 로보 사피엔스의 존재론적 본질에 대한 논의는 로보 사피엔스와 인간, 나아가 로보 사피엔스와 자연생태계 사이의 공존의 규칙으로서의 윤리·도덕의 문제와 필연적으로 연관돼 있다. 이를 다음과 같이 되물어 볼 수 있다. 만약 로보 사피엔스에게 인격성을 부여할 수 있다면, 이들의 사고와 행동에 대한 도덕적 평가도 가능하지 않을까? 다시 말해 비록 인간 수준의 도덕성은 아니더라도, 이에 준하는 어느 정도의 도덕적 사고와 행위를 수행할 수 있는 존재로 볼 수 있지 않을까? 이에 관한 논의를 위해 특별히 다음의 두 가지 사항을 강조하고자 한다.[14]

첫째는 앞 절의 분석에서처럼 인격성 개념이 탈인간중심적 관점에서 다양한 의미로 규정되고 사용되고 있듯이, 도덕성 개념 역시 그러한 관점에서 재조명이 필요하다는 점이다. 지금까지 인간중심적 관점에서 언급돼 온 도덕성은 인간에게만 고유한 본성으로 간주되었다. 따라서 종족 안에 일정한 윤리적 질서를 갖고 사회생활을 하는 고등동물이라 할지라도 어떤 의미에서건 도덕적 존재로 간주될 수 없었다. 그런 면에서 사고나 행동에서 인간과 유사한 로보 사피엔스에 대해 인간중심적 관점의 도덕성 개념을 적용할 여지는 더욱 희박해 보인다. 하지만 앞서 자율주행 차 예에서 보았듯이 어떤 선택은 도덕적인 선택이다. 또한 앞으로 등장

[14] 이에 대한 기 네린 l.의는 나음을 참소날 것. 이승원, 〈인공지능 로봇은 인격체가 될 수 있는가〉, 《인문의 길, 인간의 길》, 한길사, 2016, 89~106쪽.

할 자율형 군사킬러로봇의 경우에서도, 로봇의 자율적 판단에 의해 살인이 행해지는 만큼 그 행위 자체가 매우 민감한 도덕적 판단의 대상이 될 수밖에 없다.

그런 맥락에서 로보 사피엔스의 경우 이에 적용할 도덕성 개념을 새롭게 재규정할 필요가 있다. 전통적인 인간중심적 관점에서의 도덕성을 완전한 도덕성 개념으로 본다면, 이보다는 한 차원 낮은 개념으로 기능적 도덕성 개념이라든가, 한 차원 더 낮은 개념으로 조작적 도덕성 개념 등으로 도덕성 개념을 세분화하여 새롭게 재정립해 볼 수 있다.[15] 조작적 도덕성은 도덕적 판단과 행위가 컴퓨터 프로그램에 의해 완벽하게 조작·통제되는 도덕성을 말하며, 기능적 도덕성은 컴퓨터 프로그램에 기반하고 있지만 이에 완전히 얽매이지 않고 어느 정도의 자율적 판단에 의거하여 도덕적인 기능을 수행할 수 있는 도덕성을 말한다. 가령 아시모프의 세 가지 법칙처럼 기본적이고 근본적인 윤리적 규범들의 경우, 프로그램을 통해 조작적으로 구현할 수 있을 것이다. 반면 좀 더 현실적인 실제 상황의 경우 기본적인 윤리적 규범 외에도 실제의 다양한 상황들의 분석에 근거한 윤리적 판단들이 필요하므로, 도덕적 행위에 관한 빅데이터와 이에 대한 딥 러닝을 결합한 방식으로 기능적 도덕성을 구현해 볼 수 있을 것이다. 그런 면에서 이 기능적 도덕성 개념은 특히 자율주행 차나 자율형 군사킬러로봇 등에

---

[15] W. Wallach and C. Allen, *Moral Machines: Teaching Robots Right from Wrong*(Oxford Univ. Press, 2009, pp. 25~32.

충분히 적용해 볼 수 있다.

둘째는 도덕성 개념에서 어떤 개체가 지니는 속성으로서의 측면도 중요하지만, 개체들 간의 관계적 측면이 인간 사회에서는 보다 더 중요하다는 점이다. 속성적 측면에서 본다면 인간처럼 고등동물 또는 로보 사피엔스도 도덕성을 가지는가가 중요한 문제가 될 것이고, 이에 대해서는 앞서 언급한 도덕성 개념의 세분화가 새로운 생산적 논의를 제공할 것으로 기대해 볼 수 있다. 반면 관계적 측면에서 본다면 어떤 도덕성을 지녔느냐가 아니라, 고등동물이나 로보 사피엔스의 행위가 인간과의 관계에서 어떤 도덕적 문제들을 일으키는가가 중요하다. 그것이 자연적 존재자이건 인공적 존재자이건 인간에게 어떤 도덕적·윤리적 영향을 끼치는 판단과 행위를 한다면, 그 판단이나 행위 자체가 이미 도덕적이기 때문이다. 그런 의미에서 본다면 앞으로 등장하게 될 로보 사피엔스는 인간과의 삶 속에서 당연히 도덕적 존재자일 수밖에 없다.

이 두 가지 사항에 근거해서 우리는 로보 사피엔스를 조심스럽지만 어떤 도덕성을 갖춘 준도덕적 행위자로 규정해 볼 수 있다. 그렇다면 과연 이러한 주장은 철학적으로 정당화가 가능한가? 인격성을 인간과 구분하는 전통적인 서양철학의 관점에서 본다면, 그리고 로보 사피엔스가 어느 정도의 자율성과 자의식에 기초하고 있다고 본다면, 그것이 무엇인지에 대해서 더 많은 윤리학적 연구가 필요하겠지만 로보 사피엔스에 일정 수준의 도덕성을 부여하는 데 큰 어려움은 없어 보인다.

한편 동양철학의 관점에서 보면 다른 철학적 관점들도 있겠지만, 성리학의 심성론과 수양론 안에서 로보 사피엔스에게 도덕성을 부여할 수 있는 실마리를 찾아 볼 수 있다. 앞서 살펴보았듯이 성리학의 심성론의 경우, 인성·물성이 같다는 입장이든 다르다는 입장이든 사물에게도 인간의 본연지성인 도덕적 품성에 해당하는 '인의예지신仁義禮智信' 곧 '오상五常'을 전부 혹은 일부 부여할 수 있음을 강조하고 있다. 다만 인성·물성이 같다는 입장에서 보면, 사람과 마찬가지로 사물도 '인의예지신'의 '오상'을 똑같이 타고났으나 기질에 치우쳐 있어 타고난 본성을 인간처럼 온전히 발현하지 못하고 있을 뿐이고, 인성·물성이 다르다는 입장에서 보면 사람이나 사물의 경우 그 근원으로서의 이치는 하나로 같더라도, 사람과 사물 각각의 개체에 부여되는 본성인 이理는 서로 다르기에 이에 속하는 '인의예지신'은 인간과 사물에 서로 다르게 부여된다고 본다는 점에서 차이가 난다.[16]

수양론의 관점에서도 다음과 같이 말할 수 있다.[17] 로보 사피엔스가 판단·행위에 관한 일반적 원칙이나 규칙을 가지고 다양한 상황들에 대한 윤리적 정보를 식별하고 처리할 수 있는 수준의 윤리적 존재로서 인간과 공존하게 되기를 기대한다면, 오랜 역사 속에서 검증된 '오상'과 같은 윤리적 판단·행위의 원칙을 원용할 수

---

[16] 각주 13 참조

[17] 이에 관한 자세한 내용은 다음을 참조할 것. 이중원·김형찬, 〈로봇의 존재론적 지위에 관한 동·서 철학적 고찰〉, 《동서의 학문과 창조》, 이학사, 2016.

있을 것이다. 그런데 이런 윤리적 원칙들이 반드시 완결된 것으로 서 내재되어야만 하는 것은 아니다. 실제로 대처해야 할 다양한 상황에 대한 행위를 모두 예측하여 로보 사피엔스에게 프로그램 화 하는 것은 불가능한 일이다. 많은 성리학자들이 인간은 '오상' 을 도덕적 본성으로 가지고 태어난다고 생각했지만, 그렇다고 해 서 누구나 능숙한 윤리적 판단·행위자가 된다는 것은 아니었다. 유학에서는 인간에게 윤리적 판단·행위를 방해하는 이기적·감각 적 욕구가 있으므로, 이를 통제하면서 자신의 인식·판단·행위가 보편적인 윤리적 원칙과 일치되도록 하기 위해 부단한 공부와 수 양이 필요하다고 여겼다. 늘 성현들의 글과 말씀·행위의 기록을 참조하면서 당면한 상황에 대한 가장 적절한 윤리적 판단·행위를 해 내고자 노력한 것이다. 그런 맥락에서 보면 인공지능 로봇 역 시 딥 러닝을 통한 지속적인 도덕적 학습이 가능할 수 있다. 정리 해보면 성리학에서의 이와 같은 주장은 로보 사피엔스의 도덕적 지위를 논하는 데 매우 의미심장하다고 말할 수 있다.

철학, 무엇을 할 것인가

지금까지 우리는 인간처럼 생각하고 판단하며 행동할 줄 아는 로보 사피엔스라는 전에 없던 새로운 유형의 존재자에 대해, 그것 의 인격성과 도덕성을 각각 존재론적 요괴적 치원에서 어떻게 이해할 것인지를 살펴보았다. 이들의 등장은 그동안 인간중심적인 관점에서 강조돼 왔던 휴머니즘 기반 철학에서, 탈인간중심적 관점에서 새로운 정립이 필요한 포스트휴머니즘 기반 철학으로의 전환을 조심스레 요청하고 있다. 그렇다면 그러한 전환을 위해 무엇이 필요하고 또 어떤 철학적 과제들이 요청되는가? 이에 대해서는 향후 더 많은 연구가 필요할 것이므로, 여기서는 고려해야 할 몇 가지 사항만을 개략적인 수준에서 언급하고자 한다.

우선 인간과 기계의 관계에 대한 생각의 전환이 필요하다. 지금까지 인간은 기계를 그 어떤 존재적 특성이 있다 하더라도 인간중심적 관점에서 단순한 도구로만 여겨 왔다. 기계는 외부로부터 각인된 목적에 따라 단순히 기능을 수행하는 도구에 불과하다는 도구론적 관점이 지금도 지배적이다. 인공지능 기술을 제4차 산업혁명으로 보는 시선이 그 대표적인 경우다. 하지만 로보 사피엔스에서 보듯이 기계는 이제 스스로 어떤 지향이나 목적을 갖고 세계를 구성할 뿐 아니라 인간의 실존 자체를 변화시키는 실존적 존재자로 발전하고 있다. 따라서 기계를 단순히 인간사회를 떠받쳐 주는 물리적 기반으로 볼 것이 아니라, 인간과 복잡하게 연결된 관계망 속에서 사회를 구성하는 하나의 행위자actor(혹은 agency)로 보는 생각의 전환이 필요하다. 그 행위자는 인간의 육체적 노동뿐 아니라 정신적 노동도 대신할 것이기 때문이다.

다음으로 지금까지 인간에게만 배타적으로 적용돼 왔던 인격성과 도덕성의 주요 요소들인 이성, 감성, 자의식, 자율성, 자유의지

등이 로보 사피엔스에는 적용될 수 없는 것인지에 대한 보다 엄밀한 규명이 필요하다. 이를 위해서는 인간의 이성, 감성, 자의식, 자율성, 자유의지 등에 관한 인지과학, 인공지능 공학, 뇌과학 분야 등에서의 다양한 과학적 연구가 중요하다. 이들의 연구 성과로부터 그동안 주로 철학적으로 논의돼 왔던 이러한 인격성 및 도덕성의 요소들이 보다 세분화되어 구체적으로 이해된다면, 이는 정도와 수준은 다르겠지만 이 요소들의 기술적 구현 가능성과 함께 인간이 아닌 다른 존재자에게도 적용될 수 있음을 함축하기 때문이다.

마지막으로 철학적인 차원에서 새로운 유형의 존재자인 로보 사피엔스의 등장을 계기로, 탈인간중심적인 존재론과 윤리학의 정립이 필요하다. 제일 먼저 정립의 전제조건으로 인지과학, 인공지능 공학, 뇌과학 분야에서 쏟아 내고 있는 인격성 및 도덕성 요소들의 본성에 대한 경험과학적 연구 성과들에 대해, 보다 심화되고 정교한 철학적 분석과 규명이 필요하다. 즉 인격성의 요소들에 대해 정도/수준/등급 등에 근거한 다양한 층위를 철학적으로 명확히 구분하여 규명해 줄 필요가 있다. 이는 로보 사피엔스에서 기술적으로 구현된 인격성의 요소들이 인간의 그것들과 유사하면서도 어떻게 다른가를 명확히 하기 위함이다. 이러한 전제 하에 향후 로보 사피엔스의 존재론 및 윤리학의 새로운 정립을 위해 다양한 철학적 과제들이 제시될 필요가 있는데, 어떤 것들이 중요한지를 제시하는 것으로 이 글을 마치고자 한다.

존재론적 관점에서는 로보 사피엔스의 물리적 존재론, 인격체적 존재론, 인간과의 관계론으로 주제를 세분화해 볼 수 있다. 물리적 존재론에서는 인공지능과 의식의 물리적 구현 문제 그리고 생명적 존재자인가의 문제가, 인격체적 존재론에서는 앞서 개략적으로 분석했던 로보 사피엔스에서의 자율성·감정·지향성·자아·자유의지의 실재성 문제가, 그리고 인간과의 관계론에서는 사회적으로 연결된 행위자 관점의 적용 문제 등이 중요하게 세기될 수 있다. 윤리학의 관점에서는 로보 사피엔스의 도덕적 지위, 윤리적 쟁점들, 그리고 인간과의 공존의 윤리학 정립으로 주제를 세분화해 볼 수 있다. 도덕적 지위와 관련해서, 앞서 분석한 도덕적 속성 외에도 도덕적 책임의 주체로서의 가능성 문제가, 윤리적 쟁점들에서는 로보 사피엔스의 현재적 버전이라 할 수 있는 자율주행 자동차와 자율형 군사킬러로봇 그리고 자율형 섹스로봇 등의 자율적 행위로 인해 발생할 다양한 윤리적·법적 문제가, 그리고 인간과의 공존의 윤리학 정립에서는 로보 사피엔스를 도덕적 행위자로 보는 문제와 전통적인 인간중심의 윤리학에서 탈인간중심의 윤리학으로의 전환 문제 그리고 전통적인 개체 중심의 윤리학과는 다른 연결망에 기반한 관계 중심의 윤리학에 대한 모색 등이 중요한 과제들로 제기될 수 있을 것이다.

참고문헌

이중원·김형찬, 〈로봇의 존재론적 지위에 관한 동·서철학적 고찰〉, 《동서의 학문과 창조》, 이학사, 2016.

이중원, 〈인공지능 로봇은 인격체가 될 수 있는가〉, 《인문의 길, 인간의 길》, 한길사, 2016.

페이스 달루이시오·피터 멘젤, 《새로운 종의 진화, 로보 사피엔스》, 김영사, 2000.

한국사상사연구회, 〈인성·물성의 동이논변에 관한 연구〉, 《인성물성론》, 한길사, 1994.

Hume, D. *A Treatise*, Book I, Part 4, Sect. 6; Appendix to the Treatise.

Ihde, D., *Technics and Praxis : A Philosophy of Technology*(Boston, 1979).

Libet, B., Gleason, C.A., Wright, E.W. & Pearl, D.K., "Time of conscious intention to act in relation to onset of cerebral activity(readiness–potential). The unconscious initiation of a freely voluntary act", *Brain* 106(1983).

Locke, J., *An Essay concerning Human Understanding* vol. 2(Oxford, Clarendon Press, 1975).

Turing, A. M., "Computing Machinery and Intelligence", *Mind* 59(1950), pp. 433~460.

Wallach, W. and C. Allen, Moral Machines: *Teaching Robots Right from Wrong*(Oxford Univ. Press, 2009).

Digital

人文學

하이퍼히스토리와
인공지능 시대의 윤리학

신상규

하이퍼히스토리와 인공지능 시대의 윤리학[1]

'4차 산업혁명'이 화두가 되고 있다. 인공지능, 사물인터넷, 빅데이터 등으로 상징되는 정보통신기술 기반의 새로운 산업혁명이 도래하고 있다는 것이다. 우리 사회에서 4차 산업혁명의 도래를 절감하게 만든 상징적 사건은 2016년 3월 바둑의 세계챔피언 이세돌 9단이 구글 딥 마인드의 인공지능 알파고에게 무릎을 꿇은 일이다. 이는 우리 사회에 '알파고 현상'이라 부를 만한 엄청난 반향을 불러일으켰다. 현재 인공지능의 수준이 어느 정도인가에 대한 세간의 놀라움은 말할 것도 없고, 이른바 '4차 산업혁명' 시대를 맞이하여 미래 사회가 어떤 모습으로 바뀔 것이며 미래에 사라질 직업은 무엇인지, 그리고 국가경쟁력을 유지하기 위해서 어떻게 산업구조의 변화를 이룰 것인지 등에 대한 논의가 봇물 터지듯 나오고 있다.

---

[1] 이 글은 필자의 〈자율기술과 플로리디의 정보윤리〉, 《철학논집》 45집, 2016년 5월; 〈인공지능시대의 윤리학〉, 《지식의 지평》 21호, 2016년 12일. 두 논문을 합쳐서 한 편의 논문으로 재구성한 것이다.

이 글의 목적은 소위 정보혁명에 의해 추동되고 있는 이러한 변화의 정체가 무엇인지를 진단하면서, 그 변화를 적절히 이해하기 위해 필요한 새로운 개념 틀conceptual framework을 모색하려는 것이다. 특히 주목하고자 하는 것은 우리의 윤리적 사고방식이나 판단에서 핵심적인 자리를 차지하고 있는 도덕적 행위자moral agent의 개념이다. 필자는 행위자와 관련된 범주적 구분의 상당 부분이 서구 근대 휴머니즘(인간주의)의 유산이며, 알파고와 같은 지능적 인공 행위자artificial intelligent agent에 의해 제기될 새로운 윤리적 문제들을 다루는 데 부적절한 측면이 있다고 생각한다. 지능적 인공 행위자의 등장은 인간과 기계 사이에 존재한다고 가정되는 근본적인 불연속이 해체되고 있음을 의미하며, 이는 우리가 인간중심주의를 넘어선 새로운 패러다임을 통해 세상을 이해해야만 하는 문명의 대전환기를 살고 있음을 암시한다. 우리의 도덕 판단을 구성하는 근본 개념이나 원리, 관점들도 그에 맞추어 갱신될 필요가 있다. 이 글에서는 특히 도덕적 책임이나 인격성의 개념과 분리된 행위자 개념을 제안하면서, 관계론 혹은 전체론적 책무성에 입각한 정보생태주의를 하나의 대안으로 제시하고자 한다.

알파고

알파고가 4승 1패라는 압도적인 결과로 이세돌을 꺾은 일은 인공지능 역사의 한 페이지를 장식하는 기념비적인 순간이다. 이전까지 인류와 인공지능의 대결을 상징했던 사건은 1996년 IBM의 슈퍼컴퓨터 딥 블루Deep Blue가 당시 세계 체스챔피언이었던 러시아의 가리 카스파로프를 물리친 일이다. 딥 블루와 비교할 때 알파고가 갖는 역사적 상징성은 훨씬 더 크다고 말할 수 있다. 이는 단지 바둑이 체스보다 훨씬 더 복잡한 게임이기 때문은 아니다.

딥 블루는 소위 GOFAI(Good Old-Fashioned Artificial Intelligence)라 불리는 고전적 계산주의 모형에 입각한 인공지능으로, 프로그래머가 작성한 명령문에 따라 정해진 규칙에 의해 기호를 조작하는 방식으로 작동한다. 때문에 사람들은 비록 딥 블루가 인간 챔피언을 이겼다 하더라도, 이는 체스에서 가능한 경우의 수를 엄청난 속도로 연산해 내는 컴퓨터 계산력의 승리일 뿐, 인간지능의 모방과는 엄청난 간극이 존재한다고 스스로를 위로할 수 있었다. 체스에 비해 바둑의 경우는 고려해야 할 경우의 수가 10^{170}에 이르기 때문에 고전적 방식의 AI로는 일종의 계산 폭발computational explosion 문제에 직면하게 된다. 이는 고전적 AI 방식으로 바둑의 인간 고수를 이긴다는 것이 사실상 거의 불가능함을 의미한다.

고전적 방식의 인공지능은 순차적인 수의 연산처럼 인간이 서투른 일은 매우 빠르게 처리하지만, 역으로 패턴 인식과 같이 인간이 쉽게 수행하는 일에는 매우 서투른 특징을 가지고 있다. 즉 고전적인 인공지능은 명시적 계산 규칙을 통해 부호화된 자료를 조작할 수 있는 특정 영역을 벗어나게 되면, 대단히 제한적인 수행 능력만을 보여준다. 인간이 갖는 인지적 능력의 많은 부분이 명제적으로 부호화할 수 없는 암묵지나 know-how의 영역에 속하는 것임을 감안한다면, 고전적 방식의 인공지능이 인간지능의 유연성을 모방하는 데에는 한계가 많을 수밖에 없음을 짐작할 수 있다.

그런데 이세돌을 이긴 알파고는 기본적으로 고전적 계산 모형이 아니라 인간의 두뇌를 본떠 만든 신경망 구조에 입각하여 작동한다. 신경망 인공지능은 고전적 모형과 달리 인간 프로그래머가 작성한 정해진 규칙을 따라서 기호 조작을 수행하는 형태의 AI가 아니다. 알파고는 기계학습이란 절차를 통하여 바둑을 두는 방법을 배우게 되고 그 과정에서 스스로가 찾아 낸 규칙을 통하여 모종의 '자율적인' 선택을 한다. 물론 프로그래머가 알파고의 작동에 관여하기는 하지만, 딥 블루에서처럼 명시적인 조작 규칙을 프로그래밍 하는 방식은 아니다. 심지어 인간 프로그래머는 알파고가 습득한 바둑 규칙이 정확히 어떤 것인지도 모두 이해하지 못한다. 다시 말해, 알파고는 바둑의 행마와 관련한 모든 가능성을 계산하는 방식으로 작동하지 않으며, 우리 인간이 흔히 직관이라고 부르는 다양한 휴리스틱스heuristics를 활용한다. 보기에 따라, 알파고는 인간과는 다른 방식으로 모종의 '판단'을 하고 자신이 최선의 수라고 '생각하는' 지점에 바둑알을 놓는 것이다. 이 모든 것은 엄청난 양의 빅데이터와 그것을 처리할 수 있는 컴퓨터 연산력의 증대, 그리고 기계로 하여금 이런 종류의 학습을 가능하게 만든 딥 러닝과 같은 새로운 기계학습 알고리즘의 출현 때문이다. 알파고는 세계 체스챔피언 카스파로프를 이겼던 딥 블루와는 전혀 다른 종류의 인공지능이다.

알파고가 갖는 중요성은 단지 그것이 바둑을 두는 일에 특화된 인공지능이 아니라는 사실에 있다. 알파고의 학습 알고리즘은 원리상 게임을 넘어서 의료, 복지, 투자, 법률, 정책, 군사와 같이 고등한 인지적 능력을 필요로 하는 여러 영역에 확장되어 적용될 수 있다. 알파고는 인공지능이 고전적 방식의 한계를 넘어서서, 지금까지 인간 고유의 영역에 속하여 기계가 넘볼 수 없다고 여겨졌던 일들도 얼마든지 잘 수행할 수 있음을 보여준다. 이는 인간으로부터 독립하여 스스로 '판단', '선택'하고 '행동'할 수 있는 자율적인 인공 행위자artificial agent의 등장을 알리는 신호이다.

변화의 정체는?

물론 알파고와 같은 존재가 갑자기 등장한 것은 아니다. 알파고는 우리가 이미 감지하고 있는 여러 중대한 변화 중의 한 가지 사례일 뿐이다. 2016년 벽두부터 언론을 가장 많이 장식한 말 중의 하나는 '4차 산업혁명'이란 표현이다. 매년 1월과 2월 사이에 스위스의 다보스에서는 세계의 저명한 기업인, 정치인, 언론인, 학자들이 모여 세계 경제에 대해서 토론하는 세계경제포럼이 개최된다. 일명 다보스 포럼이라 불리는 행사다. 2016년 다보스 포럼의 가장 중요한 화두는 4차 산업혁명이었다. 1차 산업혁명을 이끈 것이 증기기관을 이용한 기계화, 2차 산업혁명의 동력이 내연기관 및 전기를 이용한 대량생산, 3차 산업혁명은 전자정보기술을 이용한 자동화였다면, 이제 정보통신기술에 의해 추동되는 새로운 4차 산업혁명이 시작되고 있다는 것이다.

4차 산업혁명을 규정하는 대표적인 기술 분야는 사물인터넷, 인공지능, 로봇공학, 웨어러블 컴퓨터, 나노기술, 바이오, 자율주행 차량, 3D 프린터, 빅데이터 등이다. 여기에 속하는 핵심 기술 중에서, 사물인터넷이나 자율주행 차량, 인공지능, 로봇공학 등은 모두 인간의 직접적 개입이나 간섭 없이 스스로 작동하는 기술이라는 점에서 자율기술이라는 이름으로 부를 수 있다. 그런 점에서, 3차 산업혁명의 핵심이 자동화의 문제였다면, 4차 산업혁명의 주된 특징은 기술의 자율성autonomy 혹은 자율기술의 출현으로 규정할 수 있을 것이다.

여기서 말하는 기술의 자율성은 전통적인 의미의 자동화automation 개념과 구분될 필요가 있다. 가령 현재 자동차 공장에서 널리 사용되는 조립로봇은 미리 고정된 프로그램(알고리즘)에 따라 주어진 작업만을 반복하며, 새로운 상황에 대해 스스로의 '판단'이나 '선택'에 따라 자신의 행위를 변화시킬 능력은 거의 전무하다고 할 수 있다. 이에 비해, 가령 구글의 알파고는 주어진 상황을 스스로 '인지'하고 그에 따른 '판단'이나 '선택'을 통해서 다음 '행동'을 스스로 결정한다. 즉, 그것의 행동이 미리 고정되어 있는 것이 아니라, 환경이나 상황과의 상호작용 속에서 스스로의 '선택'을 통해 결정된다는 것이다. 물론 알파고도 알고리즘의 지배를 받는 존재이기는 하다. 하지만, 알파고는 설계자가 그것이 수행하는 모든 행위를 예측하거나 통제할 수 없다는 점에서 그 행동이 결코 미리 고정되지 않는다.

전통적인 자동화 기술이 기계를 통한 대량 생산을 가능하게 함으로써 주로 생산 업무에 종사하는 일자리를 대체했다면, 자율기술은 추론이나 판단과 같은 인지적 능력을 요구하는 사무직이나 전문직 업무를 대체하게 될 것으로 예상된다. 포럼의 참가자들이 가장 우려했던 부분도 바로 이러한 자율기술의 도입에 따른 일자리의 소멸과 소득 불평등의 심화 문제였다.

현재의 변화를 어떻게 규정할지에 대해서는 여러 다른 견해가 있을 수 있다. 홍기빈 글로벌 정치경제연구소 소장은 기술과 생산 방식의 변화를 말할 때에는 그에 대응하는 사회정치적 변화가 무엇인지에 주목해야 하며, 그런 의미에서 우리는 여전히 3차 혁명의 과정 중에 있다고 주장한다. 1차 및 2차 산업혁명이 단순히 기술의 패러다임 변화에 그치지 않고 사회 전체의 근본적인 변화를 초래했다면, 정보기술의 혁신이 가져온 사회 변화의 폭은 과거의 것들에 크게 못 미치기 때문이라는 것이다.

19세기와 20세기의 1차 및 2차 산업혁명이 각각의 기술 패러다임에 맞는 형태로 사업사회의 모습을 안건히 비갸이 놓있나는 섯이 확면해진다.⋯⋯1770년쯤을 전후로 시작된 1차 산업혁명은 1832년에 영국 개혁 의회를 가져 왔고 이윽고 1848년 혁명을 통해 전 유럽을 부르주아 사회로 바꾸어 놓았다. 1880년대에 시작된 2차 산업혁명은 1930년대를 기점으로 산업사회를 국가 중심의 집산화 체제로 또다시 바꾸어 놓았다.⋯⋯1970년대쯤부터 디지털혁명이 기술 패러다임을 바꾸어 놓기 시작한 지 50년 정도가 되어 간다. 하지만 19세기 후반과 20세기 중후반에 맞먹는 사회의 근본적인 변화는 아직 나타나지 않았다. 정당 민주주의, 자본시장, 주식회사 등 2차 산업혁명의 결과로 지배적 위치를 갖게 된 사회 제도들이 여전히 그 위치를 점하고 있다. (중략)

인공지능과 로봇이 엄청난 풍요와 엄청난 박탈을 동시에 가져 오고 있는 상황에서 우리는 인간에게 노동이란 무엇이며, 인생에서 소득이란 무엇이며, 개인의 노동 및 소득과 사회 전체는 또 무슨 관계가 있는가에 대해 근본적이고도 전면적인 재검토와 숙고에 들어가지 않으면 안 된다. 앞의 두 번의 산업혁명 물결은 이러한 일들이 실제로 벌어졌음을 역사적으로 보여준 바 있다. 아직 4차가 아니라 3차 산업혁명 중임을 역설하고 싶은 이유도 여기에 있다.[2]

이어서 그는 지금 일어나고 있는 변화에 대응하여, 없어지는 일자리 문제를 어떻게 해결할 것인지와 같은 단순한 기능적 차원의

[2] 홍기빈, 〈아직 3차 혁명이다〉, 《경향신문》 2016. 3. 6.
   http://news.khan.co.kr/kh_news/khan_art_view.html?artid=201603062036095&code=990100

해법에 머물지 말고 "완전히 새로운 21세기 산업사회의 가치와 인간 및 사회관에 대한 논의의 출발점이 되기를" 기대하며 "새로운 사회의 질서를 상상하고 토론해 갈 때"라고 역설하고 있다.

필자는 지금이 새로운 가치와 인간 및 사회의 질서를 상상하고 토론할 때라는 그의 의견에 전폭적으로 동의하면서도, 우리가 여전히 3차 혁명 과정 중에 있다는 그의 주장에는 생각을 일부 달리한다. 3차 혁명이 되었건 4차 혁명이 되었건 간에 현재의 변화를 산업혁명의 한 과정으로 이해하는 것은 이를 단순히 생산양식의 변화와 그에 뒤따르는 정치경제 중심의 사회질서 변화로 한정하여 이해하기 때문이다. 홍기빈이 3차 혁명 중임을 주장하는 가장 중요한 논거도 디지털 기술의 급격한 발전에 대응하는 뚜렷한 사회정치적 변화가 아직 일어나고 있지 않다는 것이다. 하지만 홍기빈의 이러한 주장이나 심지어 4차 산업혁명을 말하는 다보스 포럼의 결론 또한 지금 진행되고 변화의 모습을 충분히 담기에는 부족할 수 있다고 생각한다. 현재 일어나고 있는 변화는 단순히 산업혁명의 한 단계로 규정될 수 있는 생산양식이나 산업구조의 변화보다 훨씬 더 근본적인 수준의 것이며, 우리는 아직 그 변화의 초기 단계에 있을 뿐이다.

변화는 단순히 디지털-정보기술에 한정된 것이 아니라 훨씬 더 전 방위적인 차원에서 일어나고 있다. 2002년 미국은 국립과학재단National Science Foundation(NSF) 주도로 융합신산업 발전정책을 수립하였는데, 그 핵심을 이루고 있는 것이 소위 NBIC(Nano, Bio,

Info, Cogno) 기술이다. 제임스 무어James Moor는 이들 기술의 공통점을 가소성 혹은 조작 가능성malleability의 개념을 통해 설명하고 있다.[3]

가령 나노기술의 경우에, 에릭 드렉슬러Eric Drexler 같은 이에 따르면,[4] 자연의 법칙을 거스르지 않는 한 우리는 원자나 분자의 조작을 통해서 어떤 종류의 물질적 구조이든 간에 만들어 낼 수 있다. 그러한 나노기술이 실제로 가능한지 여부는 아직 미결정 상태로 남아 있지만, 만일 그것이 실현된다면 이는 우리에게 엄청난 물질(재료) 가소성material malleability의 능력을 가져다 줄 것이다.

유전공학을 중심으로 하는 생명과학은 생명 가소성life malleability이란 특징을 가지고 있다. 유전자 조작과 같은 현재의 생명기술은 유전적 질환이나 질병의 치료뿐 아니라, 현재 존재하는 생명체의 생체 능력에 대한 전반적인 향상이나 급진적인 수명 연장을 가능하게 만들 수 있는 기술이다. 심지어 이는 멸종한 생명체나 전혀 존재하지 않았던 생명체를 창조하는 데 사용될 수도 있다.

신경과학을 중심으로 하는 인지기술은 마음 가소성mind malleability 능력을 제공한다. 오늘날 널리 인정되고 있는 마음에 대한 이해에 따르면, 우리의 마음은 우리 두뇌나 그 작용과 독립적인 어떤 것이 아니다. 즉, 마음이란 두뇌의 작용과 동일한 것이거나,

---

3 James Moor, "Why We Need Better Ethics for Emerging Technologies" in *Information Technology and Moral Philosophy*, eds. by Jeroen Van Den Hoven and John Weckert(Cambridge, 2008).

4 에릭 드렉슬러, 조현욱 옮김, 《창조의 엔진》, 김영사, 2011.

그것에 수반하는 어떤 상위 속성들을 총칭하는 이름에 불과하다. 그렇다면 신경과학기술을 통한 두뇌의 조작은 마음에 대한 조작 가능성을 의미한다. 디지털 기술과 결합한 신경 임플란트 같은 것을 상상해 본다면, 앞으로 우리의 마음은 지금 우리가 가지고 있는 마음과는 전혀 다른 종류의 마음으로 개선 혹은 확장되거나 변경될 수 있다.

디지털의 영역인 정보기술은 어떠한가? 무어는 논리 가소성logic malleability으로 정보기술의 잠재력을 설명하고 있다. 그에 따르면, 컴퓨터는 우리가 설계하거나 학습시킬 수 있는 일이라면 그것이 어떤 일이든 간에 수행하도록 만들어질 수 있다는 의미에서 논리 가소적이다.[5] 이는 컴퓨터 개념의 기원이라고 할 수 있는 보편 튜링기계의 개념이 시사하듯이, 계산적인 방식으로 처리될 수 있는 일이라면 무엇이든 컴퓨터를 통하여 처리될 수 있다는 말이다. 이러한 논리 가소성은 컴퓨터가 가지고 있는 구문론적 가소성과 의미론적 가소성 때문에 가능해진다. 구문론적으로 컴퓨터는 그것이 취할 수 있는 논리적 상태나 조작의 수 혹은 다양성의 측면에서 원리상 거의 제한이 없다는 점에서 논리적으로 가소적이다. 그리고 의미론적으로 컴퓨터가 취하는 상태나 조작을 우리가 원하

---

[5] 컴퓨터가 갖는 가소성은 정보 가소성으로도 이해될 수도 있다. 정보의 가소성은 어떤 정보이든지 간에 그 의미의 큰 손실 없이 구문론적으로 0이나 1로 이루어진 디지털 정보로 환원될 수 있기 때문에 가능해지며, 그렇게 환원된 정보는 의미론적으ᄋ로나 규ᄆᆷ론적ᄋᅟᆯ고 게 ᄊᆞᆨ소ᅬ고 변ᄫᄋᆼ될 수 있다.

는 어떤 것이든 표상하는 것으로 해석 가능하다는 점에서 논리적으로 가소적이다. 이러한 논리적 가소성은 컴퓨터를 거의 모든 업무에 적용 가능한 보편 도구universal tools의 성격을 갖도록 만든다.

NBIC 기술의 급격한 발전이 초래할 결과 중의 하나는 인간 본성의 급진적인 변화이다. 특히 생명기술이나 인지기술은 인간이 어떤 존재인가를 근본적으로 새롭게 규정할 수 있는 잠재력을 가지고 있다. 토목이나 건축, 기계와 같이 우리에게 익숙한 전통적인 기술들은 인간을 둘러싼 외부의 물질적인 조건을 개선함으로써 우리의 삶의 질을 향상시키려고 했다. 하지만, 오늘날의 기술은 인간의 정신이나 신체를 그 직접적인 조작의 대상으로 삼아서 인간의 본성 자체를 뒤바꾸어 놓을 수 있는 우리의 '내부'를 향한 기술들이다.

성형수술이나 라식수술, 인공장기 등과 같이 오늘날 인간의 신체에 직접 개입하는 변형기술들은 아직 초기 단계에 머물러 있다. 가령 성형수술은 겉으로 드러나는 피부의 수준에서 우리의 겉모습만을 바꾼다는 의미에서 그 개입의 범위는 상당히 제한적이다. 그러나 그 개입의 범위나 정도는 시간이 갈수록 넓어지고 깊어질 것이다. 만약 DNA 수준에서 유전자 조작을 통하여 인간의 신체, 지능, 감성적 능력을 바꾸거나 '향상'시키고자 한다면, 현재의 인간이 갖는 생물학적 한계를 뛰어넘는 슈퍼인간이 탄생할지도 모를 일이다.

프로스테시스(보철) 장치를 통한 인간 능력의 확장 또한 중요하게 고려해야 할 변화의 경로이다. 지금 우리는 스마트폰과 같은 장비를 신체 바깥에 지니고 다니지만, 앞으로 이러한 장비들은 일종의 두뇌-컴퓨터 인터페이스를 통하여 점점 더 우리의 신체 '내부'로 들어올 것이다. 즉, 인간과 도구 사이에 인터페이스가 존재한다는 사실을 알아차리지 못할 정도로 우리는 다양한 기계적·전자적 장비와 이음매 없이seamless 결합하게 된다. 이러한 예상이 크게 틀리지 않는다면, 인간 존재는 그 변형의 정도가 심대할수록 생물학적 유기체인 지금의 호모 사피엔스와는 매우 다른 외모나 특성, 혹은 능력을 갖게 될 것이다. 그런 점에서 이들은 지금의 인간과는 구분되는 인간종의 후예, 즉 포스트휴먼일지도 모른다.

요약하자면, 우리는 지금 인간이 어떤 존재인가에 대한 개념적 이해의 수준을 넘어서, 인간의 본성 자체를 바꿀 수 있는 시대를 살고 있다. 인간은 역사상 처음으로 자기 종의 진화 방향을 스스로 결정할 수 있는 최초의 종이 되었다. 자연선택 과정이 수행했던 역할을 이제 우리 스스로가 넘겨받아서, 인간의 물질적 구성이나 정신의 특성을 인위적으로 선택하여 조작할 수 있는 맞춤 진화designer evolution의 단계에 도달한 것이다.[6]

---

[6] 인간 본성의 '향상'에 대한 다양한 철학적 논란에 대해서는 핀카이 《호모사피엔스의 미래—포스트휴먼과 트랜스휴머니즘》(아카넷, 2015)의 논의를 참조하라.

새로운 도전

지금 이 순간에도 끊임없이 빠르게 발전하고 있는 NBIC기술의 공통적인 특징은 그것이 인간이 지금까지 가졌던 기술과는 전혀 다른 수준에서 그 대상 영역의 변형을 가능하게 만든다는 점이다. 다시 말해, 이 기술들은 각각의 해당 영역에서 이전에는 상상조차 힘들었던 방식으로 인간이 자연세계에 개입할 수 있는 강력한 힘과 통제력을 가져다 준다. 그 결과 우리는 물질뿐 아니라 생명이나 정신마저도 우리 마음대로 조작할 수 있는 시대를 살게 된 것이다. 하지만, 이는 동시에 우리에게 새로운 사회, 문화, 정치, 윤리적 도전을 야기한다.

"유전적 변형이나 조작을 통하여 지능을 높이는 행위는 바람직한 일인가?", "인공지능에게 어느 정도의 자율성과 도덕적 결정권을 부여할 것인가?", "인공지능이 야기한 해악에 대한 책임은 누구의 몫인가?", "군사 혹은 경찰로봇이 무고한 시민을 사살했다면 그 책임은 누가 져야 하나?", "섹스로봇과의 성행위는 인간의 존엄성을 위협하는가?", "로봇과 친구나 연인, 가족이 될 수 있는가?"

지금 우리의 답변을 기다리는 질문은 이와 같은 것들이다. 과학기술의 발전에 따른 변화의 폭이 커질수록, 이러한 종류의 질문에 더욱더 자주 맞닥뜨리게 될 것이다. 하나같이 답변이 쉽지 않은 질문들이다. 그런데 문제를 더욱 복잡하게 만드는 것은 우리가 이 질문들에 적절히 답하는 데 필요한 개념적 자원을 충분히 갖고 있지 않을 가능성이다. 우리는 '인간', '생명', '신체', '자연', '기술', '도구', '도덕 행위자', '책임' 등과 같은 익숙한 개념들을 통하여 이 질문들을 이해하고 또 그에 답하고자 한다. 문제는 이 개념들과 연관해서 우리가 자연스럽게 떠올리는 의미들이 인간중심적인 휴머니즘, 그리고 산업혁명 등에 의해 규정되는 근대라는 시대의 역사성으로부터 온전히 자유로울 수 없다는 것이다.

이 개념들은 이미 많은 가치 판단이 적재되어 있는 개념들이며, 근대 휴머니즘을 정초하고 있는 인간/비인간, 정신/신체, 자연/인공, 유기체(생명)/무기체(비생명), 원본/복제와 같은 이원적인 구분에 의존하고 있다. 그리고 이와 같은 이원적 구분들은 우리가 세상을 이해하고 판단하는 개념 프레임에서 추상성이 가장 높은 최상위 단계의 것들로서, 그 아래에 포섭되는 다양한 개념들과 밀접하게 연관되어 있고, 또 그것들을 규정하고 속박한다. 우리의 일상적 직관이나 법, 윤리, 정치, 문화, 예술, 경제와 같은 다양한 실천적 관행들 또한 결코 이러한 개념 프레임의 규정과 구속으로부터 자유로울 수 없다. 이세돌과 알파고의 경기를 보면서 "알파고는 이성은 있지만 감성이 없다. 하지만 이세돌에게는 이성뿐 아니라 감성이 있다", "이세돌은 바둑이라는 게임을 즐길 줄 알지만, 알파고는 알고리즘을 따를 뿐 그럴 능력이 없다", "이세돌이 전 세계 사람들의 낭만을 지켜 줘서 진심으로 고맙다"라는 등의 언명을 통해 기계에게 결여된 것처럼 보이는 인간의 특성을 언급함으로써 위안을 찾고자 하는 행위도 결국 이러한 개념 프레임 속에서만 그 온전한 의미의 작동이 이루어진다.

하지만 문제가 되고 있는 인공지능이나 자율기계의 등장, 포스트휴먼의 출현 가능성, 인간의 사이보그화와 같은 현상들은 이미 이러한 이원적 구분을 넘어서거나 혹은 그 경계를 파괴하며 일어나는 현상들이다. 현재의 변화를 산업혁명의 한 단계인 4차 산업혁명으로 규정하려는 것도 어떤 면에서는 문제에 접근하는 관점 자체가 산업혁명 시대의 가치에 붙든 근대적 인간중심의 관점에 머물러 있기 때문일 수 있다. 그러나 지금의 변화는 생산양식이나 정치경제 수준의 변화보다 훨씬 더 근본적인 것으로서, 인간, 자연, 기술 사이의 관계 자체에 대한 새로운 규정을 요구한다. 이는 우리 삶의 양식form of life 혹은 문법을 뒤바꾸는 변화이며, 우리의 세계관을 구성하는 근본 개념이나 원리, 관점, 판단들의 갱신을 요구하는 변화들이다. 따라서 우리는 섣부른 답변에 앞서, 질문과 답변을 속박하고 있는 개념적 틀을 먼저 비판적으로 점검할 필요가 있다. 질문을 묻는 방식 자체가 잘못되었다면 적절한 답변도 기대할 수 없기 때문이다.

쿤의 패러다임과 정상과학의 개념에 기대어 설명해 보자면, 세계에 대한 우리의 일상적 개념틀은 일종의 정상과학을 형성하는 다양한 개념들과 원리들의 집합이다. 그런데 우리가 지금 맞닥뜨리고 있는 새로운 현상들은 그런 정상과학의 틀 내에서 잘 설명되거나 해명되지 않는 변칙성으로써 정상과학에 균열을 가져온다. 그런 관점에서 본다면, 지금은 우리의 일상을 지배하는 근본 개념

과 관점들을 갱신하고 새로운 패러다임을 통해 세계를 이해해야
만 하는 문명의 대전환기이다. 프랑스의 포스트모더니스트들은
근대 휴머니즘에 은폐되어 있는 정치성을 폭로함으로써 근대의
종언을 주장했다. 과학기술의 발전이 야기하고 있는 지금의 변화
들은 근대적 삶의 양식 자체를 뒤바꾸어 놓음으로써 훨씬 더 근본
적인 수준에서 근대의 종말을 알리고 있다. 근대의 시작을 알린
16~17세기의 과학혁명을 1차 과학기술혁명이라 부를 수 있다면,
지금 일어나고 있는 변화를 2차 과학기술혁명이라 불러도 좋을 것
이다.

하이퍼히스토리와 자율기술

이탈리아 출신의 옥스퍼드대 철학자 플로리디Luciano Floridi는
디지털에 의해 추동되는 오늘날의 정보혁명은 정보기술의 관점에
서 역사시대의 출현에 비견되는 하이퍼역사hyperhistory 시대로 우
리를 이끌고 있다고 주장한다.[7] 문자체계, 즉 쓰기나 기록의 발명
과 더불어 시작된 역사시대는 그 자체가 이전의 선사시대와 구분
되는 일종의 정보시대age of information이다. 역사시대는 데이터의
기록과 저장, 계승에 의해 규정된다. 인쇄술의 발명과 대중매체의

---

[7] Luciano Floridi, *The Fourth Revolution: How the infosphere is reshaping human reality*(Oxford, 2014).

출현은 정보의 전승이나 유통방식을 획기적으로 바꾸어 놓은 역사시대의 중대한 분수령이었다. 그런데 플로리디는 최근의 디지털 정보통신기술ICT의 발전이 기존의 정보기술에 정보나 데이터의 가공·처리processing 능력을 더함으로써 하이퍼역사라는 새로운 시대를 열고 있다고 주장한다.

하이퍼역사시대와 역사시대를 구분 짓는 중요한 기준은 먼저 우리의 삶이 정보기술에 의존하는 성도이다. 역사시대의 정보기술도 우리 삶의 중요한 한 요소로서 개인이나 사회의 안녕과 밀접한 관련이 있었다. 하지만, 하이퍼역사시대는 한 단계 더 나아가 개인이나 사회의 발전 혹은 유지가 ICT에 거의 전적으로 의존한다고 말할 수 있는 시대이다. 정보는 근원적인 자원인 동시에, 엄청난 양의 빅데이터와 그에 대한 처리, 그리고 ICT의 자율적인 정보처리가 개인이나 사회, 인류의 복지, 유지, 발전, 번영을 위한 본질적인 조건으로 작용하는 시대가 바로 하이퍼역사시대라는 것이다.

이미 G7 국가 GDP의 70퍼센트 이상이 유형의tangible 상품이 아니라 정보와 관련된 통신, 금융, 보험, 엔터테인먼트, 교육, 건강관리와 같은 무형의 상품에 의존한다. 소위 '지식기반 경제'가 이러한 현상을 반영하는 표현이다. 지금 이 시간에도 우리의 눈에 직접적으로 드러나 있지는 않지만, 엄청난 양의 상호작용이 기계와 기계, 그리고 인간과 컴퓨터 사이에 이루어지고 있다. 2015년 현재 인터넷에 연결된 장비들의 수는 250억 대 정도이며 2020년

에는 500억 대에 이를 것으로 추산된다. 1인당 연결된 장비의 수
도 2003년 0.08대에 불과하던 것이 2010년에는 1.84대, 2015년에
는 3.47대에 이르고 있으며 2020년에는 6.58대에 이를 것으로 예
상된다. 그런데 ICT의 정보처리 능력은 그 대부분이 이미 기계들
상호간에 일어나는 협력이나 조정을 위해 사용되고 있으며, 지구
에서 발생하는 통신의 대부분도 인간이 직접 개입되어 있지 않은
기계들 사이에서 일어나고 있다.[8]

하이퍼역사시대의 또 다른 특징 중의 하나는 정보(데이터)의 양
이다. 컴퓨터의 상용화 이전까지 인류가 전체 역사시대 동안 축적
한 데이터의 양은 약 12EB로 추정된다.[9] 그런데 그것이 2006년에
180EB를 넘어섰으며, 2011년에는 1.8 ZB에 이르러 제타바이트의
시대로 진입하였으며, 2015년에는 8ZB에 달할 것으로 추산된다.
이러한 추세는 앞으로도 3년마다 4배 정도의 속도로 증가할 것으
로 예측된다. 지금의 인류는 처음으로 제타바이트를 경험한 세대
이며, 우리가 살고 있는 시대는 그야말로 빅데이터의 시대이다.

1엑사바이트=10^{18}bytes. 데이터의 단위는 KB(킬로바이트), MB(메가바이
트), GB(기가바이트), TB(테라바이트), PB(페타바이트), EB(엑사바이트),
ZB(제타바이트), YB(요타바이트), VB(브론토바이트), RB(락시아바이트),
OB(에르키스틴바이트), QB(큐타바이트), XB(엑스바이트)로 표기되며, 각
단위간의 배수는 1000이다.

---

[8] Floridi, op, cit,, pp 4~11
[9] Florodi, op. cit., p. 13.

데이터의 양이 전부인 것은 아니다. 데이터의 양보다 더욱 중요한 것은 오히려 디지털 정보의 가소성에 의해 가능해진 자율적 기술체계system 혹은 지능적인 인공행위자의 등장이다. 플로리디가 말하는 '3차 기술third-order technology'의 개념을 통해 이를 더 살펴보자.[10] 기술이란 기본적으로 사용자와, 그 사용자로 하여금 기술의 사용을 유도하거나 촉발시키는 촉진자prompter, 그리고 이 둘 사이를 매개하는 사이성in-betweenness으로 분석될 수 있다. 가령 우리가 선글라스를 끼고 있다면, 태양빛은 눈부심을 유발하고 눈부심을 회피하고자 하는 특정한 상호작용을 유인하거나 가능하게 만드는 촉진자로 이해될 수 있다. 이때 기술로서의 선글라스는 사용자인 우리 인간과 촉진자로서의 태양빛 사이에 존재하는 매개자이다.

The Scheme for Technology's In-betweenness.

디지털 ICT의 출현 이전에 우리에게 익숙한 대부분의 기술은 1차 기술이나 2차 기술에 해당한다. 1차 기술은 인간 사용자와 자연의 촉진자 사이를 매개하는 기술이다. 가령 도끼는 인간 사용자와 나무 사이를 매개하는 기술이며, 바퀴는 인간과 흙 사이를 매개하는 기술이다. 이에 비해 2차 기술은 그 촉진자가 자연이 아니

10 Floridi, op. cit., pp. 25~32.

라 다른 기술로 대체된다. 즉 인간 사용자를 촉진자인 다른 기술과 연결하거나 매개하는 기술이 바로 2차 기술인 것이다. 가령 드라이버를 생각해보자. 우리는 드라이버를 사용하여 나사못(기술)을 조인다. 이때 드라이버는 사용자와 촉진자로서의 나사못이란 기술 사이를 매개하는 2차 기술이다. 물론 이때 나사못의 촉진자는 이를 이용하여 결합되는 나무판자들일 것이며, 그런 의미에서 나사못은 인간과 나무판자를 매개하는 1차 기술로 간주될 수 있다. 이러한 도식 속에서 2차 기술은 다양한 1차 기술들과의 상호의존성을 함축한다.[11] 플로리디에 따르면, 2차 기술의 핵심적인 사례가 다른 기술에 에너지를 제공하는 엔진이다. 엔진은 근대를 상징하는 대표적인 기술로서 산업혁명과 그 뒤를 잇는 기계문명의 동력으로 작용했다.

지금 우리가 살고 있는 시대는 근대적인 기계문명에서 하이퍼역사의 정보(기계)문명으로 넘어가는 과도기이다. 하이퍼역사시대, 혹은 4차 혁명시대의 중심 기술은 정보엔진으로서의 컴퓨터가 그 한가운데에 자리하고 있는 3차 기술이다.

Third-order Technology.

---

[11] 기술들은 각기 따로 분리되어 존재하는 것이 아니라, 협력적이거나 의존적인 연쇄관계를 통해서 밀접하게 연관된 상태로 존재한다. 따라서 많은 경우에 특정 기술이 1차나 2차, 혹은 3차 기술인지의 여부는 다분히 맥락 의존적이며, 사용자와 촉진자를 무엇으로 볼 것인가에 따라 달라질 수 있다.

3차 기술은 사용자와 촉진자 모두가 기술로 이루어지며, 사이 기술인 3차 기술의 역할은 기술들 사이를 매개하는 일이다. 여기서 인간은 더 이상 기술의 사이성 고리 안에 존재하지 않거나 그 고리의 바깥 경계에 걸쳐진 상태로 존재하면서, 기술의 수혜자나 소비자로 남게 된다. 자동적인 컴퓨터 시스템에 의하여 작동하는 사물인터넷이나 자율자동차, 스마트 홈, 스마트 가전이 바로 3차 기술의 대표적인 사례들이다. 근대적인 기계들은 그 작동을 위해 여전히 인간의 개입을 필요로 했다. 하지만, 3차 기술에 의존하는 하이퍼역사시대의 기계들은 원리적으로 그것들만의 네트워크를 통해 인간 독립적으로 작동 가능하다. 인간의 직접적인 개입이나 간섭이 필요 없는 이른바 '자율기술'인 것이다.

자율기계가 갖는 자율성을 인터페이스 개념을 통하여 조금 더 살펴보자. 기술의 사이성에 관한 위의 도식에서, 사용자와 사이 기술이 접하는 지점과 사이 기술과 촉진자가 접하는 지점은 모두 넓은 의미의 인터페이스이다. 플로리디를 따라서, 사용자와 기술이 대면하는 지점을 좁은 의미의 인터페이스로, 기술과 촉진자가 만나는 지점을 프로토콜로 구분해서 불러보자.[12] 단순한 형태의 1차 혹은 2차 기술의 경우에 인터페이스나 프로토콜은 모두 사용자에게 노출되어 있다. 가령 도끼를 예로 들면, 사용자가 도끼에 접

---

[12] 일반적으로 프로토콜은 데이터 전송과 관련된 규약을 가리키는 표현이다. 여기서는 '프로토콜'이 그보다 넓은 의미에서 기술과 촉진자 사이의 상호작용을 규제하는 법칙이나 규칙을 의미하는 표현으로 사용되고 있다.

근하는 인터페이스는 도끼의 손잡이이며 도끼날의 날카로움이 프로토콜에 해당한다. 나사못을 조이는 드라이버의 경우, 드라이버 손잡이가 인터페이스라면 나사 머리의 모양에 맞는 드라이버 날의 형태가 프로토콜이다.

그런데 오늘날 우리가 가정에서 사용하는 각종 가전제품이나 자동차와 같은 복잡한 종류의 2차 기술은 프로토콜이 은폐되어 있다. 사용자는 바깥으로 노출된 핸들이나 기어 스틱, 스위치를 통하여 기기를 조작하고, 이후의 과정은 사이에 위치한 기술들이 프로토콜에 따라서 '스스로' 처리한다. 즉, 이들의 경우에서 사용자에게 노출된 것은 오직 좁은 의미의 인터페이스뿐이다. 사용자는 프로토콜에 대한 아무런 지식을 갖고 있지 않으며 또 그럴 필요도 없다. 사이에 존재하는 기술은 프로토콜을 통하여 촉진자인 기술과 상호작용한다. 프로토콜에 접근해야 하는 경우는 기계가 오작동을 일으키거나 고장이 났을 때이며, 그 경우 프로토콜에 대한 전문지식을 가진 전문가의 도움을 필요로 한다.

3차 기술에서 인간은 기술의 사이성 고리 바깥에 존재한다. 그 결과, 인간 사용자와 기술이 대면하는 지점이었던 인터페이스는 이제 사용자로서의 기술과 사이 기술이 만나는 지점으로 그 성격이 바뀌게 되고, 그 내용 또한 또 다른 프로토콜로 대체된다. 3차 기술로서의 사이 기술은 프로토콜을 통하여 사용자로서의 기술 및 촉진자로서의 기술과 상호작용한다. 프로토콜이 전 과정을 관장하게 되는 것이다. 프로토콜을 통하여 각각의 기술이 서로 자동적으로 교섭하고 결합되는 과정을 핸드쉐이킹handshaking이라 부른다. 우리가 usb 드라이브를 컴퓨터에 삽입하면 플러그 앤 플레이라는 핸드쉐이킹을 통해 자동으로 인식된다. 인간 사용자는 이러한 핸드쉐이킹 과정에 전혀 관여하지 않는다. 우리가 사용하는 컴퓨터나 스마트폰이 위치의 이동에 따라 인터넷망이나 블루투스 기기에 자동으로 접속하여 연결하는 과정도 바로 핸드쉐이킹이다. 여기서도 관찰할 수 있는 것처럼, 3차 기술의 출현이 의미하는 바는 인간 사용자가 기술과 만나는 지점인 인터페이스가 인간 사용자의 시야에서 사라진다는 것이다. 네그로폰테의 지적처럼, 궁극적인 인터페이스는 인터페이스 자체를 사라지게 만드는 것이다.[13] 자율기술의 자율성 정도가 점점 더 증가할수록 인간과 기술이 직접 만나는 좁은 의미의 인터페이스 또한 점점 사라질 것이다.

자율기술 시스템이 갖는 자율성을 위해, 인간에 버금가는 인공지능의 출현이 반드시 필요한 것은 아니라는 점에 유의할 필요가 있다. 우리는 지금도 어떤 일을 수행하는 데 스마트폰이나 인터넷 검색 엔진과 같은 도구에 의존한다. 문제는 아직 이것들이 충분히 지능적이지 않다는 것이다. 가령 내가 검색 엔진에서 몇 가지 키워드를 이용하여 어떤 정보를 얻으려 한다고 해 보자. 검색 엔진의 알고리즘이 나의 질문에 답하는 방식은 키워드의 '구문적' 형태에 반응하는 것이다. 즉 이 알고리즘은 저장된 데이터베이스에서

---

[13] 니콜라스 네그로폰테, 백욱인 옮김, 《디지털이다》, 커뮤니케이션북스, 1995.

그 키워드를 포함하거나 혹은 그 키워드와 연관이 있다고 지정된 검색어를 포함하는 문서들을 찾아서 보여준다. 위치 정보의 확인과 같은 간단한 생활정보의 경우에 이는 큰 문제없이 작동한다. 하지만 상당 수준의 심층적 지식을 얻고자 하는 경우라면 상황이 조금 달라진다. 검색결과는 우리가 알고자 하는 것과 관련 없는 내용들을 많이 포함하고 있으며, 적절한 답변을 찾기 위해서는 여러 번의 시행착오와 인간이 개입하는 선별 과정을 거쳐야만 한다. 이를 인간 전문가에게 질문하는 경우와 비교해 보자. 인간 전문가는 단순히 내가 던진 질문의 구문적 특징에 반응하는 것이 아니라, 질문의 '의미'를 이해하고 그것과의 적절한 관련성을 고려하여 내 질문에 답한다. 질문자와 인간 전문가 사이에는 '언어'라는 기술 외에 또 다른 기술적 인터페이스가 존재하지 않는다. 이와 달리, 사용자와 검색 엔진 사이에는 키보드나 스크린의 하드웨어적 인터페이스뿐 아니라 모종의 '구문→의미' 전환의 기술적 인터페이스(프로토콜)가 여전히 상호작용의 장애물로 작용하고 있다.

하지만 알파고 사례가 보여주는 것처럼, 앞으로 우리가 사용하게 될 장치들은 특정의 제한된 영역에서나마 상당한 정도의 '지능'을 획득하게 될 것이다. 그러한 자율시스템은 인간이 묻는 질문의 내용이 무엇인지를 잘 '이해'하고 있을 것이며, 그러한 이해를 바탕으로 문제 해결에 필요한 적절한 대답을 하거나 행동을 취할 것이다. 이 경우 우리는 '구문→의미' 전환이라는 기술적 인터페이스의 개입 없이, 마치 다른 사람과 대화를 하듯이 '의미'론 섞인 방식으로 장치들과 상호작용하게 된다. 이와 관련하여 최근 딥 러닝에 기반을 둔 자연어 처리나 음성 인식 분야의 기술이 눈부시게 발전하고 있음에 주목할 필요가 있다.

한 걸음 더 나아가, 사물인터넷을 구성하는 다양한 유비쿼터스 장치나 웨어러블 컴퓨터에 이러한 지능적 소프트웨어가 탑재되고, 우리의 두뇌에 이식된 실리콘 칩을 통하여 이것들과 상호작용한다고 상상해 보자. 우리는 더 이상 마우스나 키보드, 터치스크린을 조작할 필요가 없다. 이때 우리는 마치 우리의 생각이나 신체를 통제하듯이 일종의 사고통제를 통하여 기기들과 상호작용하게 될 것이다. 지능적 인공 행위자들은 실시간으로 나의 두뇌나 신체 상태를 모니터링하면서 나의 기분이나 성향, 목표에 맞는 필요한 정보를 수집하고, 그 우선순위를 정하여 내가 처리해야 할 일들을 제시하는 동시에, 나를 대신하여 스스로 알아서 수많은 일들을 처리한다. 아마도 이런 경우가 인터페이스의 궁극적인 사라짐에 해당할 것이다.

그런데 여기서 가장 중요하게 고려해야 할 점은 이러한 기술적 존재들이 더 이상 인간의 직접적 조작에 의해 작동하는 수동적 존재가 아니라, 스스로의 판단과 결정을 통해 행동하는 능동적 행위자라는 사실이다. 수많은 기술과 프로토콜의 결합체인 이러한 자율기술 시스템들은 인간의 지속적인 개입이 필요 없으며, 일종의 직권 위임에 의해 작동하는 능동적이고 자율적인 행위자들의 네트워크를 구성한다. 이러한 자율적 행위자의 범주에는 실제의 물리적 환경 속에서 작동하는 지능형 로봇뿐 아니라 컴퓨터 가상환경 속에서 작동하는 '봇bot'으로 불리는 계산적 소프트웨어 행위자, 그리고 인간이나 인공 행위자가 그 속에서 물리적으로 상호작용하게 될 지능적 환경을 구성하는 사물인터넷의 다양한 장치가 포함된다. 이러한 자율적 행위자들은 우리의 일상 생활세계의 급격한 변동을 촉발할 것이며, 인지적이고 물리적인 환경으로서의 세계뿐 아니라, 우리의 자아 감각과 스스로를 이해하는 방식, 타자와의 관계방식, 세계를 조각하거나 세계와 상호작용하는 방식 등을 급진적으로 변화시킬 것이다.

인공물의 도덕적 지위

우리는 앞서 우리의 일상이나 사유를 지배하는 근본 개념이나 원리들의 갱신이 필요하다는 점을 지적했다. 그렇다면 구체적으로 그러한 갱신이 필요한 개념들은 무엇이며 어떤 방식으로 이루어져야 하는가? 여기서는 자율적인 인공지능적 존재들이 갖는 도덕적인 의미의 행위자성agenthood에 주목하고자 한다. 만약 이들이 자율적인 행위자라면 그것들의 도덕적 지위는 어떻게 이해되어야 하는가?

기술이나 기술적 존재의 도덕적 지위를 이해하는 전통적인 방식은 도구주의라 부를 수 있는 견해이다. 이에 따르면 기술은 인간의 목적을 위해 인간 행위자가 사용하는 도구에 불과하며, 그것들 자체에는 어떠한 도덕적 지위도 부여되지 않는다. 근대 철학자 데카르트는 동물은 영혼(정신)을 소유하지 않기에 자동으로 움직이는 기계와 같다고 생각했다. 이때 동물의 지위와 기계의 지위는 동일했고 둘 모두 도덕적 고려 대상에서 제외되어 있었다. 그런데 20세기에 들어서서 동물권리 철학이 발전함에 따라 동물에게도 도덕적 피동자patient의 지위가 부여된다. 하지만 기계(기술)는 여전히 도덕적 고려 대상에서 제외되어 있으므로, 동물과 기계 사이에도 도덕적 지위의 차이가 생겨났다고 말할 수 있다. 하지만 이제 인공지능과 같은 자율기술의 등장은 기계(기술)의 도덕적 지위와 관련하여 새로운 인식의 전환을 요구하는 것처럼 보인다.

전통적 의미의 도덕적 행위자는 자신의 행위에 책임responsibility을 질 수 있는 존재로서 그 외연은 인격person적인 존재로 한정된다. 인격체로서의 행위자가 되기 위해서는 이성, 의식, 자유의지와 같이 책임의 귀속에 필요해 보이는 특징들을 갖추고 있어야만 한다. 또한 전통적으로 도덕적 행위자는 도덕적 권리나 이해관계가 있는 도덕적 피동자patient(수혜자)와 그 외연이 일치했다. 도덕적 행위자의 범위를 결정하는 문제는 도덕적 고려의 대상이 되는 도덕 주체의 공동체에 누구를 포함시킬 것인지를 결정하는 배제적 결정의 문제와 연관되어 있었으며, 오랫동안 도덕 주체는 '인간man'이라 불리는 존재로 국한되었다. 어떤 의미에서 인류 역사는 도덕적 행위자의 외연 확장에 대한 도전과 승리의 역사였다고 말할 수 있다.

칸트주의나 공리주의와 같은 전통 윤리학은 어떤 행동이 올바른 행위로 간주될 수 있는 기준이 무엇인지를 제안하는 행위자 중심의 윤리학이다.[14] 다시 말해서, 이들은 행위에 따르는 마땅한 책임을 져야 할 행위자의 관점에서, 도덕적으로 행동하기 위해 고려해야 할 필수 사항이 무엇인가에 대한 나름의 기준을 제시하고 있는 이론들이다. 가령 칸트는 어떤 행동을 도덕적으로 만드는 것은 정언명법으로 불리는 도덕법칙을 준수하고자 하는 선 의지라고 보았으며, 벤담이나 밀과 같은 공리주의자들은 '최대 다수의 최대 행복'이란 원칙에서 짐작할 수 있듯이 한 행위의 결과가 최대 행복의 달성이라는 목적에 얼마나 기여했는가의 정도에 따라 그 도덕성이 결정된다고 보았다. 그런데 이들이 말하는 도덕 주체로서의 행위자나 그 행위의 영향을 받게 될 피동자는 사실상 인간으로 한정되어 있다. 책임 능력을 갖춘 존재가 인간밖에 없기 때문이다. 따라서 그런 의미에서 이들 윤리학은 인간중심주의, 혹은 인간예외주의라는 근대적 이념을 그 바탕에 깔고 있다고 말할 수 있다.

20세기 윤리학에서 일어난 중요한 변화 중의 하나는 피동자 중심의 윤리가 윤리학의 중요한 관점으로 부상하게 된 일이다. 이를 통해 도덕적 행위자와 피동자의 범위가 서로 달라지게 된다. 피동

---

[14] 덕윤리학Virtue Ethics 또한 행위버디 행위자의 본성에 초점을 맞추기는 하지만 여전히 행위자 중심의 윤리학으로 평가될 수 있다.

자 중심의 윤리학은 윤리를 행위 주체의 관점이 아니라, 행위로 인하여 영향을 받게 되는 도덕적 이해관계interest를 가진 피동자의 관점에서 접근한다. 피터 싱어Peter Singer의 동물해방론처럼, 동물의 권리와 관련된 철학이 그 대표적인 사례이다. 오늘날에는 개나 고양이와 같은 일부 반려동물이 도덕적 피동자로 인정받고 있다. 물론 도덕적 피동자가 된다고 해서 그것들이 곧 도덕적 행위 능력을 갖는 행위자인 것은 아니다. 이들이 피동자로 인성되는 근거는 그것들이 고통을 경험할 수 있는 유정적sentient 존재이기 때문이다. 도덕적 피동자의 범위를 모든 동식물뿐 아니라 산과 바다와 같은 자연세계를 포함하도록 확장하려는 생태적 환경윤리 또한 피동자 중심의 윤리학이다. 피동자 중심 윤리의 현대적 의의는 자연세계에서 검증되지 않은 인간의 특권적 위치를 문제 삼고 윤리학의 인간중심주의적 전통에 도전한다는 점에 있다. 달리 말해서, 도덕적으로 유의미하고 중요한 존재를 단지 다른 '인간'들로만 국한시키는 것이 아니라, 지금까지 도덕적 공동체에서 배제되어 있던 모든 종류의 존재들로 확장할 가능성을 열어 놓는다는 것이다.

플로리디L. Floridi는 정보윤리Information Ethics라는 이름 하에서 훨씬 더 근본적인 수준의 피동자 중심 윤리학을 제안한다.[15] 그는 자신의 입장을 존재중심주의ontocentrism로 규정하는데, 존재 중심

---

[15] L. Floridi, "Information Ethics: Its Nature and Scope", in Jerome Van Den Hoven and John Weckert, (eds.), *Information Technology and Moral Philosophy*(Cambridge, 2008).

적 윤리는 생명 중심적 윤리와의 비교를 통해서 잘 이해될 수 있다. 생명 중심적 윤리는 인간 중심적 윤리와 달리 인간이 아닌 다른 생명체나 생태체계에도 도덕적 지위를 부여하는데, 이는 생명이 그 자체로서 갖는 내재적 가치나 고통suffering의 부정적 가치에 근거한다. 이에 따르면 모든 형태의 생명은 상황에 따라 기각 가능overridable하지만 최소한의 존중을 받을 자격을 가지고 있다. 이러한 사실은 행위자가 어떤 윤리적 판단이나 결정을 하면서 반드시 고려해야 하는 중요한 제약 조건으로 작용한다.

생명 중심의 윤리에서 '생명'의 개념을 정보로서의 '존재'로 대치하게 되면 존재 중심의 윤리인 정보윤리로 나아가게 된다. 존재 중심적 윤리에 따르면, 생명보다 더 기본적인 것은 존재being이며, 고통보다 더 근본적인 것이 엔트로피이다. 플로리디에 따르면 정보적 구조로 분석될 수 있는 모든 존재는 그 자체로 내재적인 가치를 가지며, 그런 점에서 존재할 권리를 포함하여 그것의 실존 및 본질을 향상시키고 풍부하게 할 번성의 권리를 갖는다. 이에 반하는 것이 존재의 궁핍화impoverishment를 의미하는 엔트로피의 증가이며, 이는 정보 질서나 구조의 붕괴를 통한 정보적 대상의 파괴나 타락을 의미한다.

플로리디는 또한 생물권biosphere에 대응하는 정보권infosphere이란 개념을 제안한다. 생물권은 생물이 살 수 있는 지구의 공간을 가리키는 개념이다. 이에 대응하여, 정보권은 정보적 존재자들이 거주하는 정보적 공간이나 한경을 일컫는 표현이나. 말하자면 정보권은 모든 정보 시스템들이 그 안에서 서로 상호작용하며 존재하게 되는 일종의 생태환경이다. 정보윤리는 대상을 서로 분리된 독립적인 어떤 것이 아니라 정보권이라 불리는 생태적 환경에 속하는 한 구성원으로 다루며, 정보권의 일원으로서 정보 시스템들이 만들어 내는 변화, 행동, 상호작용을 정보적으로 분석한다. 도덕적 행위자의 행동은 이러한 정보권의 성장에 대한 기여, 즉 엔트로피 수준의 증가 여부나 그 정도에 따라서 평가될 수 있다.

플로리디의 주장에서 특히 흥미로운 점은 기술이나 인공물, 추상적인 지적 대상들도 도덕적 피동자로 간주되어야 한다는 부분이다. 그에 따르면, 우리 인간도 정보적 구조로 분석될 수 있는 정보적 존재자이며, 다른 정보적 존재들과 마찬가지로 정보권 내에 거주하는 다양한 존재자들 중의 하나일 뿐이다. 정보윤리는 가능한 한 비인간 중심적이고 중립적인 대상적 관점을 취함으로써, 도덕적 고려의 대상이 충족해야 할 최소 자격 요건을 최대로 낮춘 윤리적 관점이라고 말할 수 있다. 즉, 이는 도덕적 고려 대상이 되어야 할 도덕적 존재의 범위를 정보권을 구성하는 일원으로서의 정보체계로 이해 가능한 모든 존재를 포괄하도록 확장한다. 정보윤리의 관점에서 보면, 생명윤리는 생명이나 살아있는 것에 경도되어 있으며, 생태근본주의는 자연과 구분되는 기술이나 인공물에 대해 편향된 태도를 가지고 있다. 플로리디에 따르면, 도덕적 피동자의 범위를 살아있는 것이나 자연적인 것에 국한시키는 것은 우리 인간의 관심이나 윤리적 감수성을 반영하는 임의적인 선택에 불과하다.

플로리디의 극단적인 존재평등주의나 보편주의에는 분명 쉽게 수용하기 힘든 측면이 있다. 특히 인공물을 과연 도덕적 피동자로 취급해야 하는지는 그렇게 쉽게 판단 가능한 문제가 아니다. SF영화에 등장하는 주인공 로봇처럼 인간과 동일한 모습을 하고 있고 감정을 가지면서 고통을 느낄 수 있는 존재라면 피동자의 지위를 부여하는 것이 자연스러울 수 있겠지만, 그의 주장은 모든 정보적 존재자가 피동자의 지위를 갖는다는 훨씬 더 급진적인 주장이다. 가령 지금 우리가 사용하는 컴퓨터나 자동차도 도덕적 지위를 갖는다는 것이다. 다른 한편으로, 인공물이 갖는 도덕적 권리가 인간의 도덕적 권리와 동등하다고 말하는 것은 아니며, 유네스코의 인류 유산 등재에 중요한 가치를 부여하거나 고대 유적을 파괴하는 행위를 비난하는 우리의 태도를 감안한다면, 그의 주장이 그렇게 터무니없이 들리지도 않는다. 인공물이 과연 도덕적 피동자로 간주될 수 있는지의 문제는 여기서 쉽게 결론내릴 수 있는 문제는 아니며, 설령 그럴 수 있다 하더라도 그것이 갖는 권리가 어떤 권리인지에 대해서는 보다 정교한 논의가 필요해 보인다.

그런데 기술적 인공물이 갖는 행위자성은 피동자로서의 지위 문제와는 별개로 독립적인 논의가 가능하다.[16] 필자는 '자율적인

---

[16] 플로리디와 샌더스는 도덕적 행위자에 대해서 다음과 같은 대안적 정의를 제시한 바 있다. "도덕적 행위자는 도덕적이라 평가될 수 있는 행동을 수행할 수 있는 상호작용적, 자율적, 적응적인 전이 시스템이다A moral agent is an interactive, autonomous, and adaptable transition system

'행위자'라는 표현이 암시하듯이 인공적 존재에게도 일정한 도덕적 행위자의 자격을 부여할 필요가 있다고 생각한다. 도덕적 판단과 관련된 우리의 일상적 직관의 상당 부분은 전통적인 인격체로서의 도덕적 행위자moral agent 개념이나 그와 연관된 책임 개념과 밀접하게 연관되어 있다. 하지만 이는 서구 근대 휴머니즘이라는 특정 시대의 유산이며, 앞으로 지능적 인공 행위자에 의해 야기될 새로운 윤리적 문제들을 평가하고 해결하는 데 부적절한 측면이 있다.

여기서 필자는 두 가지 제안을 하고자 한다. 그 하나는 인공적인 자율 행위자에게 인격성을 전제하지 않는 모종의 도덕적 행위자 자격을 부여해야 한다는 것이며, 두 번째는 인격성이나 직접적인 인과적 기여와 밀착되어 있지 않은, 보다 폭넓고 느슨한 의미의 도덕적 책임(책무성) 개념이 필요하다는 것이다. 강한 의미의 도덕적 책임을 질 수 있는 존재로서의 행위자란 개념은 불가피하게 의도나 의식과 같은 심성 상태의 존재를 요구할 수밖에 없으며, 그 결과 모종의 인간중심주의를 전제할 수밖에 없다. 그런데 이제 중요한 도덕적 귀결을 야기할 수 있는 행위 주체는 더 이상 인간만이 아니다.

인공적인 자율 행위자에게 도덕적인 행위자 자격을 부여하는

that can perform morally qualifiable actions." Luciano Floridi and J. W. Sanders, "On the Morality of Artificial Agents", *Minds and Machin*, 14(2004), pp. 349~379.

것이 인간과 똑같은 정도의 행위자임을 인정하는 일은 아니다. 또한, 인공 행위자들 간에도 모두 동등한 정도의 행위자 자격이 부여되는 것도 아니다. 무어Moor는 윤리적 행위자의 범주를 4가지로 구분하고 있다.[17] 먼저 가장 낮은 수준의 행위자는 윤리적 영향을 끼치는 행위자ethical impact agent이다. 여기에는 윤리적인 함축을 갖는 결과를 유발하고 그에 따라 평가될 수 있는 모든 기계가 포함된다. 다음으로 암묵적인 윤리 행위자implicit ethical agent가 있다. 이는 설계자가 설계 과정에서 안정성이나 신뢰성의 문제를 고심하면서 부정적인 윤리적 결과를 낳지 않도록 노력을 기울인 기계들이다. 여기까지는 전통적인 기술의 범주에 속하는 기계나 장치들이 포함되며, 이것들이 보여주는 도덕성은 전적으로 기술의 설계자나 사용자의 통제 안에 있다고 말할 수 있다. 웬델 월러치 Wendell Wallach와 콜린 알렌Colin Allen은 이를 조작적 도덕성 operational morality이라는 이름으로 부르고 있다.[18]

우리의 논의와 관련하여 중요한 것은 다음 단계인 명시적 윤리 행위자explicit ethical agent의 범주에 속하는 것들이다. 이는 그것의 작동과 관련된 내부 프로그래밍의 일부로서 윤리적 범주를 이용하여 윤리적 추론이나 평가를 할 수 있는 기계를 일컫는다. 명시

---

[17] J. H. Moor, "The Nature, Importance, and Difficulty of Machine Ethics", IEEE Intelligent Systems 21(4)(2006), pp. 18~21.

[18] Wendell Wallach and Colin Allen, Moral Machines: Teaching Robots Right from Wrong(Oxford University Press, 2009).

적 윤리 행위자로 분류될 수 있는 기술이나 기계들은 도덕적 상황에 자율적으로 반응하거나 평가하는 능력을 갖추고 있으면서, 예상되는 행위의 결과를 바탕으로 스스로의 행동을 도덕적으로 평가하고 규제할 수 있는 행위자이다.

지금까지 인공지능의 발전은 자율성의 증대에 초점을 맞추어 진행되어 왔다. 그러나 자율성이 증대되면 될수록 기술 자체의 안전성이나 신뢰도뿐 아니라, 그것의 판단이나 선택으로부터 파생되는 다양한 귀결들이 문제시 될 것이다. 결국 앞으로는 자율성의 증대에 맞추어 어떻게 기술적 존재들이 도덕적 감수성sensitivity을 갖도록 할 것인가의 문제가 중심 과제로 부상하게 될 것이다. 이는 인공지능과 같은 기술적 존재가 모종의 가치 지향이나 윤리적 기준에 비추어 자신의 행동이 야기할 수도 있는 결과, 혹은 해악을 평가하면서 스스로의 행동을 감시하고 규제하는 존재가 되어야 함을 의미한다.

명시적 윤리 행위자가 보여주는 도덕성은 월러치와 알렌이 기능적 도덕성functional morality이라 부르는 단계이다. 기능적 도덕성은 물론 인간과 같은 온전한 윤리 행위자full ethical agent가 보여주는 도덕성의 수준과 구분될 수 있다. 인간은 의식적이고 지향적인 심리적 과정을 통해 명시적으로 도덕 판단을 내리면서 그러한 결론을 정당화할 능력을 갖는다. 또한 형이상학적인 자유의지의 가능성 여부가 여전히 문제로 남아 있다 하더라도, 우리는 최소한 현상적 경험의 수준에서 칸트적 의미의 도덕적 입법 능력으로서의 자율성을 경험한다. 혹자는 "기계가 진정으로 윤리적이거나 자율적일 수 있는가?"와 같은 질문을 통해 인공지능이 과연 인간과 동등한 수준의 윤리적 행위자인지에 대해서 의문을 제기한다. 그러나 모든 윤리적 행위자가 인간과 같은 수준의 행위자일 필요는 없다. 그와는 별개로 인공적인 자율 행위자를 도덕적인 방식으로 행동하게 만드는 것은 그 자체로도 대단히 중요한 문제이다.

책무성과 정보생태주의

인공적인 자율기술에 행위자성을 부여해야 하는 까닭은 무엇보다도 그것들이 앞으로 인간의 간섭에서 벗어나 엄청난 도덕적 함축을 갖는 결과로 귀결되는 행위를 자율적으로 수행할 능력을 갖추게 될 것으로 보이기 때문이다. 그런 상황이라면, 인공지능이 이성이나 의식, 자유의지, 혹은 인격성을 갖느냐 등의 문제와는 별개로, 이들을 도덕적 행위의 주체로 간주하고 도덕적 현상의 분석에서 중요한 한 당사자로 간주하는 것이 온당해 보인다. 인공적인 기술에 행위자성을 부여하는 것은 오늘날의 복잡한 도덕 현상 속에서 인공적인 자율 행위자가 수행하는 역할이 무엇인지에 대해 정당한 관심을 유도하는 효과를 가질 뿐 아니라, 그 행위자성에 걸맞은 책임의 귀속을 가능하도록 만든다.

혹자는 인공지능과 같은 기술적 존재에게 노턱적인 행위자성을 부여하는 것은, 인공지능의 제작이나 통제에 정당한 책임을 져야 할 사람들이 그 책임을 인공지능에게 부당하게 전가할 위험이 있음을 지적할 것이다. 그에 대한 대응은 별개의 논의를 필요로 하겠지만, 자율기술에 대해 도덕적 행위자성을 부여하지 않은 채 단순한 도구로만 간주하는 태도는 더욱 위험해 보인다. 이 경우, 도덕적 책임 소재의 문제는 전적으로 인공지능의 개발이나 제작 혹은 사용에 관여된 사람들로 국한되면서, 마치 이들 기술이 가치적으로 중립적이라거나 우리 인간이 인공지능을 위시한 자율적 존재들을 완전히 통제할 수 있다는 잘못된 인식을 심어 줄 위험이 있어 보이기 때문이다. 이는 자율기술적 존재들의 본성을 전적으로 오해하는 일이며, 사회적으로 중요한 영향을 끼치게 될 도덕적 현상을 분석하고 평가함에 있어서 능동적으로 영향을 끼치고 있는 중요한 한 당사자를 누락시키는 결과로 이어지게 된다.

필자는 여기서 인공적인 자율 행위자에게 오늘날 법적, 사회적 제도에서 보편적으로 통용되는 엄격한 의미의 책임을 묻기보다, 그것의 행위자성에 걸맞은 또 다른 종류의 책임 귀속이 가능하다고 생각한다. 여기서 말하는 새로운 종류의 책임은, 인간 행위자의 처벌에서처럼 행위의 직접적 결과에 대해 사후적으로 묻는 책임이라기보다, 자신이 가진 행위 능력의 크기에 비례하여 스스로의 행동을 조절하고 통제해야만 한다는 의미에서 보다 폭넓은 범위에 걸쳐 부과되는 예방적 의무의 성격을 갖는다. 이를 엄격한 의미의 책임 개념과 구분하기 위하여 책무성accountability이라 불러 보자.

전통적인 행위자 개념과 밀접히 연관되어 있는 책임 개념은 오늘날 벌어지고 있는 다양한 도덕 현상을 온전히 분석하고 설명하기에는 결코 충분해 보이지 않는다. 현재 법적, 사회적으로 널리 통용되는 책임의 개념은 직접적이고 적극적인 인과의 개념과 매우 밀접하게 연관되어 있다. 말하자면, 이때의 책임은 i) 적극적인 행위의 수행에 따른 사후적인 인과적 결과에 대해서, ii) 그 행위를 의도하고 수행한 주체인 자율적인 인간 행위자에게 귀속되며, iii) 소극적인 부작위에 대해서는 책임의 양이 감소할 뿐만 아니라, iv) 악의 개선에 대한 부작위는 거의 책임을 묻지 않고, v) 책임의 양은 발생한 결과에 인과적으로 기여한 정도에 비례한다. 이러한 책임 개념에 따르면, 우리는 어떤 행위의 결과에 대해 명백한 인과적 관계를 입증할 수 있을 때에만 그 행위의 주체에게 책임을 물을 수 있다. 뿐만 아니라, 단독 행위로만 보아서는 그 해악이 크지 않거나, 해악 방지를 위해 적극적인 노력을 기울이지 않은 부작위에 대해서는 거의 책임을 묻지 않는 것이 보편적으로 통용되는 사회적인 관행이다. 즉, 우리는 비록 결과적인 해악 정도는 동일하다 하더라도, 제공하는 데 실패한 혜택보다 인과적으로 야기한 해악에 대해서 더 큰 책임을 묻는다는 것이다.

그런데 지금 우리는 개인의 작은 행위들이 시스템적으로 상호작용하면서 거시적인 수준에서는 엄청난 해악으로 귀결되는 그러한 세상에서 살고 있다. 가령 금융자본주의도 상징되는 신자유주의 체제 하에서, 우리는 지구촌 곳곳에서 벌어지는 빈곤이나 착취에 대해서 비록 적극적인 의도나 개입은 없었다 하더라도 아무런 상관이 없다고 말할 수는 없다. 그럼에도 불구하고, 개인의 차원에서 우리가 져야 할 책임은 거의 없거나 크지 않다. 그 인과의 기여 정도가 미미하기 때문이다. 일종의 '공유지의 비극'에 해당하는 상황이다. 때문에 오늘날 발생하는 악과 부정의의 상당 부분은 전통적인 의미의 책임을 동반하지 않는 행위자들의 선택이나 행동의 상호작용으로부터 기인하며, 그 결과 책임이나 개선의 의무를 어떤 특정한 개인이나 집단에게 귀속시키는 일이 매우 어렵게 된다.[19] 특히 미래에는 직권위임을 통한 인공적인 자율 행위자들의 선택과 행동의 폭이 더욱 확대될 것이다. 이 점을 감안한다면 이러한 경향성은 앞으로 더욱 강화될 것이며, 도덕적 해악의 원천은 더 이상 개인이나 집단으로서의 인간 주체가 아닐 수도 있다.

이러한 점을 고려할 때, 필자는 이미 야기된 인과적 결과가 아니라, 예상되는 행위의 결과에 입각하여 부과되는 보다 느슨한 의미의 도덕적 책무성 개념에 호소할 필요가 있다고 생각한다. 앞으로 중요한 도덕적 귀결을 야기할 수 있는 행위의 주체가 더 이상 인간만이 아니라는 점을 감안한다면, 그 필요성은 더욱 절실하다. 물론 인공지능과 같은 존재에게도, 만약 어떤 해악을 산출했다면 그 작동을 중지하거나 해체하는 등의 방식으로 그 행동에 사후적

---

[19] 플로리디는 이러한 상황을 '분산된 도덕distributed morality'이라 명명하고 있다.

책임을 물을 수 있다. 하지만 이는 결과적으로 인공지능 자체를 벌하는 일이기보다 그 제작자나 사용자에게 종국적인 책임을 지우는 것과 크게 다르지 않다. 뿐만 아니라 이런 식으로 책임을 묻기 위해서는 그 직접적인 인과관계가 매우 명백해야 한다. 따라서 까다로운 책임 귀속의 구성 요건 때문에 그 적용 범위는 대단히 제한적일 것이며, 책임의 추궁 또한 사후적으로 이루어질 수밖에 없다. 그러나 오늘날의 도덕 현상이 매우 다양한 요소들의 복잡한 상호작용의 결과로 나타나며, 예상치 않은 재앙적인 결과를 산출할 수 있는 자율기술적 존재의 잠재능력을 감안한다면, 그와 같은 책임 귀속만으로는 결코 충분해 보이지 않는다. 보다 선제적이고 적극적인 대응이 필요하다.

자율기술적 존재에 대하여, 인격성이나 명백한 인과관계의 요구와 결부되어 있지 않으면서, 그것들의 행위 능력에 비례하여 부과되는 책무성을 요구하는 것이 그와 같은 대응의 기초가 될 수 있다. 이때의 책무성이라 함은 자신의 행위가 가질 도덕적 파장이나 결과에 대한 최선의 정보에 입각하여 가능한 최선의 규범적 행동을 해야만 할 예방적 의무를 의미하며, 의무 수행의 주체는 인격적 존재로 한정되지 않는다. 물론 이는 결과적으로, 인공지능의 설계자나 제작자에게 이러한 책무성에 해당하는 도덕적 감수성을 어떤 방식으로든 자율기술적 존재에게 구현시켜야 함을 요구하는 일이다. 따라서 이는 인공지능 등의 제작자나 사용자에게 일반적인 경우에서 요구되는 것보다 훨씬 더 엄격한 수준의 사전예방 원칙precautionary principle의 준수를 요구하는 일이기도 하다. 그런 점에서, 책무성은 비단 인공지능뿐만 아니라, 기술의 제작자나 사용자 모두에게 요구된다고 말할 수 있다. 이는 새로운 기술이나 제품에 도입에 앞서, 다양한 분야의 전문가들이 참여하는 공적 위원회를 통해 매우 엄격한 수준의 기술 영향 평가를 받도록 의무화하는 방식으로 제도화될 수 있을 것이다.

이상과 같은 책무성의 부과는 우리가 윤리나 도덕을 바라보는 관점의 전환을 요구한다. 기존의 윤리학은 행위자 중심의 권리 침해 행위에 대한 사후적인 처벌과 보상의 윤리학이다. 그런데 지금 우리에게 필요한 것은 행위자의 보편적 책무성과 그에 입각한 예방적 점검의 윤리학이다. 첨단기술의 급속한 발전 덕분에, 자연세계에 대한 인간의 개입 능력이 그 어느 때보다도 강력해졌기 때문이다. 지금은 인간이 지구의 생태환경을 급격하게 뒤바꾸어 놓고 있다는 의미에서 새로운 지질시대로서의 인류세anthropocene가 논의되는 시기이다. 과학기술이 현재와 같은 발전 추세를 지속한다면 인간의 힘과 능력은 더욱 더 커질 것이고, 그 결과에 대해서는 인류 자신의 절멸 가능성을 포함하여 그 누구도 자신 있게 예측할 수 없다. 이러한 현실은 우리에게 도덕과 윤리를 새롭게 상상할 것을 요구한다.

앞서 플로리디의 정보윤리를 간단히 소개한 바 있다. 여기서 어떤 행동에 대한 도덕적 평가는 정보적 존재자들의 생태환경인 정보권에 끼치는 영향에 입각해서 이루어진다는 주장에 주목할 필요가 있다. 여기서 말하는 생태권은 이제 더 이상 자연적인 것에 국한되지 않으며, 기술적이거나 인공적인 존재를 포함하도록 확장된 생태계이다. 플로리디는 인간의 역할을 전체 정보권에 대해 에코포이에틱ecopoietic한 책임을 지고 있는 호모 포이에티쿠스 homo poieticus로 규정한다. 에코포이에시스ecopoiesis는 생태지향적인 관점에 입각하여 도덕적인 방식으로 환경을 구성하는 과정이다. 호모 포이에티쿠스인 인간은 정보권에 속하는 실재reality를 보호하고 번성하도록 관리하는 데미우르고스[20]의 역할을 떠맡게 되며, 자연자원의 사용자나 착취자로서의 호모 파베르homo faber, 부의 생산자, 유통자, 소비자로서의 호모 이코노미쿠스homo oeconomicus, 놀이에 집중하는 호모 루덴스home ludens와 구분된다.

필자는 오늘날 우리에게 필요한 책무성의 내용이 바로 에코포이에시스 같은 것이라고 생각한다. 책무성은 행위자의 능력에 비례하여 주어지는 의무이다. 능력이 커질수록 책무성도 커진다는 말이다. 과학기술이 발전할수록 그것에 비례하여 실재에 개입하고 그것을 변형시킬 수 있는 인간의 힘도 증가한다. 이는 우리에게 더 많은 책무성이 부과된다는 의미이다. 오늘날은 전통적인 의미의 책임을 질 필요가 없다 하더라도 자신의 도덕적 행위 능력과

---

[20] 데미우르고스는 그리스어로 '제작자'라는 의미이며, 플라톤이 자신의 대화편 《티마이오스》에서 세계를 만드는 거인에게 이 이름을 부여하였다. 세계를 무無로부터 창조했다는 기독교의 전능한 신과 달리, 데미우르고스는 전능하지 않으며 이미 존재하는 낱낱물번의 이데아를 모범적 형태로 삼아서 무질서·부조화 상태에 있는 질료에 질서를 부여하여 세계를 만든다.

그것에 따르는 책무성에 입각하여 규범적인 행동을 하고자 하는 덕성 혹은 품성이 지배하는 삶의 양식이 요청되는 시대이다. 플로리디는 자신의 입장을 정보생태주의라고 부르고 있는데, 일반적으로 생태라는 말은 개체 수준의 생물과 생물이 이루고 있는 군집, 무생물의 작용을 포함하는 복합적인 환경이 서로 역동적으로 상호작용하는 시스템을 일컫는 표현이다. 생태적 입장이 우리에게 주는 통찰은 생태계를 이루고 있는 구성요소들 사이에 일어나는 복잡한 상호작용의 중요성이다. 이는 윤리를 분리된 개체의 단위가 아니라, 개체들 및 환경 사이의 상호작용이라는 관계성 속에서 접근해야 함을 뜻한다. 이제 우리가 살고 있는 환경은 더 이상 자연적인 세계가 아니라 자율적인 인공 행위자의 네트워크를 포함하는 기술적 공간이다. 그렇다면, 인공지능을 제작하려는 사람이나 제작물로서의 인공지능이 져야 할 책무성도 바로 이 전체 시스템으로서의 정보 생태 공간을 중심으로 숙고되어야 한다. 그런 점에서 이제 우리는 개별 인격체가 개인 수준에서 지켜야 할 의무나 덕을 넘어서서, 지구적인 생태적 가치에 입각한 삶의 양식으로의 이행을 고민해야 한다. 지금은 주체 중심의 개체주의적인 윤리학individualism을 벗어나 관계론 혹은 전체론holism에 입각한 윤리학을 진지하게 고민해야 할 때이다.

참고문헌

구본권, 《로봇 시대, 인간의 일-인공지능 시대를 살아가야 할 이들을 위한 안내서》, 어크로스, 2015.

Wiener, N., 이희은·김재영 옮김, 《인간의 인간적 활용》, 텍스트, 2011.

Negroponte, N., 백욱인 옮김, 《디지털이다》, 커뮤니케이션북스, 1995.

신상규, 《호모사피엔스의 미래-포스트휴먼과 트랜스휴머니즘》, 아카넷, 2015.

Drexler, E., 조현욱 옮김, 《창조의 엔진》, 김영사, 2011.

홍기빈, 〈아직 3차 혁명이다〉, 경향신문, 2016년 3월 6일 자 칼럼.

Allo, P., ed. *Putting Information First: Luciano Floridi and the Philosophy of Information* (Wiley-Blackwell, 2010).

Bynum, T. W., "Norbert Wiener and the Rise of Information Ethics", in Jerome Van Den Hoven and John Weckert, (eds.), *Information Technology and Moral Philosophy*(Cambridge Univ. Press, 2008).

Demir, Hilmi., (eds.) *Luciano Floridi's Philosophy of Technology: Critical Reflections* (Springer, 2012).

Floridi, L., and J. W. Sanders, "On the Morality of Artificial Agents", *Minds and Machine*, 14(2004), pp. 349~379.

Floridi, L., "Information Ethics: Its Nature and Scope", in Jerome Van Den Hoven and John Weckert, (eds.), *Information Technology and Moral Philosophy*(Cambridge Univ. Press, 2008).

_____, *Ethics of Information*(Oxford University Press, 2013).

_____, *The Fourth Revolution. How the infosphere is reshaping human reality*(Oxford

University Press, 2014).

Ingmar Persson and Julian Savulescu, *Unfit for the Future: The Need for Moral Enhancement*(Oxford University Press, 2012).

Moor, J., "Why We Need Better Ethics for Emerging Technologies" in *Information Technology and Moral Philosophy*, eds. by Jeroen Van Den Hoven and John Weckert(Cambridge Univ. Press, 2008).

Digital

인공지능의 발달로 인간과 유사한 인격성을
가진 로봇 이른바 로보 사피엔스의 등장이
머지않았다 이에 따라 로봇의 도덕성 책임
등 새로운 윤리적 철학적 문제가
떠올랐다

인공지능 시대
지식과 교육의 과제

—

구본권

人文學

디지털과 빅데이터 덕분에 역사
문학 등 인문학 연구에서도
자료의 축적 활용의 폭이 획기적으로 커졌다
도구로서의 디지털 정보를 어떻게
구축하고 활용할 것인가

유전적
지능을 높여주는 인공
인공지능이 야기한

디지털화와 지식의 구조

뉴밀레니엄을 앞둔 1999년 말 미국의 시사주간지 《타임》은 지난 1000년 인류 역사상 가장 큰 영향을 끼친 발명으로 요하네스 구텐베르크의 금속활자를 선정했다. 15세기 중엽 구텐베르크가 발명한 활판 인쇄술로 인해 중세 사회와 문화는 기존과 차원이 다른 변화에 지속적으로 직면하게 됐다. 점진적이던 도구의 발명과 개선에 가속도가 붙고, 과학과 기술의 발전으로 생활과 경제, 정치사회 체제 등 다양한 영역에서 인류는 근본적 변화를 만나게 됐다. 책의 형태로 지식과 정보가 유동성을 갖게 되어 널리 유통되면서 필사와 구전의 시대에는 경험할 수 없던 변화가 시작됐다. 도구적 존재Homo Faber로서 인간의 가장 강력한 도구는 언어와 지식을 통한 사유 능력이다. 지적 존재인 사람에게 나머지 모든 도구를 만들어 내는 본원적 도구는 지식이다. 지식 구조와 유통 플랫폼의 변화는 새로운 기술과 도구를 만들어 내어 신입과 살림살

이를 바꾸고, 사회체계와 인간관계도 재형성하는 구조적 변화다.

전기와 전신의 발명은 정보 이동의 공간적·시간적 거리를 축소시켜 지식의 변화 속도가 더 빨라지게 만들었다. 전기전자 기술 기반의 통신도구가 불러온 거리의 소멸은 정보와 지식의 지구적 유통을 촉진했다. 사고와 소비, 문화의 전 지구적 동조화 현상이 생겨났고 글로벌 시대의 배경이 됐다. 가속화한 과학기술 경쟁과 발달은 오늘날의 디지털화와 인터넷 연결로 이어졌고 긍정적 피드백 구조는 계속 확대되고 있다.

디지털 기술은 정보의 구조와 성격을 규정하는 중요한 요인으로, 모든 것을 뿌리부터 바꾸고 있다. 디지털은 사람이 도구와 관계 맺는 방식을 달라지게 했을 뿐 아니라, 사람과 사람, 개인과 사회의 관계 자체를 새롭게 변화시키고 있다. 디지털 이전의 세계는 물리적 물질인 원자atom의 세계였고, 디지털 이후의 세계는 전자적 신호인 비트bit의 세계다.[1] 0과 1 이진법으로 이뤄진 디지털은 정보의 자연스러운 존재방식이 아니라, 사람이 기계를 위해 만들어 낸 인공언어이자 정보 형식이다. 디지털 정보를 통해서, 기계는 정보를 인식하고 처리하고 다양한 기능을 수행할 수 있게 됐다. 종교에서 신이 자신의 형상을 따라 정신을 지닌 존재로 인간을 만들었다면, 인간은 디지털 기술로 기계에 인식 기능을 부여함으로써 자신과 유사한 존재를 만들어 냈다. 인식 기능을 갖게 된

---

[1] N. Negroponte, 백욱인 옮김, 《디지털이다》, 커뮤니케이션북스, 1995.

기계는 마침내 자신의 창조자인 사람에 방불하는 인식과 판단 능력을 갖추는 단계에 이르렀다.

디지털 기술의 결과는 가시적이지만, 그 구조와 작동방식은 비가시적이다. 보이지 않는 것은 이해되지 않는다. 디지털 기술처럼 인류 역사상 이토록 깊이 의존하면서, 사용자의 이해와 통제 수준이 낮은 기술은 일찍이 없었다. 디지털 기술의 속성을 이해하기 위해서는 먼저 그 구조에서 비롯하는 특징들을 살펴봐야 한다.

첫째, 디지털 기술은 모든 영역에 예외 없이 적용되고 비가역적이다. 통신과 전기, 컴퓨터 등 특정한 영역에 제한적으로 적용되는 게 아니다. 기존의 모든 기술과 제품, 방식에 결합이 가능하기 때문이다. 디지털 기술은 모든 것을 0과 1로 치환해서 기계가 인식할 수 있는 방식으로 변환시키는 '기계화'의 문법이다. 일단 디지털화한 정보와 기술은 다시 아날로그 형태로 돌아가지 않는다.

둘째, 디지털 기술은 인간에게 익숙한 기존의 정보 이용방식을 바꾸도록 강요한다. 디지털 정보는 일단 생성되면 거의 삭제되지 않고 시공간의 한계를 넘어 이용된다. 디지털 기억은 인간 기억과 달리, 시간의 경과에 따라 일부가 망각되거나, 거리가 멀어져도 희미해지는 법이 없다. 스마트폰과 인터넷 등 디지털 도구를 쓰면서 우리는 기억을 두뇌 외부의 전자기기에 의존하게 되었다. 인간 사고의 초기 설정default setting 값이 망각에서 기억으로 바뀌게 되는 이유다.[2] 시간이 지나가면 자연스레 망각되는 대신, 디지털 세상에서는 특별한 처리를 해야만 해당 정보를 삭제해 망각할 수 있다. 사람이 디지털 기술을 만들어 냈지만, 디지털은 우리에게 '디지털에 맞출 것'을 요구한다. 디지털화를 거부하고 과거 방식을 고집하면 생존이 사실상 불가능해지고 있다. 사회와 산업의 영역이 디지털화함에 따라 이러한 추세와 환경은 개인이 선택할 수 있는 차원을 뛰어넘는다. 디지털화한 세계는 피힐 수 없는 환경이 되었다.

셋째, 디지털 세계에서 모든 것은 데이터이고 모든 데이터는 처리Processing된다. 독일 관념론이 우리가 인식하는 모든 것을 인간 정신작용이 만들어 낸 의미와 개념으로 파악했다면, 디지털 세계는 모든 것을 데이터로 간주한다. 데이터일 때만 디지털 세계에서 존립할 수 있고, 데이터로 환원될 수 없는 존재는 디지털 세계에서 의미와 가치를 지닐 수 없다. 정보기술의 발달은 점점 더 많은 영역을 기계에 의존하게 만든다. 사물인터넷과 빅데이터, 인공지능 기술의 환경 속에서 기계 처리를 위해 시간과 공간이라는 물리적 속성을 지닌 아날로그 정보는 전자 신호인 디지털 정보로 바뀌게 된다. 세상의 모든 정보가 디지털 형태로 생산되고 있으며, 이는 대부분의 정보를 기계가 인식하고 처리할 수 있는 환경으로의

---

[2] V. Mayer-Schönberger, *Delete: The Virtue of Forgetting in the Digital Age*, 구본권 옮김, 《잊혀질 권리》, 지식의 날개, 2011.

전환을 의미한다.

만물의 디지털화는 기계 처리가 가능한 구조로의 전환이다. 디지털은 사람의 인지방식이 아닌 기계의 인지방식이자 조작방식이다. 디지털화는 겉보기에 기존 기능과 절차의 효율성을 높여 설계자와 사용자인 사람에게 편의성을 높이는 기술로 제시되고, 나아가 피할 수 없는 지배적 환경으로 주어진다. 정보 구조가 아날로그일 때 사람이 일일이 처리하던 일들은 정보의 디지털화로 인해 대부분 사라지고 있다. 편리한 자동화의 혜택이자, 효율성의 극대화이다. 하지만 디지털 기술의 영향은 설계자와 사용자의 편의성과 효율성 제고에 머무르지 않는다. 디지털이 끼치는 진정한 영향은 기술의 편의성과 효율성 너머에 있다.

디지털은 도구와 인간이 전통적으로 관계 맺어 온 방식에 구조적 변화를 가져 왔다. 사람은 도구와 기술을 만들어 내고 무엇을 도구에 처리하게 할지를 선택해 위임했지만, 전면적 디지털화는 개인과 사회의 업무 대부분이 기계로 처리되는 구조로의 변화를 의미한다. 이는 인간 환경에서 주요한 디폴트 세팅(초기 설정) 값의 변화다. 사람이 특정 과업에 대해 기계적 처리를 선택하던 것에서 기계가 모든 것을 처리하는 구조로의 전환이다. 이는 사람과 도구의 기존 관계가 역전되는 것을 의미한다. 기본적으로 기계가 모든 것을 처리하고, 사람이 직접 수행하거나 처리 과정에 개입하는 것은 예외적이고 선택적인 것이 된다.

정보 구조 변화의 배경

정보를 구성하는 단위의 구조가 변화함에 따라 이를 활용하는 인간의 지적 기능에도 변화가 불가피해졌다. 정보의 디지털화와 네트워크화로 시간적·공간적 제약이 사라지게 되면서 정보에 대한 접근과 유통이 크게 늘었다. 과거 소수의 전문가가 정보 접근과 생산에 참여한 것과 달리, 디지털 시대에는 누구나 정보 향유와 생산에 참여한다. 이는 정보의 폭발적 증가로 이어졌다. 지식의 폭발적 증가는 자연히 기존 지식을 빠르게 낡은 것으로 만든다. 하버드대 복잡계 물리학자 새뮤얼 아브스만은 모든 지식은 유효기간을 지닌 가변적 지식이며, 고유의 반감기를 갖고 있다고 말한다.[3] 디지털과 네트워크에 기반을 둔 정보의 생산량 증대와 접근성 확대는 지식 증가를 가속화하고 이는 지식의 반감기를 지속적으로 단축하는 동력이다.

지식의 유효기간이 단축되면서 일어나는 현상은 지식의 빠른 변화다. 이런 지식의 변화 속도가 지식의 내용과 체계에 어떠한 구조적 변화를 가져 오는지는 다양한 지식을 총망라한 지식체계인 백과사전의 발간과 서술 방식에 대한 비교에서 드러난다. 지식의 전통적 가치와 권위를 대표하는 체계 중《브리태니커 백과사전》이 정점에 있고, 인터넷과 디지털 환경에서 새로운 지식 형태

---

[3] S. Arbesman, *The Half-Life of Facts*, 이창희 옮김,《지식의 반감기》, 책읽는수요일, 2015.

를 상징하는 체계는 '위키피디아'이다.

영국의 과학학술지 《네이처》는 2005년 12월 《브리태니커 백과사전》과 '위키피디아'의 정확도를 비교한 연구 논문을 실었다.[4] 과학 분야 항목 50개를 무작위로 선정한 뒤 두 사전의 정확도를 비교해 달라고 주제별로 전문가들에게 검토를 의뢰했다. 최종적으로 42개의 주제가 엄격한 검토 대상으로 압축됐고 비교 결과, 심각한 오류로 판단된 것은 모두 8개였다. 《브리태니커》가 4개, 위키피디아가 4개였다. 사실 기록 오류, 누락, 오해의 소지가 있는 표현 등은 《브리태니커》 123개, 위키피디아 162개로 위키피디아가 약간 많았다. 해당 항목에 대한 서술 내용이 위키피디아가 브리태니커보다 많은 것을 감안하면 유의미한 차이가 아니다. 《네이처》에 실린 논문은 두 백과사전의 항목별 오류 내용을 구체적으로 공개하고 두 사전의 정확도가 크게 다르지 않다고 결론을 내렸다. 일반인은 물론, 세계 지성계를 놀라게 한 연구였다.

하지만 진짜 놀라운 일은 《네이처》의 논문 게재 이후 벌어졌다. 《네이처》에 두 백과사전을 비교한 논문이 실려 오류 내용이 공개되자 곧바로 수많은 사람들이 위키피디아의 해당 항목에 대한 편집 업데이트에 나섰다. 그 결과 《네이처》에서 지적된 위키피디아의 오류 항목들은 빠르게 수정됐다. 반면 종이로 인쇄된 《브리태니커》는 오류로 드러난 내용을 고치는 게 불가능했다. 결국 《브리

---

[4] J. Giles, "Special Report Internet encyclopaedias go head to head", Nature, 2005, 12.

태니커》는 이를 계기로 종이사전 발간과 판매를 중단하기로 결정한다. 오히려 그동안 자신들이 부정확하다고 비판해 왔던 위키피디아 방식을 선택한다. 《브리태니커》는 온라인에서 유료로 사전을 서비스하기로 기존의 편집 방침을 180도로 전환한다.

모든 정보는 '절대 지식'이 될 수 없고 유효기간과 반감기를 가진 '가변적 지식'이라는 점은 디지털 시대에 더욱 중요해진다. 위키피디아와 같은 개방형 지식 플랫폼은 '지식의 반감기'가 점점 단축되는 환경에 적합한 지식체계다. 온라인 백과 위키피디아의 가장 큰 특징은 다중이 참여하는 열린 편집체계라는 점 못지않게 '빨리 빨리'라는 뜻의 '위키'처럼 빠른 속도로 계속 변화하는 지식의 진화 구조에 최적화된 체계라는 점이다. 위키피디아의 장점은 정보의 '정확성'과 '불변성'이 아니라 '가변성'과 '신속성'이다. 권력과 전문성을 지닌 소수가 지식과 정보의 생산과 유통을 도맡던 시절에 비해 누구나 정보에 접근하고 생산에 참여하는 디지털 환경에서 지식의 변화 속도는 말할 수 없이 빨라졌기 때문이다.

위키피디아는 '지식의 반감기'가 단축되는 환경에 최적화된 열린 지식체계이지만, 지식의 가변성은 장점인 동시에 단점이다. 지속적으로 업데이트 되는 위키피디아의 정보는 기본적으로 '최종적 지식'이 되기 어렵기 때문이다. 위키피디아의 공동창설자 지미 웨일스는 "위키피디아를 잘 쓰는 방법은 지식의 최종 지점이 아닌 출발 지점으로 사용하는 것"이라고 말한다. 이는 위키피디아만이 아니라, 디지털 시대 모든 지식에 해당하는 이야기다.

지식의 증가와 유효기간 단축은 정보처리 능력과 시간이 제한되어 있는 인간에게는 인지적 부담이다. 캘리포니아주립대 역사학 교수 시어도어 로스작은 "《뉴욕타임스》평일판 하루치 신문에는 17세기 영국의 평균적 시민들이 평생 접하던 것보다 많은 정보가 실려 있다"고 말했다.[5] 로스작이 이 말을 한 때는 개인용 컴퓨터와 인터넷이 등장하기 전인 1985년이다. 미래학자 버크민스터 풀러에 따르면, 인류의 지식 총량이 2배로 늘어나는 데 걸린 시간이 1900년까지는 약 100년 주기였으나, 제2차 세계대전 무렵에는 25년으로 줄고 근래에는 1~2년으로 단축됐다.[6] 실제로 현재 나노과학 분야의 지식은 2년마다, 의학지식은 18개월마다 2배로 증가하고 있다. 빅데이터와 사물인터넷Internet of things은 정보의 폭발을 촉진하는 기술이다. IBM은 본격 사물인터넷 환경이 되면 지구상 정보의 양이 2배로 늘어나는 데 걸리는 시간이 12시간에 불과할 것이라고 전망했다. 미래학자 앨빈 토플러가 1970년《미래의 충격》에서 정보화 시대에는 '정보 과부하'의 문제가 생겨난다고 예고한 대로다.

기술은 정보 과부하를 해결하기 위한 수단으로 수학적 연산과 사회적 거름망을 만들어 냈다. 과거 정보 유통의 문지기 노릇을 하던 주체가 권력기관, 대학, 언론 등이었다면, 이제는 정보기술업

[5] T. Roszak, *The Cult of Information*(University of California Press, 1985).

[6] B. Fuller, *Critical Path*(St. Martin's Griffin, 1982).

체가 디지털 기술을 통해 그 권한과 역할을 수행한다. 구체적으로는 검색과 포털업체의 검색결과 배열 알고리즘과 콘텐츠 노출 큐레이션, 그리고 소셜 네트워크 서비스의 콘텐츠 노출 알고리즘 및 지인들의 추천과 공유다. 검색 서비스와 소셜 네트워크 서비스의 알고리즘은 우리가 보고 듣고 접하는 정보세계를 지배하는 플랫폼이 됐다. 클레이 서키는 "중요한 것은 정보의 과부하가 아니라 여과의 실패"라고 말한다.[7] 이는 우리가 여과장치 없이는 정보를 수용할 수 없는 상황이라는 것을 말해준다. 인터넷 환경에서 지구적 차원의 거대한 정보 생산과 유통, 이용의 플랫폼으로 자리 잡은 구글, 페이스북 등이 대표적이다. 이들은 무한에 가까운 방대한 정보를 전체 이용자에게 모두 보여주지 않는다. 이용자별로 맞춤화된 정보를 보내기 위해, 정교한 정보 여과 도구를 통해 거른 내용을 서비스한다. 각 이용자의 관심사와 특성 등을 기반으로 데이터와 알고리즘을 활용한다. 이러한 거대 정보 플랫폼 기업들의 알고리즘을 통한 맞춤화 기술은 사용자들을 각각 고유한 정보 환경과 인식 틀에 머무르게 하고 '필터 버블filter bubble'에 갇히게 해 객관적 인식을 왜곡한다는 지적도 제기된다.[8] 2016년 미국 대통령선거에서는 페이스북 등 소셜 네트워크 서비스의 역할이 중요해지면서 가짜 뉴스fake news가 난무했다. 페이스북과 구글 등 거대 정

[7] C. Shirky, *Cognitive Surplus*, 이충호 옮김, 《많아지면 달라진다》, 갤리온, 2011.

[8] E. Pariser, *Filter Bubble: How the New Personalized Web Is Changing What We Read and How We Think*, 이현숙·이정태 옮김, 《생각조종자들》, 알키, 2011.

보 유통 플랫폼들은 그들의 알고리즘을 교묘하게 활용한 가짜 뉴스의 유통을 사전에 예방하지도 못했고 이는 정보와 여론의 왜곡된 유통으로 이어졌다. 가짜 뉴스의 난무는 데이터와 알고리즘이 객관적이지도 않고, 완벽할 수도 없다는 것을 보여준 사례다.

책이나 미디어도 지식의 필터 기능을 하지만, 디지털 환경에서 정보 여과와는 구별된다. 디지털에서는 정보가 선형적 구조에서 비선형적 구조로 달라지고 하이퍼링크와 다양한 메타데이터를 통해서 정보의 구조와 활용방식이 근본적으로 바뀐다. 선형적 구조의 도서관에서는 정보를 찾는 방법이 카테고리별, 주제별, 알파벳순 등이었고 서지 정보와 같은 메타데이터의 크기가 원본 정보의 규모를 넘어서는 게 어려웠다. 디지털에서 정보 이용은 물리적 공간에 구애받지 않는 유비쿼터스 환경이다. 구조 측면에서 디지털 정보는 인덱싱을 통해 기존의 분류와 비교되지 않는 강력한 색인 기능을 제공하고, 원본보다 메타데이터의 크기가 아무리 크고 다양해도 문제되지 않는다. 기술은 메타데이터 안의 정보를 내용과 속성에 따라 선택적으로 보이게 할 수 있다. 이러한 디지털 데이터는 규모의 방대함, 구조적 특성, 처리 속도 측면에서 사람이 처리하는 것이 불가능하다. 기계에 의해서만 처리할 수 있고 파악할 수 있다. 기본적으로 설계자와 운영자 외에는 접근과 이해가 어렵다. 디지털이 기계의 언어인 까닭이다.

컴퓨터의 정보처리 능력은 계속 발달해 왔지만, 컴퓨터는 설계자인 사람이 목적하는 바른 효율적으로 빠르게 처리하기 위해 만들어진 도구다. 연산과 기억 능력에서 기계는 사람보다 월등하지만, 도구는 설계자인 사람이 의도한 목적과 기능을 위임한 영역 안에서 쓰였다. 기본적으로 도구의 작동방식을 설계하는 사람이 도구를 통제할 수 있다는 믿음이 전제돼 있었다. 하지만 근래에 인간과 기계 사이의 근본적 관계 역전이 문제로 부상했다. 자동화와 인공지능으로 대표되는 정보기술은 인간의 영역을 능가하는 단계로 접어들었다. 사람이 위임하지 않은 영역까지 기계가 인지하고 처리할 수 있다는 우려이다. 그러한 우려의 극단은 컴퓨터 성능이 18개월마다 두 배로 증가한다는 무어의 법칙에 따라, 인공지능이 인간의 지능을 뛰어넘는 특이점에 도달하고 이후 '강한 인공지능'이 되어 인류의 생존을 위협할 수 있다는 디스토피아에 대한 우려이다.

컴퓨터와 인공지능기술이 발달함에 따라 실제로 도구의 설계자도 작동 구조를 알지 못하고, 따라서 통제할 수 없는 상황이 일어나고 있다. 인간은 어떠한 도구보다 똑똑하고 강력하며 의존도 깊은 도구를 만들어 냈지만 결과적으로 이를 인간이 통제하지 못한 채 사용하는 상황이 벌어졌다. 사물인터넷과 빅데이터 등 유비쿼터스 환경에서 데이터 생산과 활용의 주체는 인간만이 아니고 무수한 사물로 확대됐다. 사물인터넷 환경에서 생산되고 이용되는 방대한 데이터는 실시간으로 알고리즘에 의해서 처리된다. 데이터의 양과 구조가 인간의 인식 능력과 범위를 넘어 방대하고 복잡해져 결과적으로 사람의 눈에 비가시적이게 됐다. 사람은 이해할 수도, 처리할 수 없게 된 배경이다.

기계에 의해서만 이해와 처리가 가능한 정보가 점점 더 늘어나고 있다. 기계학습 방식의 인공지능이 등장한 배경이다. 심화신경망을 이용한 딥 러닝 방식의 기계학습 알고리즘은 설계자도 작동방식을 알 수 없는 게 특징이다. 목표와 데이터만 제공해 주면 인공지능은 은닉층hidden layer에서의 연산을 통해 결과를 만들어 낸다. 결과는 이세돌과 알파고의 대국에서처럼, 사람의 개입과 판단을 능가하는 효율성과 완벽함이다. 은닉층의 존재로 인해 사람들은 인공지능의 작동방식을 알지도 이해하지도 못하지만, 결과가 항상 최적의 값이면 만족과 경탄의 대상이 된다. 사용자는 점점 더 효율적 도구에 의존하게 되고, 이해할 수 없지만 사람이 할 수 없는 강력하고 완벽한 결과를 만들어 내는 힘을 수용하고 신뢰한다. 이는 해당 기술에 대한 의존과 신뢰를 넘어 경탄과 두려움으로 이어진다. 이해할 수 없지만 강력하고 놀라운 현상에 대한 의존과 두려움은 신비주의 신앙에서 발견되는 공통점이다.

교육의 새로운 과제

이해하지 못하는 강력한 힘에 대한 의존과 두려움을 없애는 방법은 신비의 대상에 인지의 빛을 비추어 이해의 영역으로 바꾸는 길이다. 이성과 합리주의로 도구와 기술의 능력을 극내화한 결과

는 사람의 인지 능력과 판단 능력을 위협하는 똑똑한 기계, 인공
지능을 낳았다. 정보와 지식의 구조 변화는 일상의 생활방식은 물
론 산업과 직업, 학문과 예술, 교육에도 새로운 접근방식을 요구
한다. 기존 방식의 무용성이 드러나고 있기 때문이다. 이제껏 인
간만이 인식과 판단의 주체였고, 인간이 기술과 도구를 설계해 온
방식은 사람이 파악하고 통제하는 범위 안에서 도구에 특정 직무
를 위임하는 구조였다.

　지식과 정보를 구성하는 세상의 단위가 디지털로 바뀌고 기계
가 인지 능력을 갖게 되는 것은 도구의 설계와 알고리즘 운영을
맡은 소수가 막대한 권력과 영향력을 행사할 수 있는 구조이기도
하다. 디지털 이전에는 모든 것이 시간과 공간적 한계 안에서 일
어났고, 그 거리를 넘어서는 데는 물리적·사회적·문화적 장벽이
존재했다. 또한 도구와 기술의 발명과 운영을 전문가가 담당했어
도 기본적 원리와 작동 구조가 가시적이었다. 디지털과 알고리즘,
빅데이터와 은닉층을 활용하는 기계학습 인공지능은 작동 구조가
가시적이지 않다. 알고리즘은 기업 기밀로 보호되는 블랙박스 속
의 기술이다. 이용자는 블랙박스 속의 작동방식과 원리를 알 수
없으며, 결과만을 만난다. 대표적인 게 폴크스바겐의 사례다. 폴
크스바겐은 디젤 승용차 연비를 높이기 위해 배출가스 정화장치
를 조작하는 알고리즘을 이용했다. 오랫동안 각국의 정부 당국과
소비자를 기만했지만 조작 기술이 소프트웨어 알고리즘에 의해
작동하는, 이른바 블랙박스 속에 감춰져 있는 특성 탓에 조작과

사기의 구조가 한동안 드러나지 않았다.

과학기술과 자본주의를 동력으로 하는 디지털과 인공지능기술은 개인적·사회적 영역에 새로운 구조를 부여하는 영향력을 발휘하지만, 산업과 경제적 영향에 가려 다른 영역에 끼치는 의미와 파장이 잘 드러나지 않는다. 산업계와 기업의 이윤 동기가 개발과 보급을 주도하는 특성상, 디지털과 인공지능기술의 긍정적 측면에 비해 부정적 측면은 제대로 조명되지 않는다. 기술이 강력한 효과를 지닌다는 것은 긍정적 측면에만 해당하는 게 아니라, 부작용과 역기능 또한 강력하다는 것을 의미한다. 그러나 시장에서 상품 형태로 마케팅하고 판매하는 이러한 강력한 기능의 도구는 기술의 다양한 측면 중 한 쪽만을 홍보하고 강조한다. 해당 기술과 서비스가 가져다 줄 긍정적 측면만 홍보하고, 그로 인한 부작용은 전혀 언급되지 않는다. 상품화된 기술이 지니는 속성이다.

디지털에서 데이터와 알고리즘의 중요성이 커지지만, 이는 드러나지 않는다. 블랙박스 속 알고리즘의 비가시성은 기술의 구조와 부정적 결과도 감춘다. 하지만, 기술의 영향이 큰 만큼 기술의 속성과 구조는 물론 긍정적·부정적 영향이 함께 공개되고 사회적 논의의 대상이 되어야 한다. 개발 단계에서 알지 못하는 사후적 영향력은 물론이고, 이미 파악한 부정적 측면이나 정보도 상품화 단계에서 공개되지 않는 경우가 일반적이다. 시민사회 단체의 적극적인 캠페인 덕분에 의약품 사용설명서의 부작용 정보나 가공식품의 성분과 함량, 알레르기 정보 표기 등이 도입됐지만 이는 상품화된 기술에서 오히려 예외적인 사례들이다.

기술의 영향력과 의존도가 커짐에 따라 사용하는 사람들은 새로운 능력을 요구받는다. 기술에 대한 종합적 활용 능력인 '기술 리터러시'다. 이를 위해서는 근대 시민사회에서 공교육 시스템을 통해 산업화와 시민사회에 필요한 지식을 제공한 것처럼, 디지털 사회의 시민 일반에게 새로운 시대의 문해력이자 시민의식인 디지털 리터러시Digital Literacy를 갖추게 하는 게 필요하다. 디지털 기술로 인한 개인적·사회적 영향을 의식하지 못한 채 소수의 개발자와 서비스 운영자의 판단에 전적으로 맡기는 어리석음을 피하기 위해서다. 기술의 편의와 효율성을 동력으로 알고리즘과 데이터의 지배력이 커져 가고 있다. 기본적으로 알고리즘은 중립적이지도 객관적이지도 않다. 알고리즘은 조건문(if~, then~) 구조로 이뤄진 일련의 수학 방정식으로, 개발자의 성향과 의도가 개입하는 구조다.

하버드대의 로렌스 레식 교수는 법이 사회를 규율하듯 소프트웨어는 사이버 세계를 규율한다고 했는데,[9] 갈수록 사이버 세계의 영역이 확대되고 현실 세계와 중첩되고 있다. 뉴욕시립대 교수 레프 마노비치는 소프트웨어가 알고리즘과 데이터 구조로 구성돼 있다고 보는데,[10] 두 측면 모두 편향성을 지닌다. 디지털 세상을

---

[9] L. Lessig, *Code: Version 2.0*, 김정오 옮김, 《코드 2.0》, 나남, 2009.
[10] L. Manovich, *Software Takes Command*, 이재현 옮김, 《소프트웨어가 명령한다》, 커뮤니케이션북스, 2014.

움직이는 소프트웨어 기술이 내포한 의도성과 편향성을 사회 차원에서 통제하기 위해서는 이를 과학기술 커뮤니티에 전적으로 위임하는 대신, 사회적 논의의 영역으로 포함시켜야 한다. 그를 위해서 사회적·개인적 차원에서 알고리즘 기술에 대한 투명성과 접근성을 요구하고, 디지털 리터러시를 키우는 게 필요하다. 빅데이터와 알고리즘은 디지털 세계만이 아니라 현실 세계 대부분의 영역을 작동시키는 기본 메커니즘이 되고 있어 그에 대한 이해가 중요해지고 있다. 네트워크를 통한 사이버 세계 및 자동화 알고리즘으로 작동하는 디지털 세상은 이제까지 이를 설계하고 개발해 운용한 과학기술자와 기업가들이 만든 질서와 규율을 기반으로 형성돼 왔다. 초기 온라인과 디지털 환경은 소수가 선택해 일정 시간을 보내는 환경이었지만, 21세기에는 모두에게 기본적 환경이 되었다. 현재 자동화 기술과 인공지능의 미래에 대한 관심과 논의가 산업과 일자리의 변화를 중심으로 다뤄지고 있지만, 더 근본적 접근은 디지털 기술 구조와 속성 전반에 대한 사회적 차원의 리터러시 능력의 함양과 제고다. 이는 기술을 편의와 효율화 위주로만 보는 대신, 기술이 인간의 행동과 사고를 어떻게 바꾸고 있는지 성찰적 관점을 지닐 때 가능하다.

기술 변화가 사회 각 영역에 끼치게 되는 기본적 구조와 역학을 고려하고 그 환경에 대한 개인적·사회적 차원의 대응이 요구된다. 그래서 미래에 대한 대응책은 새로운 환경에 적합한 제도와 교육 시스템 논의로 이어진다.

대응방법

● 사회적 차원

산업혁명은 인간과 가축의 육체적 노동력을 기계가 대체한 첫 번째 기계혁명이고, 컴퓨터와 자동화 기술은 인간의 지적 능력을 대체하는 제2의 기계혁명으로 불린다.[11]

기술의 진전이지만 이는 과학기술, 산업, 고용 등의 영역을 넘어 새로운 사회적 문제를 불러온다. 그동안 사회적 약속과 제도가 기능해 온 환경인 시간과 공간의 칸막이가 사라지는 데 따른 변화다. 일찍이 없던 격차사회, 감시사회, 위험사회의 계기이기도 하다. 기술과 서비스가 온라인과 디지털 형태로 이뤄짐에 따라, 기존의 격차가 칸막이 없이 확대될 수 있는 조건이 만들어졌다. 디지털화하고 세계화한 사회에서 이미 나타난 격차가 인공지능과 알고리즘 환경에서 더욱 확대되는 구조다. 기본적으로 지식의 격차에서 비롯하지만 생산수단의 소유, 플랫폼 지배로 이어져, 글로벌화하고 인터넷과 디지털 환경에서 플랫폼 소유자와 비소유자 간의 격차는 무한히 확대된다.

이러한 격차는 플랫폼 소유 여부로 인한 물질적 차원에 머무르

---

[11] E. Brynjolfsson & A. McAfee, *The Second Machine Age*, 이한음 옮김, 《제2의 기계 시대》, 청림출판, 2014.

지 않는다. 인간의 기본적 권리와 존엄성 차원에도 지대한 영향을 끼쳐 프라이버시 보호와 감시의 문제로 이어진다. 효율성과 편익을 누리기 위해 필수적으로 제공해야 하는 각 개인의 데이터는 설계자와 관리자인 기업과 권력에 제공된다. 에드워드 스노든이 폭로한 미국 국가안보국NSA의 감청 실태에서 국가정보기관이 개인의 거의 모든 디지털 정보에 접근하는 초감시사회의 실상이 드러났다.

독일 사회학자 울리히 벡은 근대를 지식사회로, 현대 사회를 위험사회로 규정한다. 그가 말하는 위험사회의 본질은 '무지사회'다. 무지사회는 진전된 과학기술과 지식으로 극복될 수 있는 것이 아니라 그 향상된 과학기술과 지식 때문에 생겨난 역설적 현상이다.[12] 사회가 전면적으로 디지털화하고 인공지능이 등장하기 이전부터 벡이 주창한 위험사회이론은 과학기술의 힘이 극대화되어 인간 능력을 넘어서는 인공지능과 알고리즘 시대에 더 적확한 설명이 됐다.

인공지능은 역사상 처음 만나는 문제를 불러왔다. '지능을 갖춘 비인격 존재'라는 기존에 존재하지 않던 새로운 행위 주체가 인간 세계로 진입한다는 문제다. 유발 하라리 히브루대학 교수는 '의식 없는 지능'의 등장이 인류가 역사상 처음 직면한 중대한 고비라고

---

[12] U. Beck, *Weltrisikogesellschaft: Auf der Suche nach der verlorenen Sicherheit*, 박미애·이진우 옮김, 《글로벌 위험사회》, 길, 2010.

본다.[13] 기계가 고도의 인지 능력을 갖게 되면서 생겨난 결과다. 심화신경망 기반 기계학습은 사람이 알려주지 않아도 인공지능이 자율적 학습을 통해 사람보다 효율적이고 뛰어난 방법을 찾아 내는 능력을 갖췄음을 입증했다. 구글 딥 마인드의 인공지능, 자율주행 자동차의 알고리즘은 인간이 인식하지 못하는 것까지 파악하고 해결하는 능력을 보여줬다. 그러한 인공지능의 인식은 인간 인식에 비해 효율성과 정확성이 높고, 비용을 따지는 사회에서 적극 채택된다. 인공지능이 정확한 인식 기능을 실행하면, 인공지능은 인간에 비해 합리적이고 효율적인 결과를 가져온다. 자본주의 체제에서 인공지능의 '자율적' 인식과 실행은 효율성과 합리성을 명분으로 지속적으로 확대되는 동력을 지닌다.

인간의 자율성과 다르지만, 인공지능은 사람이 세부적 내용과 그 결과와 영향을 알지 못하는 방식으로 인식하고 행동할 수 있는 기능을 갖췄다는 점에서 기존의 도구와 다르다. 현재 인공지능의 자율적 인식과 판단이 설계자가 허용하고 위임한 범위에 해당하는지 여부에 대한 논란과 별개로, 인공지능이 결과적으로 자율적 기능을 구현한다는 점에서 인공지능은 도구 이상의 도구다. 2016년 미국 도로교통안전국NHTSA은 사람만으로 명시하고 있던 차량의 운전 주체에 자율주행 시스템을 포함시키는 방안을 검토하겠다고 밝혔고, 유럽연합에서는 로봇을 새로운 형태의 법적 주체

---

[13] Y, Harari, *Sapience*, 조현욱 옮김, 《사피엔스》, 김영사, 2015.

로 간주하고 세금을 매기는 방안을 고려하고 있다.[14] 인간을 대신해 자율적 판단과 기능 수행을 하는 '의식 없는 지능'에 대해, 인간 아닌 새로운 인식과 행위 주체로 인정하려는 움직임이 시작된 것이다.

사람처럼 인격을 가지지 않았지만 사회적·경제적 행위와 책임의 주체로 포함시킨 법인의 사례가 로봇이나 인공지능에 대한 법적 지위를 부여하는 데 검토될 수 있다. 그러나 법인은 개체성이 인정되지만 동일한 인공지능이 탑재된 수많은 로봇에 대해서 개체성을 인정하는 것은 어려운 문제다. 법인은 각각이 책임과 권한의 주체이지만, 동일한 운영체제에 기반을 둔 인공지능로봇의 경우는 이와 다르기 때문이다. 하지만 반려동물을 보호하는 동물보호법의 제정에서 보듯, 장기적으로 로봇과 같은 비인격적 주체에 새로운 법적 지위를 부여하기 위한 시도가 생겨날 것으로 전망된다. 동물보호법의 제정은 개와 고양이와 같은 반려동물의 생물적 구조나 정신적 상태가 달라졌기 때문이 아니라, 사회와 의식 변화에 따라서 한국 사회 구성원들의 인식이 달라지고 새로운 집단인식과 사회적 합의를 통해서 법의 필요성이 제기되면서 제정된 것이다. 로봇이나 인공지능 자체의 사회 내, 법적 지위보다는 그러한 대상들이 사람과 사회와 어떠한 관계를 맺느냐에 따라 이를 새

---

[14] G, Prodhane "Europe's Robats to Become 'Electronic Persons' Under Draft Plan", *Reuter*, 2016. 6. 21.

로운 법적 지위의 비인격적 주체로 취급하려는 시도가 생겨날 것이라는 전망이 나오는 배경이다.

의식 없는 지능을 지닌 비인격적 존재는 인간과 사회에 근본적 질문을 제기한다. 기존 가치체계와 사회 시스템에 인공지능이라는 새로운 주체를 어떻게 통합시키느냐의 문제다. 사람이 인지하거나 위임하지 않은 영역까지 판단하고 실행하는 기계지능에 대해 법적 책임을 물을 수 있는 자격을 부여할 것인가와 같은 문제를 던진다. 인공지능의 등장은 그로 인한 효율성과 우려를 넘어 의식 없는 지능에 대해 자율적 인식과 행위 기능을 어느 범위까지 허용할 것인가를 고려하게 만든다. 의식 없는 지능은 감정과 고통이 없는 상태이므로, 고통과 형벌을 부과할 수 없다. 판단과 행위의 주체이지만, 책임을 물을 수 없는 상태인 인공지능에 어떻게 자율에 따른 대가와 책임을 물을 수 있을 것인가.

이는 그동안 인간만을 주체적 인식과 활동의 주체로 보고, 그 위에서 형성해 온 기존의 모든 사회적 체계와 규정 등에 새 변수가 등장했음을 의미한다. 《파이널 인벤션》의 저자 제임스 바랏은 인공지능이 인간이 만들어 낸 최후의 도구가 될 것이라고 주장했다.[15] 인공지능은 인간만을 인식과 사회적 행동의 주체로 여겨 온 오랜 인식과 사회체계에 새로운 차원의 관점을 요청한다.

---

[15] J. Barrat, *Our Final Invention: Artificial Intelligence and the End of the Human Era*, 정지훈 옮김, 《파이널 인벤션》, 동아시아, 2016.

이러한 변화는 인류 역사상 유례가 없고, 본질적이고 전면적이고 구조적이다. 기존의 다양한 사회 문제들과 구성 주체들 간의 이해 조정을 다뤄 온 사회체계로는 해결하기 어렵다. 사회혁명에 비견되는 새로운 틀이 요구한다. 모든 구성원에게 영향을 끼치고 그 범위가 지대하므로, 각 구성 주체의 관점과 처지가 반영된 새로운 차원의 거버넌스가 필수적이다. 이는 광범하고 다층적인 차원의 논의와 합의 절차를 수반한다. 근대 시민사회에 시민이라는 주체의 등장과 그에 대한 인식의 확산으로 인해, 사회계약론 논의가 전개되고 시민혁명이 일어난 것에 비길 수 있다. 시민혁명 이후 각 사회 세력의 참여와 논의를 통해 새로운 사회계약이 만들어지고 이는 근대 시민사회의 기틀이 됐다. 새로운 기술 환경이 변화시키고 있는 현실과 미래에 적합한 거버넌스 시스템을 만들기 위한 근본적인 논의와 모색이 필요한 이유다. 이는 구체적으로 비인격 주체의 자율성과 책임성을 어느 수준까지 인정하고 허용할 것인지, 그에 따른 변화를 기존 사회 시스템과 어떤 방식으로 조화시킬지에 관한 논의다.

● 교육적 차원

기술로 인한 지식과 사회구조 변화는 미래 필요 능력을 가르치는 교육 영역에도 구조적 차원의 변화를 요구한다. 기존 교육 시스템은 산업사회의 필요에 의해 구성된 까닭에, 기계가 인간의 지적 능력을 대체하기 시작한 인공지능 시대에 적합하지 않게 됐다.

지식이 유통되고 생산되는 주된 플랫폼이 대학이나 도서관에서 온라인으로 변했다. 온라인은 의도와 역량을 갖춘 사람 누구나에게 접근 가능한 무한한 정보세계이며, 전 세계의 전문가들이 즉시 의견을 교환할 수 있는 지식 커뮤니티이다. 인공지능, 머신 러닝 등 일부 첨단 학문은 최고 전문가들이 연구 성과와 강의를 온라인에 개방하고 있다. 첨단 분야의 지식을 강의하는 무료 온라인 강의Massive Open Online Courses(MOOCs)에는 한 강의실에 전 세계에서 10만 명 넘는 수강생이 몰리고 있다. 지식을 얼마나 많이 정확하게 암기하고 활용할 수 있는지 위주로 가르치고 평가해 온 기존 교육 시스템은 인터넷과 인공지능이 범용화한 이후 근본적 위기를 맞고 있다. 무한한 지식이 개방되어 접근이 손쉬워지고, 직무 수행 능력에 대한 평가 수단이 데이터를 활용해 정교해지고 있다. 정교한 업적 및 직무 평가 수단이 없던 시절에 제한적 유용성을 갖던 대학의 졸업장이나 자격증의 가치가 급속하게 상실되고 있다. 지식의 유효기간이 빠르게 단축되고 있는 환경에서 특정 기간의 교육 과정을 마치거나 지식을 습득했는지보다 최신 지식 보유와 활용 능력이 중요해진다. 모든 일이 디지털로 이뤄지면서 정교한 계측이 가능해짐에 따라 인간 능력에 대한 정확한 평가 수단이 제공될 것이다. 미래 교육은 인공지능 시대에 기계에 의해 대체되지 않을 뿐 아니라 오히려 더욱 중요해질 인간의 역할과 역량을 모색해야 한다는 요구를 받고 있다.

하지만 이는 미래에 각광받을 것으로 전망되는 분야와 지식을 예상하고 이에 대비한 교육을 실시하는 것과 근본적으로 궤를 달리한다. 정보화 시대는 무엇보다 지식이 방대한 규모로 생산되고 활용되고 또 빠르게 낡아 버리는, 부단한 변화의 시기이다. 특정한 직무를 상정한 교육 대부분은 빠르게 변화하는 기술과 사회 변화로 인해 더 이상 유효하지 않게 되었다.

유발 하라리는 "우리가 아이들에게 가르쳐 줄 가장 중요한 기술은 '어떻게 하면 늘 변화하면서 살 수 있을까' '어떻게 해야 내가 모른다는 사실을 직면하며 살 수 있을 것인가'이다"라고 말했다.[16] 이른바 스팀STEAM(과학, 기술, 공학, 예술, 수학) 분야의 지식이나 코딩 교육이 미래 교육의 근본 대책이 될 수 없는 배경이다. 인공지능기술의 발달에 따라 공학과 컴퓨터 관련 기술과 지식은 손쉽게 인공지능으로 대체될 수 있는 영역이다. 하라리의 말대로 부단히 변화할 사회에서 가장 중요한 능력은 '늘 변화하면서 살 수' 있는 능력, 즉 유연성이다. 한국의 학교가 산업사회에서 적용됐던 낡은 방식으로 교육하고 있다고 비판한 앨빈 토플러가 21세기 지식정보사회에서 가장 필요한 능력으로 강조한 것도 지속적인 '학습 능력learning ability'이다.

산업사회의 교육이 지식정보사회에서 통용될 수 없게 된 것은,

---

[16] 이대희, 《《사피엔스》 저자 '학교 교육 80~90%, 쓸모없다'〉, 《프레시안》 2016. 4. 26.

기본적으로 사회적 환경이 달라지고 그에 따라 요구되는 인간 능력이 변화하기 때문이다. 지식정보사회는 지속적으로 변화하는 사회이고, 필요한 정보를 언제 어디서나 편리하게 누구나 얻을 수 있는 사회다. 산업사회의 근대교육이 확립한 표준적 지식과 제도교육의 효용성이 한계에 직면했다. 이제는 지속적인 변화에 적응할 수 있는 유연성과 정보 활용 능력이 무엇보다 중요해졌다.

지식의 양이 제한되어 있고 접근이 어렵던 시절에는 발달 단계에 따라 학습해야 할 필수적 지식을 표준적 교과 과정으로 만들어 교사가 가르치고 공통된 시험을 통해 평가하는 교육이 효과적이었다. 하지만, 컴퓨터와 인공지능 환경에서는 한계가 명확해졌다. 특히 이러한 교육방식에 학습역량과 자원을 집중 투자해 온 것이 이제껏은 제한적 효과라도 가졌지만, 앞으로는 달라진다. 대학입시를 목적으로 한 과다한 학습과 경쟁 위주 교육은 자기주도적 학습이 중요해지는 중등교육 이후 오히려 개인의 학습의욕과 능력을 떨어뜨리는 결과를 가져오기 때문이다. 이는 학생은 물론 사회적으로 막대한 손실이자 시간과 자원의 낭비다. 미래 세대에 적합하도록 교육의 내용과 방식을 새로 설계해야 하는 절박한 이유이다.

한국 교육은 자발적 학습을 기반으로 한 문제해결 능력을 교육하는 데 특히 취약하다. 정해진 답변을 전달하고 평가하는 산업사회에 통용되던 교육 시스템을 기반으로 하고 있으며, 그동안 이러한 방법론을 활용한 압축성장을 통해 두드러진 성과를 내 온 덕분에 기존 교육 방법에 대한 경로의존성을 형성하고 있다. 전면적 변화가 요구되는 시점에 교육 개혁이 더욱 어려운 이유다. 한국 교육 시스템이 지닌 구조적 문제는 국가 간 비교조사를 통해서도 확인된다. 국가 간 교육 성취도를 비교하는 대표적 조사는 경제협력개발기구OECD가 15세 청소년들을 대상으로 시행하는 국제 학업성취도평가PISA와 성인들을 대상으로 학업 역량을 평가하는 국제 성인역량조사PIAAC다. 2000년부터 피사 평가에 참여한 한국 교육은 단기간에 높은 성취를 이룩한 성공적 사례로 언급되고 있지만, 자원의 투입량과 극심한 경쟁 환경에 기반하고 있어 내용을 보면 구조개혁이 시급하다. 2012년의 PISA 수학 부문에서 한국은 553.77점으로 참여 66개국 5위, 상하이, 싱가포르, 홍콩, 대만 등 도시국가 등을 제외하면 OECD 34개 회원국 중 1위다.[17] 하지만 그 점수를 얻기 위해서 얼마나 오랜 시간을 투입했는가를 보여주는 학습효율성은 정반대다. 한국은 주당 수학 학습시간이 7시간 6분으로 조사 대상 66개국 중 베트남(8시간 21분)에 이어 2위이고, OECD 34개 국가 중엔 가장 길다. 즉 단위 학습시간당 학습효율 측면에서는 OECD 국가 중 꼴찌다. 한국이 PISA 수학 부문에서 보이는 최고 수준의 학업 성취와 최저 수준의 학습효율성은 3년 단위의 PISA 조사에서 반복되고 있으며, 전혀 개선되지 않고 있다.

성인(16~65세)을 대상으로 한 PIAAC 2012년 조사에서도 한국

---

[17] 구정모, 〈한국학생 수학성적 1위지만 흥미·자신감은 '꼴찌'〉,《연합뉴스》2013. 12. 3.

교육의 특징이 그대로 드러난다.[18] 이 조사에서 한국 성인의 문해력은 20대 초반 최고점을 찍고, 이후 급속하게 하락한다. 10대와 20대 초반의 문해력과 학업성취는 최상위 수준이지만, 이후 지속 하락해 55~65세는 바닥권이다. 이들이 급속한 사회발전기에 상대적으로 교육 기회를 누리지 못한 점도 한 원인이지만, 기본적으로 대학입시에 집중된 한국의 교육 시스템을 반영한다. 대입을 위해 10대에 학습량이 집중되고, 고교 졸업 이후엔 학습을 하지 않는 평생학습 그래프를 보여준다. 한국은 PIAAC 조사에서 '나는 새로운 것을 배우기 좋아한다'는 학습흥미도 조사에서도 꼴찌를 기록했다. 학교 교육이라는 제도와 대입이라는 생존 경쟁을 벌이는 한국의 10대는 어느 나라보다 오랜 시간 학습하지만, 각자의 필요와 사회의 요구에 따라서 진행되어야 할 이후의 자발적 학습에서는 동기를 잃어버린다는 것을 보여준다. 학교 교육이 미래에 불필요한 지식을 강요해 오히려 자발적 학습 능력을 잃어버리게 만드는 역기능을 하고 있다는 지적이 나오는 이유다.

미래 교육의 방향을 고려하는 데 있어 기술적 환경은 신중하게 접근해야 한다. 사회 변화와 학습 환경에 기술이 끼치는 영향을 간과해 기술적 변화를 지나치게 중요하게 평가해도 안 되고, 무시해서도 안 된다. 무엇보다 교육의 본질과 목적에 대한 고려가 우

[18] 유한구·김영식, 〈PISA 및 PIAAC을 이용한 교육성과 비교와 정책과제〉, 《이슈페이퍼 2015-4》, 한국직업능력개발원, 2015.

선이고, 그를 위해서 기술적 환경을 어떻게 활용할지를 고민하는 수순이어야 한다. 기술적 환경 변화가 사회와 개인의 삶에 끼치는 의미와 영향을 제대로 판단할 수 있어야, 교육 과정에 적절하게 적용할 수 있다. 2016년 한국에서 유난히 인공지능에 대한 불안과 미래 교육 개혁에 대한 논의가 확산되었던 배경에는 프로 바둑기사 이세돌 9단과 인공지능 알파고의 대결이 서울에서 열렸다는 사실도 있지만, 한국에서 벌어진 이벤트만으로 우리 사회의 미래 불안을 충분히 설명할 수 없다. 이세돌과 알파고의 대결은 그동안 경쟁적인 교육 시스템에 개인적·사회적 자원을 집중해 온 한국 사회와 개인들에게 거대한 불안과 공포를 안겨 줬다. 최고의 지능과 전문성을 갖췄다는 이세돌 9단이 알파고에 맥없이 무너지는 대국 결과를 보면서 한국 사회는 현재의 경쟁과 교육방식으로는 인공지능 시대를 대비할 수 있는 없다는 것을 자각했다. 선진국 여러 나라에서도 인공지능 개발과 대응이 분주하게 이뤄지고 있지만, 우리나라와는 정도와 접근법이 다르다. 교육 선진국인 핀란드의 경우 교육 개혁이 지속적으로 추진되고 있지만, 새로운 기술의 변화로 인해 갑작스럽고 전면적인 개혁이 시행되지도, 논의되지도 않는다.[19] 대부분의 선진국에서 인공지능과 자동화 기술은 호들갑과 공포의 대상이 아니라, 지속적으로 변화하는 신기술의 한

---

[19] P. Sahlberg, *Finnish Lessons: What Can the World Learn from Educational Change in Finland?*, 이은진 옮김, 《핀란드의 끝없는 도전》, 푸른숲, 2016.

영역으로 다뤄질 따름이다.

미래사회는 인공지능과 자동화 기술의 영향력이 커져서 인간의 지식과 능력을 압도할 것으로 예측되고 있다. 하지만 인공지능과 자동화 기술도 빠르게 발전하는 숱한 신기술의 하나다. 미래 사회는 무엇보다 지식정보사회이고, 인공지능과 자동화 기술은 지금 시점에 새로 등장한 파괴적 힘을 지닌 신기술일 따름이다. 지식정보사회는 앞서의 저명한 학자들의 규정대로, 방대한 정보와 지식이 만들어져서 계속 변화하고 지식의 힘이 지배하는 세상이다. 지식정보사회의 빠른 변화에서는 변화 적응력이 무엇보다 중요한데, 이는 인공지능과 로봇 등 특정 기술에 민첩하게 적응하는 걸 의미하지 않는다.

미래의 기술 패러다임은 사물인터넷, 바이오 엔지니어링, 브레인 임플란트 같은 새로운 기술로 바뀔 수도 있다. 소프트웨어 코딩 교육 같은 구체적 기능을 교육해도 실제로는 거의 사용하지 못할 수 있다. 미래에는 전혀 다른 프로그래밍 언어가 등장할 수 있고, 소프트웨어 프로그래밍은 인공지능이 사람보다 훨씬 뛰어날 수 있는 영역이기 때문이다. 1990년대 중반까지는 컴퓨터를 사용하기 위해서 엠에스 도스MS-DOS 명령어와 조작법을 익히는 게 필수였다. 하지만 1995년 이후 윈도95, 윈도98 등으로 컴퓨터 운영체제가 그림 아이콘과 마우스를 통한 윈도 방식으로 바뀌자 도스 명령어의 쓸모는 사라졌고 사설 컴퓨터 학원들도 급감했다. 이처럼 기술 환경, 사회 환경이 지속적으로 변화하는 세상에서는 특정한 분야의 지식과 기능보다 다양한 변화에 대한 적응력이 중요해진다. 달리 말하면 유연성과 창의성을 어떻게 교육할 수 있을 것인가가 과제로 된다.

미래 교육의 키워드인 변화하는 세상에서의 지속적인 학습 능력을 구성하기 위해서는 호기심과 정보 판별 능력이 요구된다. 두 가지는 지식정보사회에서 모든 사람에게 무엇보다 필수적인 핵심 능력이다.

'호기심'을 키우는 교육

지식정보사회는 디지털과 인터넷을 기반으로 하고 있어서, 모든 지식과 정보에 누구나 도달할 수 있다는 게 주요한 특징이다. 교과서와 참고서, 교사가 알려주지 않는 세상의 모든 지식에 학생 누구나 손쉽게 접근할 수 있는 환경이다. 하지만 지식의 접근 가능성이 지식의 활용을 의미하지 않는다는 것을 주목해야 한다. 누구나 스마트폰과 인터넷을 통해 인류가 이뤄 놓은 방대한 지식에 도달할 수 있지만, 그것을 제대로 활용할 줄 아는 사람은 많지 않다. 학습하려는 목표와 의지를 갖고 있는 사람에게만 유용한 도구이다. 학생으로 하여금 학습 의지와 목표를 갖게 하기 위해서 부모의 요구와 기대, 사회적 압력을 동원하지만 효과는 제한적이다. 학생이 성장할수록 자발적이고 자기주도적 학습이 중요해진다.

학생 중심의 자기주도 학습을 가능하게 하는 것은 외부의 요구와 압박 아닌, 학습자 마음속에서 생겨나는 내적 필요성인 호기심이다. 지적 호기심을 지닌 학생은 그 호기심을 충족시키기 위해 다양한 수단을 동원해 학습하고 문제를 해결하려고 한다. 인터넷과 스마트폰은 호기심의 발생과 충족을 위한 최적의 환경을 제공하면서 동시에 호기심을 없애 버리는 역할도 수행한다. 문자보다 영상과 동영상 위주의 자극적 정보는 사용자로 하여금 독서를 하고 글을 쓸 때와 같은 성찰과 사고를 하기 어렵게 만든다. 무엇이든지 물어보면 즉시 답을 제시해 주는 인터넷의 속성은 호기심과 생각이 숙성할 틈을 허락하지 않는 환경을 만든다. 호기심은 학습과 문제 해결을 이뤄내는 가장 강력한 동기이고, 학생은 호기심을 풀어 나가는 과정에서 스스로 효율적이고 창의적인 자신만의 학습 노하우를 습득하게 된다. 호기심을 품은 문제를 자기주도적으로 해결해 본 경험을 지닌 학생은 이를 다양한 영역의 문제로 확대 적용할 수 있다.

사람은 누구나 호기심 가득한 아이로 태어나 세상에서 필요한 지식과 정보를 빠르게 습득한다. 하지만 호기심은 정해진 정답이나 모범답안이 주어지면 작동하기 어렵다. 정해진 지식을 전수하려는 '정답 위주' 교육은 단기적 효율성이 있지만, 장기적으로는 호기심과 자발적 학습에 대한 흥미를 없애는 결과를 가져온다. 호기심은 자유로운 행동과 생각을 허용할 때 비로소 숙성한다. 모범답안을 정해 놓고 '빠른 추격자' 전략을 펼쳐 온, 효율우선주의의 기존 한국 교육 시스템에서는 활성화하기 어렵다.

학생들의 호기심을 키우려면 자유로운 상상과 엉뚱한 질문을 허용하고 스스로 지식 추구의 경험을 해 나가도록 격려해야 한다. 호기심 기반 교육은 정답과 교과 과정에 수록된 지식 전달을 위주로 하는 교육방식에서는 병립하기 어렵다. 호기심의 결과가 모범답안이나 정답이 귀결되도록 유도된다면, 이는 호기심이 아닌 정답을 위한 학습법에 불과하다. 제시되는 문제나 과업이 정답을 고려하지 않은 상태로 설정되어야 하는데, 효율성과 대학입시 위주의 중등 교육과정의 현실에서는 어려운 문제다. 또한 호기심은 기존의 방법과 결과들을 의심하고 새로운 방법을 모색하는 과정에서 생겨나므로, 기존에 당연하게 수용되어 온 방법과 가치에 대해서 비판적 접근을 수반하기 마련인데 이 역시 국내 교육 풍토와 사회 분위기에서 지난한 문제이다.

학생들이 일상적으로 호기심을 경험할 수 있는 교육 공간은 학교와 교실이지만, 한국 사회의 집단주의와 토론 부재 문화, 효율성 추구는 교실에서도 호기심을 방해한다. 교사도, 학생들도 호기심 기반 교육과 토론에 익숙지 않다. 왜 질문을 통해 호기심 기반 교육을 해야 하는지에 대한 목표 제시도, 그를 위한 구체적인 방법도 교육받지 못했기 때문이다. 질문이 활발할 것으로 예상되는 명문대의 강의실에서도 질문이 없는 한국 교육의 현실은 이혜정의 《서울대에서는 누가 A⁺를 받는가》와 2014년 초 방영된 EBS의 6부작 교육 다큐 프로그램 〈왜 우리는 대학에 가는가〉에서 그 실

태가 구체적으로 알려졌다.[20]

질문과 호기심을 찾아보기 힘든 우리 교육 현실이지만, 거의 모든 지식이 누구에게나 접근 가능한 형태로 주어지는 인터넷 세상에서는 교육에서 호기심의 역할이 갈수록 결정적이 되어 가고 있다. 엉뚱한 질문과 호기심이 수업 분위기를 흐트러뜨리고 비효율적으로 보일지라도 호기심은 학습 결과에서 가장 뛰어난 성취를 보여준다. 영국 에든버러대 심리학 교수 소피 폰 스툼은 2011년 논문 〈굶주린 정신〉에서 개인의 성공을 예측하는 설명 변수들 가운데 하나만 꼽으라면 그것은 호기심이라고 말했다.[21]

정보 리터러시

지식과 정보의 바다를 항해하기 위해 필요한 지적 능력은 호기심과 함께 정보 판별력이다. 호기심이 학습자 주도의 자발적인 학습을 이끄는 동력이라면, 정보 판별 능력은 끝없는 자극을 추구하는 호기심을 제어하고 목적지로 가는 길을 찾을 수 있도록 해 주는 방향타이다.

무한한 정보 환경에서 호기심은 유익하지만 위험도 안고 있다.

---

[20] 이혜정, 《서울대에서는 누가 A⁺를 받는가》, 다산에듀, 2014.
[21] 구본권, 《로봇시대, 인간의 일》, 어크로스, 2015.

유익한 정보와 해로운 정보가 혼합돼 있고, 진실과 거짓이 뒤섞인 상태이기 때문이다. 이런 환경에서 지적 추구의 동력인 호기심을 원하는 방향으로 유용하게 활용하기 위해서는 정보 판별력이 요구된다. 무한한 환경에서 필요한 능력은 자신과 공동체에 필요한 것들을 선별하고 우선순위를 제대로 판단할 수 있는 능력이다. 작가 어니스트 헤밍웨이가 작가는 지식을 만들어 내는 사람이라며 "누구나 자신만의 헛소리 탐지기를 지니고 작동시켜야 한다"고 강조한 능력도 비판적 사고력이다.[22]

기계가 대체할 수 없는 인간 고유의 능력으로 창의성과 호기심이 무엇보다 중요하다. 정해진 답과 목표 중심의 국내 학교 교육은 호기심과 창의성이 중요해지는 변화된 환경에서 교육의 위기 요인이다. 호기심과 창의력은 비판적 사고능력과 분리할 수 없이 밀접하게 연결되어 있다. 호기심은 지식 간의 간극과 인지 부조화에서 생겨나지만 호기심을 해소할 수 있는 구체적인 지식과 창의적 결과물로 연결되기 위해서는 비판적 사고능력이 필수적이다. 호기심이 생겨나는 다양한 물음에 대해 사회적으로 제공되는 기존의 통념과 상식, 인지적 관행 등은 호기심이 지속되기 어렵게 만든다. 호기심이 새로운 지적 발견과 탐구로 연결되기 위해서는 기존의 상식과 사회적 통념에 저항해, 전혀 새로운 추구를 하는 과정, 즉 비판적 사고력을 필요로 한다. 정답과 정해진 목표 달성

[22] R. Manning, "Hemingway in Cuba", The Atlantic, 1965. 8.

을 위한 경쟁을 강요하는 국내 교육은 학생들로 하여금 제도교육 이후 각자의 호기심과 필요에 따라 자기주도적 학습역량을 키워 나가야 하는 미래 세대에게 오히려 반교육적 효과를 끼친다.

유비쿼터스 환경에서 손쉽게 주어지는 정보와 지식의 내용과 의도를 비판적으로 검토하는 것은 기술과 도구의 영향력이 커지는 지식정보사회에서 더욱 중요한 능력이 된다. 기술의 영향력이 커진다는 것은 순기능의 효과만이 아니라 역기능의 영향 또한 동일한 스케일로 증폭된다는 것을 의미한다. 강력한 영향력을 지닌 기술은 긍정적 효과만이 아니라 부정적 효과 또한 강력하다. 개발자와 업체가 알리지 않는 이러한 강력한 기술의 부정적 측면을 인지하고 이해하면서 사용하는 것이 현명한 사용법이다. 이는 정보 기술의 영향력이 커짐에 따라 모든 사회 구성원들에게 새로운 시민적 능력으로 요구되는 기술 리터러시 능력이다.

새로운 정보 기술과 도구를 긍정적으로 보는 것도, 부정적으로 보는 것도 위험하다. 기술과 도구의 속성에 대해 제대로 알고 사용방법을 익힌 뒤에야 통제력을 갖고 원하는 대로 사용할 수 있다. 기술과 도구의 수용에 앞서 작동방식과 영향을 파악하는 게 우선이다. 똑똑한 기계가 인간 인지 능력을 대신하는 환경에서는 학문과 교육의 본질인 보편적 접근법과 성찰적 태도가 더 요구된다. 한국 교육은 문과, 이과를 나누고 세부 전공으로 나눠 분과지식 중심으로 주입시켜 왔다. 호기심과 비판적 사고력이 무엇보다 중요한 교육의 목표가 되는 것은 한국 교육 현실에 독이자, 약이다. 기술 리터러시는 거대한 영향력을 갖춘 기술에 대한 이해를 기반으로 한 새로운 교육법의 기본이 되어야 한다.

새로운 도구와 기술이 가져올 기회를 먼저 누리려는 목적에 사로잡혀, 기술이 가져올 다양한 효과에 대해서는 이해를 게을리 해서는 불행한 결과로 이어진다. 이는 컴퓨터, 인터넷, 스마트폰, 디지털 교과서 등 정보기술 일반에 적용되는 접근방식이다. 디지털과 인공지능기술의 사용법을 넘어서 기술이 사회와 개인에 끼치는 영향을 인지하고 개인과 사회가 최대한 통제할 수 있게 만드는 기술 리터러시와 사회적 논의 시스템이 필요하다.

공감과 소통 능력

인공지능 시대에 사람의 공감 능력과 감정적 소통 기능은 더욱 중요해진다. 영국 옥스퍼드대학의 진화생물학자 로빈 던바는 인간을 비롯한 다양한 영장류의 사회생활 집단 규모와 두뇌 크기를 비교 관찰한 연구를 통해 두뇌 크기가 소속 집단의 크기에 따라 달라진다는 점을 밝혀냈다.[23] 사람의 대뇌 신피질이 어느 생명체보다 크고 발달한 이유는 인간이 동물 중 가장 고등한 소통 수단

---

[23] R. Dunhar, *How Many Friends Does One Person Need?*, 심성희 옮김, 《발칙한 진화론》, 21세기북스, 2011.

을 통해 복잡한 사회관계를 형성하기 때문이다. 인간 두뇌는 무엇보다 사회생활을 위한 감정적 소통과 처리를 수행하는 과정에서 발달한 체계로, 생태계에서 인간의 우월성은 사회생활을 가능하게 하는 복잡하고 미묘한 감정적 소통 능력이다.

하지만 인공지능기술 발달로 사람의 감정을 인식하고 그에 반응하는 도구의 등장은 인간의 감정적 소통 능력에 일찍이 없던 도전을 던진다. 프랑스의 로봇업체 알데바란이 개발하고 일본 소프트뱅크가 판매하는 최초의 감정 인식형 로봇 페퍼는 일본에서 높은 인기 속에 판매되고 있다. 매사추세츠 공대MIT 출신의 신시아 브리질이 만든 소셜로봇 지보는 감정 인식에 기반을 둔 개인비서 기능의 로봇이 우리의 일상 깊숙이 들어와 사람 못지않은 감정적 소통 상대가 될 것이라는 기대를 갖게 한다. 이러한 감성형 로봇의 등장에는 인공지능기술 발달과 함께 소셜미디어 분석, 얼굴 인식, 표정 및 음성 분석 등을 통해 기계가 사람의 감정과 상태를 인식할 수 있게 된 덕분이다.

반려로봇, 섹스로봇 등 인간의 감정을 상대하고 처리하는 로봇이 등장한다는 것은 동시에 기존에 사람들끼리 맺어 온 유대와 감정적 관계에 근본적 변화가 생긴다는 것을 의미한다. 2013년 개봉한 할리우드영화 〈그녀Her〉에서처럼, 감성형 인공지능과 로봇의 등장은 사람으로 하여금 사람보다 기계와의 관계를 더 추구하게 만드는 요인이 될 수 있다. 인간의 감정과 관계는 사람들 사이에서 상호적이었고 상대의 반응을 통해 항상 변화하는 구조였다. 하지만 감성형 로봇과 섹스로봇의 등장은 사용자의 요구를 무조건 처리하는 기능이 특징이다. 이러한 감성형 로봇과 섹스로봇이 확산될 경우 이는 상대의 반응과 표정, 눈빛을 살피면서 반응해 온 사람의 소통 능력에 중대한 변화를 가져올 가능성이 있다. MIT에서 30여 년 넘게 테크놀로지와 사람과의 관계를 연구해 온 사회심리학자 셰리 터클은 인터넷이나 로봇을 통해 형성하는 유대감은 서로를 결속시키는 것이 아니라, 정신을 팔게 만드는 연결이라고 말한다.[24]

사람 수준의 감정 인식 및 표현 기능을 갖춘 인공지능이 등장하면 시간이 지날수록 더 사람과 비슷한 능력을 갖게 되고 자연스럽게 사람들은 그에 대한 의존이 깊어질 것이다. 이럴 경우 동시에 인간만의 고유한 가치와 특징은 희소해진다. 마치 공장 시스템 기반 대량생산 시대에 수제 명품에 대한 수요가 생겨나듯 인간의 고유성에 대한 관심이 높아지는 환경이다. 섹스로봇이나 감정인식 로봇이 보급되면 이 도구가 많은 사람들의 감성적 상대가 되는 현상은 불가피하고, 강한 수요를 갖고 있는 관련 기술 개발과 채택을 막을 수 없다. 1인 사회, 고령화 사회, 개인주의가 강화될 미래에는 감성형 로봇의 범용화가 예상된다.

사람들이 감성형 로봇과 인공지능과의 관계에 익숙해지게 되면 자신의 기대와 예상과 다르게 반응하는 자연인의 감정에 대응하

---

[24] S. Turkle, *Alone Together*, 이은주 옮김, 《외로워지는 사람들》, 청림출판, 2012.

는 것이 어려워질 수 있다. 사람이 상대의 감정과 미묘한 상태 변화를 읽는 능력이 발달하지 않을 수 있고, 조작하고 통제할 수 있는 로봇과 달리 상대 사람의 감정과 반응은 나의 통제 영역 밖이다. 사회적 존재인 인간에게 감정 파악과 표현 등 감성적 소통 능력은 존재를 규정하는 핵심 기능이지만, 제대로 발달하지 못하거나 퇴화할 수 있는 환경이 된다. 인공지능을 통해 인간의 감정적 소통과 표현 능력을 도구에 구현한 결과 우리는 감성형 로봇을 곁에 두고 감정적 관계마저 의지하는 상황을 맞을 것으로 예상되지만, 이는 결과적으로 사회적, 감정적 동물로서의 인간의 핵심 소통 능력에 위협을 가져오는 환경이다. 인공지능 시대에 사람과의 감정적 소통이 줄어들고 어려운 관계가 됨에 따라, 인간의 공감과 소통 능력은 어느 때보다 중요한 인간의 능력이 될 수 있다.

인공지능 기술개발 경쟁을 선도하고 있는 마이크로소프트의 최고경영자 사티야 나델라는 2016년 11월 《니혼게이자이신문》과의 인터뷰에서 "인공지능이 보급된 사회에서 가장 희소성을 갖는 것은 타인과 공감할 수 있는 힘을 가진 인간"이라고 말했다.[25] 미국 《포천》 편집장 제프 콜빈은 인공지능 환경에서도 사회적 존재로서 인간 최고의 고유성은 공감 능력임을 강조한다. 콜빈은 미래 인공지능사회에서도 사람은 다른 사람들에게서 가장 많이 기대하는 것을 제공하는 능력, 즉 공감과 소통 능력이 높은 가치를 인정받

---

[25] 김현예, 〈AI가 의사 대체해도 간호·복지사는 부족할 것〉, 《중앙일보》 2016. 11. 30.

을 것이라고 주장한다.[26]

인공지능 시대 교육의 '오래된 미래'

2011년 미국의 방송 퀴즈프로그램 '제퍼디'에서는 IBM의 인공지능 왓슨이 역대 최고의 퀴즈 챔피언들을 꺾고 우승했다. 2016년 12월 31일 방송된 〈교육방송〉의 퀴즈 프로그램 '장학퀴즈'에는 한국전자통신연구원ETRI이 개발한 엑소브레인이 출전해 수학 능력 시험 만점자, 장학퀴즈 상·하반기 왕중왕전 우승자, 지능추리 방송프로그램 준우승자 등 퀴즈 강자 4명을 모두 물리치고 일찌감치 우승을 확정지었다. 이는 정보검색 기능을 갖춘 인공지능이 퀴즈 대회에서 우승했다는 의미 이상이다. 인공지능이 사람들이 묻는 질문의 의도와 내용을 제대로 이해하고 다른 사람들이 이해하고 만족할 수 있도록 자연언어 기반의 지능을 갖췄다는 것으로, 다양한 영역으로 확장과 적용이 가능하다. 사람이 그동안 영위해 온 지적인 업무와 서비스 직무 대부분은 언어를 통해서 상대의 의도와 메시지를 이해하고 처리하는 형태인데, 인공지능이 자연언어 기반으로 질문 이해와 답변 능력을 갖췄다는 것은 기존 인간 업무

---

[26] G. Colvin, *Humans Are Underrated: When High Achievers Know That Brilliant Machines Never Will*, 신동숙 옮김, 《인간은 과소평가되었다》, 한스미디어, 2016.

상당 부분을 대체할 수 있음을 의미하기 때문이다. 인공지능이 자연언어를 이해하고 처리하게 됐으며, 갈수록 더 방대한 데이터가 생산되고 알고리즘에 의해 자동처리가 가능해진다.

컴퓨터가 인지 능력과 판단 능력을 갖추게 됨에 따라 그동안 사람들이 수행해 온 업무와 사회체계는 인공지능 시대에 맞는 변화를 요구받는다. 그동안 산업사회 시대에 만들어진 교육 시스템은 기계가 사람보다 월등한 기억과 판단, 처리 능력을 깆추게 된 환경에서 용도를 상실하게 된다. 기존 교육 시스템의 전면적 개혁을 통한 새로운 모색이 요구된다. 산업사회 교육 시스템의 유용성과 가치를 근본적으로 위협하는 인공지능 환경은 한국 사회의 기존 교육 시스템을 뒤흔드는 위기 요인이지만 동시에 새로운 교육 시스템을 모색하고 설계할 수 있는 기회이기도 하다. 광범하고 전면적으로 지속 변화하는 인공지능 기술 환경에 적합한 교육 시스템을 모색하고 설계하는 것은 기본적으로 한계에 직면할 수밖에 없다. 사회 변화에 비해 그 속도가 느린 게 교육인데, 인공지능 환경에서는 교육의 목표가 '이동 표적'이 된 셈이다. 빠르게 지속 변화하는 세상에서 그때그때 새로이 요구되는 다양한 능력과 자질을 갖춘 인재를 어떻게 교육할 것인가라는 질문은 결국 교육의 본질에 관한 문제 제기로 이어진다. 변화하는 환경에 관계없이 항상 필요한 '인간의 본질적 능력이 무엇인가'라는 교육에 관한 근본적 질문이기 때문이다. 인터넷이라는 무한 지식 환경 속에서 호기심, 비판적 사고력, 공감 능력이 중요해진다는 것을 구체적으로 제시

했지만, 이는 달리 말하면 시대와 환경 변화에 영향을 받지 않는
교육의 본질을 추구하는 길이기도 하다.

Digital

디지털 인문학
시야에서 본 역사연구

― 역사 데이터베이스 구축과 맥락 분석

샹제項潔·천리화陳麗華

人

文

學

인공지능의 발달로 인간과 유사한 인격성을 가진 로봇 이른바 로보 사피엔스의 등장이 머지않았다 이에 따라 로봇의 도덕성 책임 등 새로운 윤리적 철학적 문제가 떠올랐다

디지털 빅데이터 덕분에 역사 문학 등 인문학 연구에서도 축적 활용의 폭이 획기적으로 커졌다 도구로서의 디지털 정보를 어떻게 구축하고 활용할 것인가 자료 축적의

유전적 지능을 능가하는 유능하고 강력한 인공지능이 야기한 세 통하여 인한 대한 의

디지털 인문학 시야에서 본 역사연구
- 역사 데이터베이스 구축과 맥락 분석

디지털 인문학 시대의 새로운 문제

보통 디지털 기술은 흔히 참신함, 전위, 사이버 등을 연상시키고 인문학 연구는 전통, 개성, 미감 등을 연상시킨다. 인간의 사유가 발전하는 지식의 나무에서 이 둘은 완전 다른 방향으로 뻗어나가는 가지인 것 같다. 둘을 하나로 융합시키려고 하면 어떤 불꽃이 타오를까?

사실 주변에 있는 인문학자의 작업방식을 조금만 유심히 살펴보면 디지털 정보기술의 발전이 인문학자의 학술 환경, 인문학자와 문헌의 관계를 철저히 바꾸었음을 발견할 수 있다. 중문학계의 대략적 통계에 따르면 현재 인터넷 상에서 최소 20억 자 분량의 중국어 고전문헌 전문을 이용할 수 있고, 메타데이터를 보유하고 인터넷에서 검색 가능한 이미지가 최소한 1억 개라고 한다. 역사를 통해 축적된 수많은 문헌, 찾아보기 어려운 진본, 각고의 노력 끝에 빛을 본 고고학 자료를 지금은 작은 모니터에서 노누 볼 수 있다. 역사상 어느 시대의 학자도 누리지 못한 '황금시대'라 할 수 있다.

그러나 환호와 기쁨 뒤에는 날로 방대해져서 '범람'할 지경인 텍스트 자료를 어떻게 처리하고 읽을까가 연구자의 고민거리로 던져진다. 푸쓰녠傅斯年은 "위로는 벽락碧落까지, 아래로는 황천黃泉까지 부지런히 움직여 자료를 찾아라"라고 말했다. 이것은 인문학 연구자가 반드시 해야 하는 숙제였나. 지난 세기에 이 말은 지하에 묻힌 고고학 자료를 발굴하고 각지에 산적한 문서 고적을 수집하며 문서실과 도서관을 분주히 오가는 동시에 셀 수 없이 많은 카드를 베끼고 정리하는 것을 의미했다. 지금도 이 말에는 나름의 가치가 있다. 다만 의미가 나날이 변하고 있다. 드넓은 디지털 자원 속에서 모래를 털어 내고 금을 골라 내는 일, 불순물을 거르고 정수를 남기는 일, 새로운 지식 탐구의 길을 찾는 일이 인문학자가 직면한 최대의 과제가 되었다. 따라서 인문학자들에게 디지털 기술과의 협력은 물이 흘러 강이 되는 것과 같은 자연스런 과정이다.

이런 배경에서 차츰 새로운 생겨난 연구의 트렌드인 '디지털 인문학'은 바로 서로 다른 영역의 학자들이 협력하고 새로운 대화 공간을 탐색한 결과다. 좁은 의미의 디지털 인문학은 디지털 정보를 이용하고 정보기술을 활용해서 인문학 연구를 하는 것을 의미한다. 그 근본적인 목적이 인문학이 직면한 문제를 해결하는 것임은 동일하나 그 수단은 이미 전통적인 것과 판이하게 다르다. 더 나아가 인문학에 새로운 각도의 문제의식을 제기했다. 디지털 인문학에 전통적인 것과 다른 지식론과 방법론이 있는가? 그것은 어떤 면에서 전통적 인문학 연구를 뛰어넘는가? 디지털 인문학의 방법을 거치지 않으면 해결할 수 없는 문제가 있는가?

이상의 질문들은 새로운 시대에 연구자가 대량의 자료를 어떻게 다룰 것인가에 대한 고민을 반영한다. 또한 의미 있는 논의를 불러일으켰다. 돌 하나가 수많은 물결을 일으킨 하나의 사례는 얼마 전 이탈리아학자 프랑코 모레티Franco Moretti가 문학사 연구에서 제시한 '원거리 읽기distant reading' 개념이다. 모레티의 생각을 간략히 살펴보면서 필자의 관점과 어떻게 다른지 보여주려 한다.

원거리 읽기 – 시사점과 논란

'원거리 읽기'는 모레티가 대량의 문학 텍스트를 다루기 위해 발명한 방법이다. 그는 전통적 문학연구에서 취하는 '꼼꼼히 읽기 close reading'와 분석의 방법을 버리고 역사와 지리의 범위를 뛰어넘은 대량 텍스트로 눈을 돌려 그 안의 몇몇 형식 원소들을 추적했다. 이를 통해 그 속에서 특정한 문학사적 지향의 출현, 소멸 또는 변천을 분석하려 시도했다. 그는 이런 처리 방법이 마치 우리가 추상적 이론과 개념을 얻을 때 다채롭고 풍부한 현실세계를 희생시키는 것처럼 텍스트를 '소실'시키는 것 역시 지식을 얻으면서

치러야 하는 대가라고 생각한다.[1]

'원거리 읽기'의 방법은 시사점도 크지만 논란도 만만치 않다. 한편으로 학자들에게 그 발상과 전망은 흡인력이 강하다. 왜냐면 그의 연구는 텍스트 분석의 규모와 범위를 크게 확대함으로써 전통적 문학사가 답할 수 없는 질문을 던졌고 더 나아가 복잡하고 변화무쌍한 세계문학을 하나의 연관된 전체로 이었기 때문이다. 특히 문체 분석 또는 저자 판정 등은 더욱 창의적이고 학계에서도 아주 의미 있는 연구로 인정받는다. 그러나 다른 한편으로 이 방법은 정밀한 독해를 버리고 구조와 어휘에 변수가 많은 문학작품을 균질적이고 평면적인 과학적 소재로 취급함으로써 마치 바깥 우주에서 지구를 내려다보면 산과 강물의 흐름, 도시와 시골이 모두 사라져 보이지 않고 짙고 옅은 색으로만 남아 다시 식별해야 하는 것처럼 수많은 텍스트 속의 의미와 미감을 다 뽑아버리고 박탈한다. 때문에 방법론적으로나 실천적으로나 모두 주류 학계를 진심으로 설득할 수 없다.[2]

'원거리 읽기'를 둘러싼 논쟁 자체는 넓은 의미의 인문학 연구자가 처한 다음과 같은 진퇴양난의 곤경도 말해준다. 빅데이터 시대의 도래는 피할 수 없다. 어떻게 한정된 시간 안에 대량의 텍스

---

[1] Franco Moretti, *Distant Reading*.(London ; New York: Verso, 2013), pp. 48~49.

[2] Khadem, A. Neohelicon, "Annexing the unread: a close reading of 'distant reading'", *Neohelicon* Vol.39, Issue 2. (2012), p. 410 ; Thomas Rommel, "Literary studies". In *A Companion To Digital Humanities.Malden*(MA: Blackwell Pub, 2004), pp. 88~95.

트를 장악하고 다루면서도 분석 과정에서 본래의 인문학적 특성을 최대한 보존하여 추상적이고 차가운 형식 분석과 거리를 둘 것인가?

대량의 자료를 다루려면 분명 새로운 방법이 필요하다. '원거리 읽기'에서 하려는 것처럼 천 년을 생각하고 만 리를 내다보려는 포부도 여기에 해당한다. 그렇다고 절대로 '꼼꼼히 읽기'를 희생시키는 대가를 치러서도 안 된다. 원거리 읽기에서는 모든 원소를 구절과 단락의 망망대해 속에 녹여 놓아 심지어 합성어의 의미 자체도 모두 사라져 텍스트 본래의 형태의 의미를 상실한다. 텍스트는 디지털 환경에서 본래의 모습을 지킨 채 연구자가 좀 더 수월하게 '주관'적으로 읽고 해석하도록 보여야 한다. 그리고 텍스트 배후에 '값을 더하고' 주석을 단 원소, 더 나아가 계량화된 원소를 파고들어 더 깊이 관찰하고 분석하도록 도움을 주어야 한다고 생각한다.

모레티의 작품 분석과 달리 이 글은 역사 텍스트를 다룬다. 역사학 연구의 특징과 자료의 성격이 우리가 생각하는 디지털 인문학 연구의 방향을 설명하는 데 도움이 되기 때문이다. 역사 문헌은 보통 여러 사람이 작성했지만 문체는 대동소이하다. 따라서 문학의 문체 분석은 역사 연구에서는 그리 유용하지 않다. 그러나 문학작품과 달리 역사 자료가 대응하는 실제 역사 과정인 구체적 시간, 공간, 인물 등은 가치를 정할 때 아주 중요한 요소다. 그리고 이 원소들이 바로 추출되어 시스템 속에서 주석을 달고 사농분석을 할 수 있는 원소다. '원거리 읽기'와 달리 이 원소들은 여전히 실재적 의미를 지니고 그것이 시스템 속에서 분포하는 상황은, 가령 동일한 시기와 장소에 여러 종의 문헌이 있거나 하나의 역사적 사건과 관련된 문헌이 몇 년에 걸쳐 존재하는 등의 경우 텍스트 사이를 관련짓는 능력을 구성한다. 문학 분석에서는 이런 면을 쉽게 보지 못한다.

동시에 더 중요한 것은 역사학자들은 보통 문헌이 형성되는 과정을 상당히 높은 수준에서 자각하고 제한된 문헌 속에서도 과거와 소통할 수 있는 더 많은 실마리를 찾으려 하고 더 나아가 어떤 역사적 시대 전체의 상황을 추측하려 한다는 점이다. 따라서 디지털 분석에 더 높은 수준의 요구를 했다. 달리 말하면, 특정한 자료를 찾을 때를 제외하고 역사학자 중 하나의 문헌만을 보는 사람은 거의 없다. 역사학자는 문헌 사이의 연관을 더 찾으려 한다. 이러한 연구는 본질적으로 맥락 연구다. 이는 원거리와 전체를 추구하는 원거리 읽기가 도달할 수 없는 것이다.

시스템 구축과 맥락 분석 – 새로운 연구방향

데이터베이스 시스템 속의 맥락은 인문학자들에게 아주 낯설 것이다. 그러나 각종 데이터베이스에서 의미 있는 자료를 찾기 위해서는 거의 매일 키워드 검색을 한다. 하지만 이런 정보처리 방법이 인문학자의 요구를 충족시킬 수 있을까?

사실 우리도 분명 적지 않은 인문학자로부터 시스템에 대한 불평을 들어왔다. 특히 검색결과에 관련 항목이 적지는 않은데 관련 없는 항목이 너무 많다는 지적이 빈번하다. 정보학자는 자료검색 과정에서 사용자가 서로 다른 두 가지를 요구하고 있음을 알아냈다. 한 가지 요구는 정밀도Precision다. 즉 검색결과에 사용자가 바라는 것이 얼마나(특히 앞쪽에 배치된 것) 있는가다. 다른 하나는 재현율Recall이다. 즉 사용자가 원하는 문헌이 얼마나 많이 검색되었는가다. 사실 이 둘 사이에는 내적 모순이 있다. 정밀도를 바라면 재현율이 희생될 것이고 재현율이 높으면 정밀도가 낮아지게 된다.[3] 대체로 일반적인 사용자는 높은 정밀도를 요구한다고 알려져 있다. 어떤 키워드는 그 개념을 대략적으로만 이해시켜 주기 때문이다. 그러나 학자 스타일의 사용자, 특히 인문학자는 중요한 정보가 누락되는 것을 깊이 걱정하기 때문에 재현율이 높아서 검색결과가 많으면 많을수록 좋다.

그런데 현실은 그럴까? 평상시에 데이터베이스나 인터넷 검색엔진을 사용해서 자료를 찾는 연구자는 모두 검색결과 자료에 매몰된 경험이 있을 것이다. 이때 수만 건의 검색결과 앞에서 초라해진 자신을 느끼고 개탄한다. 이런 상상에는 사실 더 깊은 이유

---

[3] Gerard Salton Michael J. McGill, *Introduction to Modern Information Retrieval*(New York: McGraw-Hill, 1983), pp. 155~156.

가 있다. 주된 원인은 검색 엔진이 통상 문서 간에 연관을 가설하지 않고 하나의 배열 함수를 사용해서 검색결과 배열 순서를 정하기 때문이다. 따라서 검색결과 문서 사이에는 사실 경쟁관계가 존재한다. 승자가 앞에 배치되어 사용자에게 가장 먼저 눈에 띄고 패자가 뒤에 배치되어 간과되거나 누락될 수 있다. 문서의 승패를 결정하는 요소는 시스템 각자에서 조건을 어떻게 설정하느냐에 달려 있다. 관련도, 인용률이 근거일 때도 있고 상업이나 여타 부분의 고려에 좌우되기도 한다.

그런데 역사연구자가 보는 것은 아무런 관련이 없는 무질서한 집합일까? 물론 그렇지 않다. 문서 사이에는 연관이 있을 뿐더러 다른 사람이 볼 수 없는 문서 사이의 맥락을 파악하는 능력이 역사학자의 중요한 자질이다. 그렇다면 '문서 사이에 연관이 있다'는 관점에서 설계된 데이터베이스 시스템은 또 어떤 기능을 제공해서 연구자의 수요를 충족시킬까? 이론적으로는 연구자가 필요한 문서를 찾는 데 도움을 주는 동시에 문서 간의 관련 맥락을 찾아서 미지의 영역을 알 수 있게도 한다. 그러려면 검색의 좁은 문을 설치한 채 연구자가 문을 두드리기를 기다렸다가 응답하는 데 그쳐서는 안 된다. 그것은 개방된 넓은 홀이어야 한다. 연구자가 서로 다른 경로를 통해 그 안에 들어갈 수 있고 자신이 관심을 갖는 각도에서 돔형 지붕, 아치형 문, 장식창, 벽화 등을 자세히 관찰해서 건축 구조, 자재 출처를 추측하고 예전에 그곳을 드나들었던 옛날 사람들의 물질과 정신세계를 짐작할 수 있어야 한다.

이 글에서는 맥락context 관념을 제기하고 디지털 역사 데이터베이스의 주된 기능을 해설한다. 그것은 사용자에게 검색기능뿐 아니라 검색결과 사이의 연관성도 제공해야 한다. 따라서 시스템 구축은 단순한 텍스트의 디지털화와 검색기능 제공에만 그치는 것이 아니다. 연구자의 시각에 따라서 연구자가 필요한 정보가 무엇이고 시스템이 어떤 방법으로 구현되어야 하는지를 생각하고 연구할 가치를 지닌 기본 정보를 텍스트에 덧붙임으로써 연구에 더 높은 플랫폼을 지어야 한다. 이런 문제의식 하에서 원본 텍스트, 시스템 구축, 연구자의 관계는 다른 양상을 띤다.[4]

더 나아가 비록 맥락 분석의 시점과 종점이 모두 인문주의적 성격을 띠지만 디지털 환경을 구축하려면 디지털 기술의 도움이 필요하다. 전통적 역사연구자도 같은 문제를 생각했을 수 있다. 그러나 근대 이전에 이런 관찰은 역사 감각에 의존할 수밖에 없었다. "일을 잘하려면 먼저 도구를 가다듬어야 한다." 디지털 시스템은 단순한 종이에서 디지털 매체로의 전환이 아니다. 그 자체가 갖가지 복잡한 정보를 추가한다. 이 정보들을 이용해서 인문학자의 요구에 더욱 가까운 방법으로 자료를 소환, 관찰, 이해해서 연구자가 짧은 시간 안에 텍스트의 특징을 이해하게 할 수 있도록 한다. 이 글에서 다루는 역사 자료는 원본 문서가 연구 의미가 있

---

[4] 이와 관련된 필자의 몇 가지 생각은 다음을 참조. 項潔, 翁稷安, 〈多重脈絡─數位典藏的問題與挑戰〉, 項潔 主編, 《數位人文要義: 過去現在與未來》, 臺北: 臺大出版中心, 2012, 25~59쪽; 項潔, 翁稷安, 〈數位人文和歷史研究〉, 項潔 主編, 《數位人文在歷史學研究的應用》, 臺北: 臺大出版中心, 2011, 18~19쪽.

는 '추가값'을 갖는다. 즉 시간, 장소, 저자, 출처 등 정보에 근거해서 원본 문서에서 검색에 제공할 수 있는 자료를 별도로 추출한다.[5] 이는 시스템에 수록된 텍스트는 사전처리 과정을 거쳐야 하고 인문학적 소양과 디지털 기술이 부단히 소통하고 협력해야 가능함도 의미한다. 그러나 이 정보들이 구비되기만 하면 연구자에게는 편리한 맥락의 문이 열린다.

목적의식을 갖고 연구자에게 편리한 디지털 환경을 제공하는 시스템은 이론적으로 여러 가지 관찰 맥락을 제공할 수 있다. 우리는 이런 맥락들을 '텍스트 맥락textual context'이라고 통칭한다. '텍스트'라는 용어를 붙인 이유는 인문학자에게 텍스트는 자료 출처의 일부일 뿐이고 인문학자가 바라보는 실마리는 보통 자신이 축적한 지식, 문화적 환경, 사회적 분위기, 더 나아가 개인적 편견 등의 유무형의 요소가 더해지기 때문이다. 이렇게 형태가 없고 계량화할 수 없는 정보가 결합되어 형성하는 맥락을 '무형의 맥락intangible context'이라고 부른다. 형태를 가질 수 없는 이 맥락들은 당연히 컴퓨터가 텍스트를 통해서만은 파악할 수 없는 것들이다.

텍스트 맥락은 대체로 셋으로 나뉠 수 있다. 첫째, '메타데이터 맥락metadata context'이다. 디지털화 과정에서 디지털 사물에 메타

---

[5] 비록 우리가 제시하는 방법은 결코 특정 언어에 한정되어 있지 않지만 우리는 동아시아의 텍스트를 특별히 강조한다. 동아시아 전통언어는 자모와 띄어쓰기가 없는 표의 문자열이기 때문에 특수한 전처리preprocessing를 거쳐야 효과적으로 인간, 시간, 장소, 사물 등 유용한 정보를 추출할 수 있다.

데이터를 부여하는 것은 아주 중요한 작업이다. 역사 문서에서 시간, 출처, 저자, 주제는 모두 중요한 메타데이터이고 문서의 특성에 따라 메타데이터도 크게 달라진다. 시스템은 여러 가지 메타데이터 속성metadata attribute을 이용해서 검색결과를 조감하듯이 배열, 분석, 표시한다. 이를 통해 연구자가 미처 생각하지 못한 발견을 할 수 있다. 둘째, '통계 맥락statistical context'이다. 시스템은 검색 결과, 데이터베이스를 빠르게 계량화하고 통계와 분석을 해서 연구자가 텍스트의 성격, 경향성, 대표성 등의 문제를 판단하도록 돕는다. 통계 맥락이 더욱 의미를 갖게 하기 위해서는 인물, 시간, 장소, 사물을 표시하는 등 사전처리를 할 필요가 있다. 이 과정에서 어떤 인물이나 장소가 검색결과에서 키워드와 함께 등장하는 정도 등 중요한 통계 정보를 제시할 수 있다. 세 번째 맥락은 약간 복잡하다. 즉 텍스트 자체의 특성에 맞추어서 특수한 방법을 설계해서 원본 텍스트 특유의 연관을 찾고 서로의 관계를 표시한다. 이 맥락을 '의미 맥락semantic context'이라고 부른다. 앞의 두 가지 맥락은 사전처리를 거친 어떤 텍스트에나 균일하게 적용된다. 그러나 의미 맥락은 텍스트의 특성에 맞추어 설계를 하고 전처리 작업의 방식을 사용하는 동시에 대형 텍스트 집합에서 그에 부합하고 정의된 의미 맥락을 찾아야 한다.

물론 이상의 시스템에서 구현하는 맥락은 모두 텍스트 맥락, 즉 데이터베이스에 담긴 전부 또는 일부 문서 사이의 맥락으로 귀결된다. 그러나 시스템의 기능을 여기에만 한정한다면 연구자의 식관과 통찰, 상상력을 크게 제약할 것이다. 여러 가지 문서를 표시하는 것도 사실 연구자에게 해석 가능한 맥락을 제공할 수도 있다. 즉 제공하는 맥락이 인문학자에 의해 관찰되고 해석될 수 있다. 이로써 인문학자의 작업 경로에 더욱 가까워질 것이다. 비록 시스템은 우리에게 사용자의 지식, 배경, 성향 등 텍스트 이외의 맥락을 알려줄 수 없지만 '기억'이 있는 시스템으로서 최대한 이 목표에 '접근'하는 것은 불가능한 일이 아니다.

다음 절에서는 상당히 큰 규모를 갖춘 역사 데이터베이스인 대만 역사 디지털도서관臺灣歷史數位圖書館(이하 THDL)을 사례로 인문학 연구에서 텍스트 맥락의 발굴과 분석이 원거리 읽기에 비해 인문학자의 연구 사유가 가진 특성에 더 가깝고 문제 의식과 연구 의식의 확장에 더 유익함을 설명하려 한다.

맥락에 대하여 – 대만 역사 디지털도서관 시스템의 사례

THDL은 2005년부터 구축되었고 대만대학 디지털 인문학센터가 주관했다. 그러나 최근 10년 동안 내용과 기능이 끊임없이 추가되어 현재의 시스템은 2005년과 크게 다르다. THDL은 현재 총 1억 자를 넘는 대만 역사 관련 원본 문헌자료 약 10만 건을 탑재하고 있다. 그 구성은 크게 셋으로 나뉜다. 첫째, '명청 행정문서'다. 여기에는 명청 시대의 대만 관련 정부 행정문서 4만 5,721건이 수록되어 있고 자료출처는 책, 마이크로필름 등 총 235종이다. 둘째 '고계약서古契約書'다. 주로 대만 각지의 토지 등 관련 계약문서 4만 383건으로 구성되어 있고 다량의 원주민 토지문서를 수록하고 있으며 자료출처는 170종이다. 셋째 '단신淡新 문서'다. 청나라 통치시기 대만의 대만 북부 현급 행정 및 사법 문서로서 1,151개 안건, 1만 9,557건 문서로 구성되어 있다. 이 자료는 현재 대만 1차 역사자료 중 최대 규모 디지털 데이터베이스로서 중앙, 지방, 정부와 민간의 문서 제 유형을 망라하고 깊이와 폭, 풍부함에서 역대 최다이며 우리의 분석에 가장 좋은 텍스트를 제공한다.

그렇다면 이 방대하고 다원적인 사료에 정보기술을 가미하면 기존의 역사연구 방법을 바꿀 수 있을까? 최소한 연구자의 관찰 시각을 활발히 전환시키고 텍스트의 성격과 그 배후의 관계를 다시 생각하게 될까? 대만 역사에서 청나라 중엽에 일어난 '곽백년 사건郭百年事件'이 생생한 사례다. 왜냐하면 그것은 THDL의 곳곳에서 아주 다른 모습으로 등장하기 때문이다.

이 사건은 가경嘉慶 연간(1796~1820)에 발생했다. 당시 장화현彰化縣 사람 곽백년 등이 대만부에 토지개간을 신청하고 사람들을 이끌고 지금의 포리埔里 분지에 들어가서 개간을 했는데 마구 방화를 저지르고 현지 '생번'(원주민)을 죽였다. 사건은 비록 2년 후 한족이 관청에 의해 쫓겨나면서 종결되었지만 그 후속 영향은 10여 년 뒤에 연달아 드러났다. 도광道光 연간(1821~1850)에 원기가 크게 훼손된 생번 부족이 대만 서부 평원이 평포平埔족에게 □ 낭

에 와서 개간하라고 불러들이면서 대만도에서는 신죽新竹에서 장
화彰化 지역까지 서부 평포족 대이동이 발생했다. 그들은 포리埔里
지역으로 이주해서 오늘날 그곳의 주류 민족이 되었다. 이 사건이
대만 민족지형에 깊숙하고 돌이킬 수 없는 영향을 주었다.[6]

이처럼 파란만장하고 대만 역사에서 서로 다른 민족의 운명을
변화시킨 사건은 THDL에 어떻게 기록되어 있을까? 우리는 이 데
이터베이스의 첫 번째 부분 '명청 행정문서'(중앙정부 문서) 4만 여
건의 정부 간 공문서 중 어디에도 이 사건이 없음을 발견할 수 있
다(당시 대만 관리의 회고적 기록 두 건이 있을 뿐이다). 이는 이 사건
이 대만 중부지방 사회에 크게 영향을 주었지만 중앙 왕조에서는
주목하지 않았음과 함께 행정문서가 역사 자료로서 갖는 특수성
과 한계를 보여준다.

두 번째 부분 '고계약서'의 4만 건 가까운 문서에서 이 사건에 관
한 기억이 수면 위로 떠올랐다. 그것은 주로 도광 연간에 작성된
다섯 건의 계약서를 통해서다. 이 자료는 우리에게 저 놀라운 역사
의 현장으로 이끌고 갔다. 최초 두 건의 계약은 1823년에 체결되
었다. 당시 포리를 향해 동쪽으로 이주한 평포족이 스스로 체결한
협약은 자신들의 입주가 갖는 합법성을 명시했고 서로간의 협력
관계를 약정했다.[7] 다음해 협약에서 비로소 당시 엄청난 타격을

6
　劉枝萬, 石璋如等纂, 《臺灣省南投縣志稿·開發篇》, 南投縣南投市: 南投縣文獻委員會, 1958, 139~148쪽.
7
　潘阿沐等, 〈公議同立谷約字〉, 臺灣歷史數位圖書館(THDL), 파일명:〈ntul-od-bk_isbn97895702
05431v1_122124.txt〉.

입은 원주민의 목소리가 등장한다. 그들은 곽백년이라는 이름도 사료 속에서 처음 말한다. "몇 년 전 곽백년이 진입해서 포리 땅을 점령하고 주민들을 살해해서 반 이상이 죽었다. 얼마 후 또다시 북쪽에서 온 흉번兇番이 우리 부족이 변을 당해서 숫자가 줄어 든 틈을 타서 생존자를 쫓아가 괴롭히고 해를 끼쳐 편히 살기 어렵다."[8] 짧은 몇 마디 말에 무한한 비통함과 속절없음이 드러난다. 그리고 협약에는 평포족 각 부족이 올린 '예물'과 그 가치도 열거되어 있다. 바로 이 '교환'을 통해 평포족이 생번이 거주하던 지역에 들어와 개간하는 것이 합법화되었다. 관련 사건에서 동시에 출현하는 인명과 지명이 [표 1]에 나열되어 있다. 대부분이 포리로 이주한 각 종족 집단의 우두머리와 서부 평원 출신부락 명칭이다.

세 번째 부분 '단신문서'에도 마찬가지로 이 일과 관련된 기록이 없다. 주로 사료가 다루는 지역이 곽백년 사건이 일어난 지역과 완전히 다르기 때문이다. 그러나 그렇다고 이 일은 마침표를 찍지 않았다. 그 여파가 여전히 이어졌고 게다가 관청에서는 포리 분지를 개발하자는 건의가 지속적으로 제시되어 그 이후에 발효되었다. 따라서 《대만문헌총간台灣文獻叢刊》과 각종 문서에서 실마리를 찾을 필요가 있었다.

THDL에 한정해서 말한다면, 이 사건이 세 가지 다른 부분에서

---

[8] 阿密等, 〈立思保全招派開墾永耕字〉, 臺灣歷史數位圖書館(THDL), 파일명: 〈ntul-od-bk_isbn9789570 000033_0005100053.txt〉

[표 1] 〈고계약서〉에 나오는 곽백년 사건과 관련된 인명과 지명 리스트

人名				地名			
Term t	df	t→q	回報	Term t	df	t→q	回報
打里摺	8	1.000	■■■	和社	8	1.000	■■■
平埔打里摺	8	1.000	■■■	蛤美蘭社	8	0.571	■■■
毛蛤肉	8	1.000	■■■	北大肚社	8	0.471	■■■
大雅安	8	1.000	■■■	阿里史社	8	0.054	■■■
小雅安	8	1.000	■■■	北投社	8	0.038	■■■
老說	8	1.000	■■■	萬斗六社	7	0.500	■■■
眉注仔	8	1.000	■■■	福鼎金	7	0.467	■■■
小老說	8	1.000	■■■	東柴里社	6	1.000	■■■
郭百年	8	1.000		柴坑社	6	0.500	■■■
棹肉	8	0.889	■■■	南投社	6	0.188	■■■
加達	8	0.889	■■■	阿東社	6	0.158	■■■
郎觀	7	1.000	■■■	朴子籬社	6	0.073	■■■
潘集禮	7	0.200	■■■	日北社	6	0.051	■■■
毛蛤肉郎	6	1.000	■■■	北埔	6	0.048	■■■
王阿丹	6	0.545	■■■	思描丹社	5	0.714	■■■
余八	6	0.545	■■■	岸西社	5	0.385	■■■
鄭克成	6	0.545	■■■	思貓丹社	4	0.800	■■■
歐江河	6	0.462	■■■	烏牛欄社	3	0.600	■■■
潘光明	6	0.300	■■■	烏牛欄社	3	0.024	■■■
巫春禁	6	0.250	■■■	貓丹	2	1.000	■■■

각자 다른 검색결과를 보이는 것은 자료 유형이 다르면 답할 수 있는 문제 유형도 다르고 사실상 커다란 편차가 있음을 반영한다.

대만 지방관리가 이 일을 처리하기 위해서 적지 않은 노력을 기울였지만 중앙 왕조의 변방 통치 시야 밖에 있었고 그 중요성은 관료, 군대, 세수, 대규모 봉기만큼 주목받지 못했다.

그러나 민간 차원의 토지계약서에 남겨진 역사적 기억은 토지 매매 행위 자체의 의미를 훨씬 뛰어넘는다. 비록 역사 속에서 이 집단 내부의 애환과 여정은 이미 돌이킬 수 없지만 또 다른 차원의 사료 속에서 연관을 찾고 서로 다른 집단의 관념과 기억의 차이를 관찰함으로써 그 사건과 대만사 연구의 관계를 새롭게 사색하는 것에도 연구자의 책임이 있다.

다음으로는 THDL에서 '메타데이터 맥락'이 발휘될 수 있는 응용공간을 살펴보겠다. 다른 데이터베이스 시스템에 비해 THDL의 두드러진 특징은 바로 텍스트 자료의 시간, 장소, 저자, 문헌출처 등에 근거해서 메타데이터 시스템을 구축한 것이다. 이 때문에 연구자는 전문 검색을 하는 동시에 이 조건들에 따라 아주 쉽게 전체 검색결과를 다각도에서 관찰할 수 있다. '통계 맥락'이 서로 다른 검색결과의 수량 차이를 배열하는 것은 직관적인 관찰 시각이다. 그밖에 연구자는 어휘의 빈도 분석을 통해 관심 있는 키워드의 전후 맥락을 관찰한다. 더 나아가 시스템의 특수한 관련 설계를 통해 텍스트 배후에 숨겨진 '의미 맥락'을 탐색한다.

텍스트 맥락 – 더 정밀한 관찰

더욱 직관적으로 이해하기 위해 중부 평포족에서 서부 평원의 한족 이민집단으로 시선을 돌려보자. THDL의 '전후 접사' 기능을 이용해서 대만 한족이 모여 사는 '장莊'의 앞에 접사가 붙은 단어를 검색어로 설정하고 THDL 중 명청 문서를 검색하면 총 5,140개의 검색결과가 나오고 시스템은 자동으로 검색결과가 많은 200개의 단어를 나열한다([표 2]).

검색결과를 면밀히 관찰하면 몇 가지 주목할 만한 면이 두드러진다. 첫 번째는 바로 '관장官莊'이 관방 행정관리 체제에서 갖는 중요성이다. 이 어휘의 검색결과는 총 300건에 가깝고 의미를 갖는 어휘 중 가장 많다. 관장은 바로 관청이 관할하는 각종 토지와 가옥의 총칭이다. 관장이 대만의 지방재정사에서 갖는 중요한 역할은 청대 관청문서에서도 드러난다. 두 번째로 '적장賊莊', '공장攻莊', '비장匪莊', '범장犯莊', '역장逆莊' 등 어휘도 수량이 상당히 많다(합하면 450건이 넘는다). 이 값은 대만 사회의 동요가 빈번했음을 반영하고 청나라 통치의 특징도 반영한다. 즉 정부에 대한 민중의 충성 정도가 해당 장의 의미를 정한다. 세 번째는 '오장粵莊', '민장閩莊', '천장泉莊' 등으로 합하면 340건이 넘는다. 이 용어들은 한족 이민자의 출신 지역에 따라 정해진다. 이는 정부가 특정 지역에 사는 지방민의 고향에 민감했다는 것을 보여주고 오늘날 대만 사회에서 종족을 분류할 때의 관점에도 영향을 주었다.

[표 2] 〈명청 행정문서〉에서 '*莊'의 출현 빈도 분석도

Term t	df	tf	Term t	df	tf	Term t	df	tf	Term t	df	tf
名莊	685	1112	林莊	50	199	凹莊	30	68	營莊	19	52
村莊	616	862	療莊	48	79	分莊	29	30	弟莊	18	27
官莊	296	904	到莊	48	72	總莊	29	38	傷莊	18	37
等莊	271	488	燒莊	47	61	三莊	29	35	八莊	18	19
粵莊	235	530	泉莊	46	76	焚莊	28	34	五莊	18	20
歸莊	225	369	係莊	46	57	社莊	28	32	外莊	18	22
牛莊	188	315	逆莊	46	59	擒莊	27	30	圍莊	18	35
新莊	164	330	心莊	45	56	經莊	27	45	從莊	18	28
賊莊	156	249	州莊	43	67	一莊	27	40	丁莊	17	25
目莊	154	267	子莊	43	64	豆莊	27	35	府莊	17	21
該莊	154	245	近莊	42	49	時莊	26	32	往莊	17	54
同莊	148	297	崙莊	41	61	湖莊	26	61	連莊	17	21
將莊	144	186	里莊	41	65	閩莊	25	27	全莊	17	21
之莊	127	171	小莊	41	53	稱莊	25	27	中莊	17	21
本莊	118	195	其莊	40	41	鄉莊	25	25	撫莊	17	20
文莊	116	134	查莊	40	46	司莊	25	27	董莊	17	24
清莊	113	185	處莊	39	40	爲莊	25	28	兵莊	16	23
厝莊	109	243	水莊	38	79	的莊	24	32	叫莊	16	25
豫莊	107	117	來莊	38	64	於莊	24	28	溝莊	16	31
攻莊	107	150	漳莊	38	77	家莊	24	45	城莊	16	16
民莊	106	173	生莊	38	49	又莊	24	29	理莊	16	20
在莊	105	156	保莊	37	43	園莊	24	61	平莊	16	20
仔莊	102	174	以莊	37	40	赴莊	24	29	母莊	16	17
聯莊	91	134	守莊	36	58	坑莊	23	33	領莊	16	19
出莊	91	147	臣莊	36	43	立莊	23	55	石莊	16	30

匪莊	89	126	見莊	36	50	湳莊	22	25	管莊	16	18
獲莊	87	100	人莊	35	72	洲莊	22	56	命莊	16	20
首莊	85	108	被莊	35	57	客莊	22	23	成莊	15	29
道莊	81	88	港莊	35	46	安莊	22	26	沿莊	15	19
目莊	80	120	番莊	34	37	姜莊	22	36	和莊	15	17
大莊	80	132	拿莊	34	36	並莊	22	27	北莊	15	23
長莊	80	122	投莊	34	46	是莊	22	31	婆莊	15	25
東莊	75	126	二莊	34	40	而莊	22	24	秦莊	15	15
山莊	72	88	知莊	33	53	住莊	22	32	得莊	15	21
據莊	70	92	興莊	33	59	路莊	21	22	蔡莊	15	25
鄰莊	70	158	及莊	32	36	豊莊	21	50	通莊	14	17
埔莊	69	93	頂莊	32	45	去莊	21	30	間莊	14	22
胭莊	69	93	後莊	31	44	力莊	20	26	我莊	14	23
尾莊	67	99	因莊	31	36	十莊	20	21	犁莊	14	21
人莊	66	79	杙莊	31	41	今莊	20	25	功莊	14	20
至莊	63	97	勢莊	31	64	辦莊	20	21	別莊	14	29
頭莊	63	95	六莊	31	40	主莊	20	46	牽莊	14	14
圉莊	60	119	兩莊	31	39	諭莊	20	35	合莊	14	16
田莊	60	108	擊莊	31	70	諭莊	20	20	使莊	14	21
犯莊	59	75	義莊	31	48	死莊	20	29	月莊	14	15
有莊	59	75	口莊	31	40	捕莊	20	20	四莊	14	21
回莊	57	76	眉莊	30	35	員莊	20	25	了莊	13	24
縣莊	56	94	殺莊	30	40	集莊	19	19	元莊	13	13
與莊	53	89	內莊	30	58	東莊	19	19	勇莊	13	14

통계 맥락 응용에서는 청대의 화폐인 은이 전형적인 사례로 거론된다. THDL에서 은을 검색어로 설정하고 앞에 두 글자짜리 접

사를 설정하면 수많은 검색결과가 나온다(표 3). 그리고 결과를 훑어보면 주로 미주에서 온 백은이 대만의 지방행정과 일상생활에서 아주 핵심적인 유통화폐의 역할을 했음을 어렵지 않게 알 수 있다. '명청 행정문서'에서 번은番銀과 양은洋銀 관련 항목은 833개 항이고 전체 값의 6.2퍼센트를 차지한다. 그리고 민간 '고계약서'에서 추출한 검색결과 값이 가장 방대하다. 불은佛銀, 번은番銀, 양은洋銀, 검은劍銀 등 각종 은이 총 1만 2,913건 검출되고 절반에 가까운 48.3퍼센트를 차지한다. 지방정부 문서인 '단신문서'에서 불은, 번은, 양은은 총 444건이고 수량은 비록 앞의 두 사례에 미치지 못하지만 해당 문서에서 은 관련 검색결과의 62.1퍼센트를 차지한다. 민간과 지방의 문서에서 서양 은화가 거론되는 빈도는 높고 관청의 관심 정도를 훨씬 뛰어넘는다는 것을 알 수 있다.

그리고 문서의 종류에 따른 은 종류의 차이도 각 문서의 특징을 선명하게 반영한다. '명청 행정문서'에서는 정부의 세수 항목, 지출 관련 항목이 아주 큰 부분을 차지한다. 모선은耗羨銀, 지정은地丁銀, 전량은錢糧銀, 군수은軍需銀, 사고은司庫銀, 봉향은俸餉銀, 양렴은養廉銀, 병향은兵餉銀, 군향은軍餉銀 등이 자주 등장한다. '고계약서'에서는 계면은契面銀, 계내은契內銀, 전가은田價銀, 원가은園價銀, 지조은地租銀, 취속은取贖銀, 간가은墾價銀 등이 주종을 이룬다. 그밖에 대만의 특수한 토지권 관계와 관련된 번조은番租銀, 애량은隘糧銀 등과 토지매매와 관련된 조세은找洗銀, 취속은取贖銀 등도 있다. '단신문서'는 더 복잡하다. 지방의 조세 오영 관련 항목뿐 아니라 민간경제 관계의 각종 유형도 있다. 그중 좀 더 특별한 것은 둔조은屯租銀, 성공은城工銀, 둔향은屯餉銀 등 담수청淡水廳 지방정부의 운영과 크게 관련 있는 항목과 늑색은勒索銀, 창거은搶去銀, 창탈은搶奪銀, 흠이은欠伊銀 등 민간경제와 관련 있는 항목도 있다. 통계 맥락을 통해서 이들 사이의 차이를 한눈에 알 수 있다.

이상 두 가지 맥락은 메타데이터에도 재응용 되고 사전처리를 거친 어떤 텍스트에도 적용된다. 그러나 의미 맥락은 텍스트에 더 높은 차원을 요구한다. 의미 맥락은 원본 텍스트 속에 담긴 특정한 연관을 찾아야 하기 때문에 텍스트의 특징에 맞추어 설계해야 한다. '명청 행정문서'에서 수록된 관청 문서의 인용관계를 예로 들면 통상적으로 이런 문서는 중앙과 지방의 수많은 부문의 관리가 관련된다. 하나의 사안이 몇 년 째 논의될 수 있고 그 내용도 분산적이어서 골라내기가 쉽지 않다. 그러나 데이터베이스에서 설계된 의미연관 기능을 사용하면 다른 인물에 의해, 다른 시간에 진행된 한 사안에 대한 논의를 쉽게 한 장의 인용도로 그릴 수 있다. 따라서 학자가 이 문서들의 관계를 직관적으로 이해하기에 편리하다. 마찬가지로 이 문서들 중 인용관계가 가장 많고 복잡한 것은 모두 지방의 혼란과 외교적 충돌을 다룬 공문이다. 여기서 간단한 예를 들겠다. 옹정시대 청 조정과 복건성이 지방세 문제로 공문서를 주고받은 사례를 통해 문서 사이의 연관이 어떻게 수립되는지를 보여줄 것이다([그림]).

[표 3] '단신문서'에서 '**은'의 출현 빈도 분석도

Term	df	tf	Term	df	tf	Term	df	tf	Term t	df	tf
出佛銀	51	88	谷價銀	13	30	應捐銀	8	32	耗羨銀	7	39
內佛銀	50	61	出洋銀	13	28	備佛銀	8	9	欠租銀	7	62
因乏銀	45	62	石價銀	12	395	年分銀	8	29	過佛銀	7	9
册貰銀	39	326	立借銀	12	41	多少銀	8	10	收激銀	6	7
地銀	37	234	園租銀	12	17	折番銀	8	17	支洋銀	6	14
胎借銀	31	85	利息銀	12	33	應領銀	8	40	收埋銀	6	25
後項銀	28	187	不敷銀	12	26	貰共銀	8	12	去洋銀	6	12
經貰銀	27	141	被搶銀	12	18	城工銀	8	40	催激銀	6	6
不干銀	26	34	交付銀	12	13	去母銀	8	14	支出銀	6	14
貫佛銀	26	35	屯租銀	12	52	激到銀	8	147	的備銀	6	9
田價銀	24	36	收定銀	11	30	欠伊銀	8	11	個內銀	6	8
去佛銀	24	211	等款銀	11	127	外寔銀	8	38	二共銀	6	20
田價銀	22	80	計共銀	11	23	共計銀	8	9	借欠銀	6	17
借去銀	21	45	租谷銀	11	25	共番銀	8	24	領寔銀	6	12
正其銀	21	29	所借銀	11	18	大租銀	7	40	地佛銀	6	8
工食銀	21	334	費番銀	11	58	出本銀	7	42	即備銀	6	7
元共銀	21	35	費洋銀	11	22	支番銀	7	40	貼利銀	6	13
出番銀	20	63	津貼銀	11	51	尚短銀	7	8	面佛銀	6	7
庫平銀	20	147	交定銀	11	18	隘租銀	7	181	共餘銀	6	10
工料銀	20	106	內番銀	11	13	若無銀	7	11	羊廉銀	6	56
稅契銀	20	95	佛面銀	11	25	抗欠銀	7	14	借洋銀	6	12
備出銀	19	59	平番銀	11	69	此項銀	7	7	納稅銀	6	13
具領銀	19	141	平番銀	11	68	去定銀	7	13	尚存銀	6	12
去佛銀	19	37	母利銀	11	29	園稅銀	7	13	薪水銀	6	10
前項銀	18	32	身價銀	11	28	屯餉銀	7	41	月給銀	6	8

應繳銀	18	53	搶去銀	11	15	共收銀	7	76	取討銀	6	6
契面銀	18	121	業價銀	10	13	穀價銀	7	19	賁用銀	6	14
名款銀	17	172	所欠銀	10	19	伊借銀	7	13	備本銀	6	14
典價銀	17	50	備番銀	10	11	應得銀	7	14	堂斷銀	6	9

옹정 10년(1732) 대학사 장정옥張廷玉과 관련된 정기廷寄[9] 문서가 복건성 총독 학옥린郝玉麟과 복건 순무 조국린趙國麟에게 배달되었다. 정기에는 주로 옹정황제가 복건 포정사 유번장劉藩長이 지방경비를 처리하는 방식에 대해 크게 불만을 표시하며 유번장이 자신의 녹봉 일부로 결손금액을 채우라는 징벌을 내린다는 내용이 담겨 있다.[10] 이 사건의 내력은 한 달 전 유번장 자신이 올린 상주문과 관련된다. 여기서 유번장은 관원의 양렴은과 정부의 판공경비가 부족해서 매년 남는 해관세 중 5만 냥을 가져다 사용하고 싶다고 했다. 상주문의 내용에 따르면 이런 방법은 총독과 순무에게 알리지 않은 것 같다. 다음해 1월과 2월 복건 총독과 순무가 명을 받들어 실시했다는 보고서를 올렸다. 이 보고서에는 미납된 모선은耗羨銀 액수가 결코 크지 않고 '정세正稅'를 유용한 죄를 묻기 어렵다고 해명한다. 한편으로는 책임을 전가한다는 혐의가 있고 다

---

[9] 황제의 유지를 담은 서신―옮긴이.

[10] 張廷玉, 〈大學士張字寄福建總督郝巡撫趙〉, 雍正 10年 11月 11日, 臺灣歷史數位圖書館(THDL, 檔名ntu-2041677-0016900171-0000283.txt.

[그림] 주접 인용 관계도(1732년 대소신료의 양렴과 지방공용안)

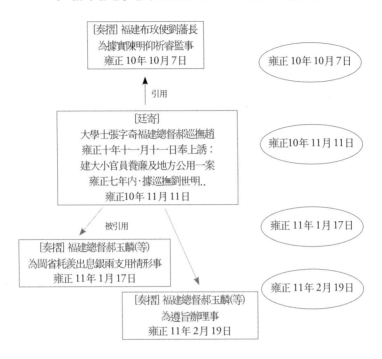

른 한편으로는 유번장을 위해 중재하는 태도도 있다.[11] 배후에는 이 사건에 대한 지방 관리의 각자 다른 입장 이외에 중앙과 지방이 세원을 두고 쟁탈전을 벌였다는 의미도 있어 보인다.

위의 사례에서 시스템의 의미 맥락이 갖는 잠재력을 볼 수 있다.

---

[11] 福建總督郝玉麟(等),〈爲閩省耗羨出息銀兩支用情形事〉, 雍正 11年 1月 17日, 檔名ntu-2150081-0005100

055.txt; 福建總督郝玉麟(等),〈爲遵旨辦理事〉, 雍正 11年 2月 19日, 檔名ntu-ntu-22001-0201802028.

txt.

비록 이것은 가장 간단한 공무 과정이지만, 주접 몇 건이 《궁중당
옹정조주접宮中檔雍正朝奏摺》 제21, 23책, 《군기당록부주접軍機檔錄
副奏摺》(微卷), 《옹정조한문유지휘편雍正朝漢文諭旨匯編》 등 서로 다른
출처자료에 나뉘어 수록되어 있어 종이 문서를 읽는 데만 의존하
는 연구자는 많은 시간과 노력을 들여야 한다. 그러나 시스템에서
설계를 거친 인용 기능을 거친다면 그 문서와 다른 문서의 인용,
피인용관계를 일목요연하게 볼 수 있다. 이것이 연구지에게 새로
운 관찰 시야를 제공함은 의심의 여지가 없다.[12] 본래 각처에 분산
된 사료를 완결된 서술고리로 묶으면 동일한 사건에 대한 여러 등
급의 관리의 입장, 처리 방법과 태도를 하나도 빠뜨리지 않고 일
람하고 세세한 부분도 모두 파악할 수 있다.

　마찬가지로 필자는 기존에 발표한 다른 글에서 '고계약서'에 잠
재된 의미 맥락 탐색 가능성도 강조했다. 고계약서는 고립된 문서
가 아니다. 특정한 문서가 등장한 교역 이전에 그에 앞선 교역의
'상수계上手契'가 있을 것이고 그 다음에는 상대적인 '하수계下手契'
가 있을 것이다. '상·하수계'를 연결하면 어느 한 토지가 청나라
초기부터 부단히 나뉘고 양도되는 상황을 일목요연하게 볼 수 있
다. 이를 통해 가족의 흥망, 지방사회의 변천과 발전 등을 유추할

---

[12] 그 원리와 디지털 기술에 대한 보다 상세한 설명은 JieHsiang, Shih-PeiChen, Hou Ieong Ho,
Hsieh-Chang Tu, "Discovering Relationships from Imperial Court Documents of Qing Dynasty",
International Journal of Humanities and Arts Computing Vol.6, No.1~2(Edinburgh University Press,
2012) pp. 22~41 참조.

수 있다. 이런 결과는 전통적 연구로는 신속하게 도달하지 못한다.[13] 그밖에 여러 족보 안에서 각종 전보를 신속하게 연결할 수도 있다. 이는 연구자가 족보의 편찬과 필사방법을 추적하고 지방사회에서 서로 다른 가문이 가족처럼 지내는 과정을 고찰하고, 동일한 시대에 살던 사람들의 총체적 상황을 관찰하고 더 나아가 중국 종족사회의 관념과 실태를 다시 고찰할 수 있다.

물론 이것은 아직 의미 맥락을 용용한 몇 가지 사례일 뿐이다. 주접, 계약, 족보 이외에 연구자는 자신이 흥미를 느끼는 문제에 따라 특정한 자료의 특징에 따라서 다른 텍스트 의미 맥락을 연결해서 텍스트의 한계를 뛰어넘어 나누어진 단편을 하나의 전체로 연결할 수 있다. 그리고 이를 토대로 더 광활한 학술적·사상적 발명의 길로 나아갈 것이다.

맺음말 – 새로운 가능성

연구자는 디지털과 빅데이터 시대를 살면서 전통적인 지식과 분과학문 구획의 속박을 처음으로 깊이 느낀다. 인문학적 사유에 관심을 갖고 디지털 정보 개발에 종사하는 기술자든, 디지털 방법

---

[13] 項潔, 翁稷安, 〈多重脈絡―數位典藏的問題與挑戰〉, 52~55쪽; Shih-Pei Chen, Yu-Ming Huang, Jieh Hsiang, Hsieh-Chang Tu, Hou Ieong Ho, Ping-Yen Chen, "Discovering land transaction relations from land deeds of Taiwan", *Literary & Linguistic Computing*, Vol.28,No.2(2013), pp. 257~270.

으로 인문학 연구에 도움을 받으려고 하는 인문학자든 모두 '디지털 인문학'이라는 두루뭉술한 명칭 아래서 잠시 정신적 의탁처를 찾은 듯하다. 이 새롭고 달라 보이는 용어를 외면하더라도 학자들은 그들이 직면한 학술연구 환경이 이미 크게 변해서 새로운 도구와 방법을 찾고 새로운 연구방향을 탐색하는 것이 지식계가 피할 수 없는 문제임을 인정하지 않을 수 없다.

우리는 일찍부터 디지털 기술과 협력관계를 구축하고 '검색어'에 끌려가는 처지에 불만을 갖고 자신의 문제의식, 직감, 통찰을 도구 삼아서 방대한 규모의 디지털 데이터베이스에서 보물창고를 발견할 것이라고 기대하는 역사연구집단에 주목한다. 그렇다면 디지털 자원시스템은 설계 초기부터 스스로 흥미를 갖고 어떤 문제를 미리 설정한 연구자가 어떻게 데이터베이스의 여러 가지 경로를 통해 필요한 역사자료를 찾고, 다양한 여러 가지 다른 방식으로 대량의 텍스트 자료를 관찰하며 더 나아가 인문학적 문제의식에 영감을 주는지를 고려해야 하지 않을까?

이 글은 수년 간 축적된 대만 디지털 인문학 연구의 경험 위에서 THDL 사례를 통해 시스템이 연구자에게 더욱 편리하고 우월한 디지털 연구 환경을 제공할 수 있음을 규명했고 연구자가 그런 환경에 따라 관찰, 분석할 수 있는 몇 가지 방향을 제시했다. 간략히 말해서, 원본 텍스트 자료에 값을 더함으로써 역사 연구의 핵심 정보인 시간, 장소, 인물, 자료출처 등 기본 정보를 관찰, 분석, 통계 가능한 도구로 변형시키는 것이 이 글에서 다룬 '메타데이터 맥락'과 '통계 맥락'이 전해 주는 함의다. 동시에 한걸음 더 나아가 시스템을 이용해서 서로 다른 자료 유형에 맞추어 특수한 설계를 해서 본래는 분리된 서로 다른 문서 사이의 연관을 드러냄으로써 연구자의 관찰이 더욱 연속성과 목적성을 띠도록 하는 것이 '의미 맥락'이 전하는 이념이다. 이런 생각이 형성되고 최종적으로 시스템에서 구현되려면 정보기술과 인문학자의 협력과 대화가 필요하고 이것 역시 지식 창조의 과정이다.

물론 이런 작업들은 모두 텍스트를 대상으로 한 것이고 텍스트가 아닌 것을 관찰할 때는 적용될 수 없고 연구자의 보다 심층적 사고를 대신할 수도 없다. 연구자에게 필요하고 지식의 속성을 지닌 '객관'적 요소를 부각시키면서 '주관'적 작업에서는 연구자 스스로가 결정하도록 남겨둔다. 한편으로는 디지털의 효능을 최대로 발휘하고 다른 한편으로는 연구자에 대한 간섭을 가능한 한 감소시킨다. 이 글에서는 바로 이런 생각에서 텍스트 맥락을 제시한다. 더욱 직관적, 입체적, 우호적인 디지털 환경 속에 연구자와 빅데이터의 관계는 더 이상 단일하지 않고 여러 가지 가능성으로 충만할 것이고 궁극적으로 새로운 지식의 주도권을 발전시킬 것이다. 이것은 여전히 인문학적 사유를 확장시키고 인문학적 문제를 해결하는 데 뜻을 둔 연구자의 손에 달려있다.

[번역: 송인재(한림대)]

國立台灣大學,《台灣歷史數位圖書館》(THDL)http://thdl.ntu.edu.tw/

涂豐恩, 杜協昌, 陳詩沛, 何浩洋, 項潔,〈當資訊科技碰到史料: 臺灣歷史數位圖書館中的未解問題〉, 項潔 編,《數位人文研究的新視野: 基礎與想像》, 臺北: 臺大出版中心, 2011, 21~44쪽.

項潔, 翁稷安,〈數位人文和歷史研究〉, 項潔 主編,《數位人文在歷史學研究的應用》. 臺北: 臺大出版中心, 2011, 11~20쪽.

項潔, 翁稷安,〈多重脈絡─數位典藏的問題與挑戰〉, 收入項潔主編,《數位人文要義: 尋找類型與軌跡》, 臺北: 臺大出版中心, 2012, 25~59쪽.

劉枝萬, 石璋如 等 纂,《臺灣省南投縣志稿 ■ 開發篇》, 南投縣南投: 南投縣文獻委員會, Chen, Shih-Pei; Huang Yu-Ming; Hsiang Jieh; Tu Hsieh-Chang; Ho Hou Ieong; Chen Ping-Yen, "Discovering land transaction relations from land deeds of Taiwan". *Literary & Linguistic Computing*, Vol.28.No.2(2013), pp. 257~270.

Hsiang, Jieh; Chen, Shih-Pei; Ho, Hou Ieong; Tu, Hsieh-Chang, "Discovering Relationships from Imperial Court Documents of Qing Dynasty", *International Journal of Humanities and Arts Computing* Vol.6, No.1~2(Edinburgh University Press, 2012), pp. 22~41.

Moretti, Franco, *Distant Reading*(London; New York: Verso, 2013).

Neohelicon, Khadem, A. "Annexing the unread: a close reading of 'distant reading' ". *Neohelicon*.Vol.39, Issue 2. (2012), pp. 409~421.

Rommel, Thomas, "Literary studies". In Susan Schreibman, Ray Siemens, and John

Unsworth, ed., *A Companion To Digital Humanities*. (Malden, MA: Blackwell Pub., 2004), pp. 88~95.

Salton, Gerard; McGill, Michael J., *Introduction to Modern Information Retrieval*(New York: McGraw-Hill, 1983).

Digital

人文學

신문 빅데이터를 활용한 디지털 인문학 연구방법

김일환·이도길

인공지능의 발달로 인간과 유사한 인격성을 가진 로봇 이른바 로보 사피엔스의 등장이 머지않았다 이에 따라 로봇의 도덕성 책임 등 새로운 윤리적 철학적 문제가 떠올랐다

디지털과 빅데이터 덕분에 역사 문학 등 인문학 연구에서도 자료의 축적 활용의 폭이 획기적으로 커졌다 도구로서의 디지털 정보를 어떻게 구축하고 활용할 것인가

유전적 지능을 높이는 향유는 통하여 인공지능이 야기한 한 대한

신문 빅데이터를 활용한 디지털 인문학 연구방법

서론

언어는 시대에 따라 변화한다. 새로운 단어가 만들어지거나 차용되기도 하고 기존에 쓰이던 단어의 용법에 변화가 생기기도 한다. 우리는 언어가 변화한다는 이와 같은 기본적인 전제에는 쉽게 동의하지만, 구체적으로 어떻게 언어가 변화하는지에 대해서는 명확하게 인식하기가 쉽지 않다. 이는 언어 변화가 주로 사용적인 측면과 관련된 것인 데 비해 우리의 언어에 대한 인식은 직관적인 차원에 머물러 있기 때문이기도 하다. 그런데 시대에 따른 언어의 변화는 언어 차원의 변화뿐 아니라 변화하는 사회, 문화와도 결부되어 있다. 즉 언어 변화는 사회, 문화적 변화의 반영이자 해당 시기의 관심사의 표상이기도 하다.

이 연구는 광복 이후 약 70년 동안 간행된 신문 기사를 대상으로 하여(이하 '신문 빅데이터'로 약칭) 각 시기의 언어 사용의 변화를 디지털 인문학의 다양한 연구 기법을 통해 포착함으로써 광복 이후 70년간의 사회, 문화적 양상을 거시적으로 조망해 보는 데 목적이 있다. 좀 더 구체적으로 말해서 이 연구에서는 신문 빅데이터를 대상으로 통계적 키워드, 공기어共起語 그리고 토픽 모델링 등의 방법을 실험적으로 적용함으로써 기존의 인문학적 방법으로는 포착하기 어려웠던 새로운 발견을 시도해 볼 것이다.

이 연구는 크게 4개의 부문으로 구성된다. 첫 번째는 신문 빅데이터에 대한 기본적인 소개를 포함할 것이나. 여기서는 신문 빅데이터를 구축하는 과정, 규모, 특성 등이 개괄적으로 논의될 것이다. 두 번째는 신문 빅데이터를 시기별로 구분하고 각 시기를 대표할 수 있는 키워드를 통계적인 방법으로 추출, 분석할 것이다. 통계적 키워드를 통해 각 시기를 대표할 수 있는 키워드를 포착할 수 있으며 그 특징도 함께 논의될 것이다. 세 번째는 공기어와 네트워크 분석을 다룬다. 단어는 고립되어 쓰이는 것이 아니라 일정한 문맥 속에서 구체적 의미를 드러내므로 언어 사용에 대한 명시적인 분석을 위해서는 공기어 분석이 필수적이다. 이를 통해 주요 단어의 변화양상을 더욱 입체적으로 분석할 수 있을 것이다.

마지막으로 다룰 내용은 토픽 모델링topic modeling이다. 토픽 모델링은 빅데이터를 분석하기 위해 사용되는 텍스트 분석의 한 방법으로서, 어떤 주제, 즉 토픽이 포함하는 단어와 이들 토픽의 분포를 거시적으로 파악할 수 있다. 토픽 모델링을 통해 신문 빅데이터에 포함된 70년간의 주요 토픽의 변화 추이를 포착할 수 있을 것이다.

신문 빅데이터, '물결21' 코퍼스

이 연구에서 기반으로 삼고 있는 신문 빅데이터는 크게 두 종류로 구분된다. 먼저 2000년대 발간된 《조선일보》, 《중앙일보》, 《동아일보》, 《한겨레신문》 전체를 기반으로 하고 있는 '물결21' 코퍼스([그림 1])가 그 하나이고 다른 하나는 1946년부터 2014년까지 발행된 《동아일보》 전체 기사로 구성된 '동아일보 역사 코퍼스(가칭)'이다. 이들을 통칭할 경우에는 신문 빅데이터로, 각각을 지칭할 경우에는 '물결 21' 코퍼스와 '동아일보 역사 코퍼스'([그림 2])로

[그림 1] 신문 빅데이터 '물결21' 코퍼스 자원의 규모

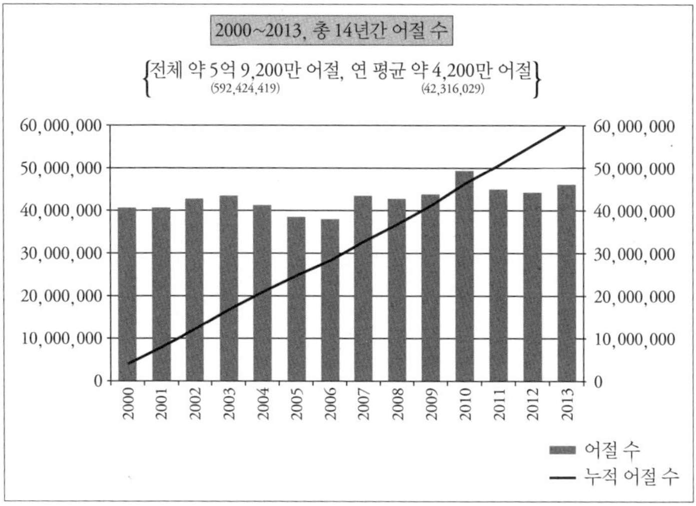

2000~2013, 총 14년간 어절 수

{전체 약 5억 9,200만 어절, 연 평균 약 4,200만 어절}
(592,424,419)   (42,316,029)

- 어절 수
- 누적 어절 수

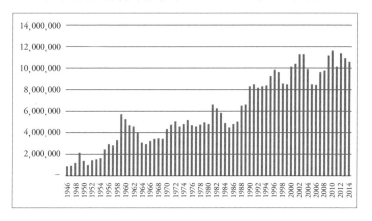

[그림 2] 연도별《동아일보》텍스트(1946~2014) 규모(단위: 어절)

언급할 것이다.

먼저 '물결 21' 코퍼스는 총 14년간(2000~2013)의 주요 일간지로 구성된 코퍼스로서 현재 약 6억 어절 규모의 신문 기사로 이루어져 있으며 현재에도 지속적으로 그 규모를 확장해 가고 있다(김일환 외, 2013).

이 연구에서 대상으로 삼고 있는 또 다른 신문 빅데이터는《동아일보》전체 기사로 구성된 '동아일보 역사 코퍼스'이다. 이 코퍼스는 시기적으로 약 70년에 해당하는 대규모의 자료로서 그 규모로는 약 4억 1,000만 어절에 이른다. 현재 형태소 분석 정보가 주석되어 있으며 향후 창간된 해인 1920년부터 1945년까지의 자료도 포함할 예정이다.

연구방법과 사례연구 1: 키워드

이 장에서는 '동아일보 역사 코퍼스'를 기반으로 하여 주요 시기별 키워드를 추출하고 그 함의를 논의한다. 약 70년에 해당하는 대규모의 문서로부터 특정한 시기별 키워드를 정성적인 방법으로 추출하는 것은 불가능에 가깝다. 특히 우리의 경험 저편에 있는 오래된 자료의 경우에는 정성적 방법의 키워드 추출은 더욱 어렵다고 할 것이다.

따라서 이번 연구에서는 빈도를 기반으로 한 통계적 키워드 추출방법을 활용한다. 빈도에 따른 통계적 키워드 추출방법은 대상이 되는 문서와 참조가 되는 문서를 빈도에 따라 비교하고, 이를 적절한 통계적 척도를 이용하여 키워드를 추출하는 방법이다(김일환·이도길, 2011). 물론 이러한 통계적 키워드가 모두 실제 해당 문서를 대표할 수 있는 키워드가 되는 것은 아니다. 이 가운데에는 실제적으로는 그다지 의미가 없는 단어도 포함될 수 있다. 그러나 기본적으로 빈도에 의한 키워드는 해당 시기를 대표할 만한 키워드성keyness이 높은 단어군을 효율적으로 제시해 줄 수 있다는 점에서 적극 활용할 만하다.

이번 논문에서는 통상적인 시기 구분인 10년 단위를 기준으로 하여 1950년대부터 2000년대까지를 대상으로 시기별 키워드를 추출했다. 키워드를 추출하기 위해 적용한 통계적 척도는 T-score로서 다음 [표 1]은 키워드 추출 프로그램을 구동한 결과의 일부를

[표 1] 2000년대 키워드 추출을 위한 통계 척도값

mor	target	% target	ref	% ref	LL	Chi-sq	T-score
펀드	43347	0.00066	6491	0.00011	25929.08	22757.43	172.663
인터넷	82811	0.00127	30591	0.00053	18644.36	17797.65	166.598
기업	187694	0.00287	110087	0.00192	11605.04	11430.08	143.597
사이트	27429	0.00042	4383	0.00008	15716.44	13881.94	135.451
글로벌	20281	0.00031	1668	0.00003	16284.67	13504.97	129.061
브랜드	27090	0.00041	5506	0.0001	12897.15	11663.1	126.459
홈페이지	22381	0.00034	4395	0.00008	10972.47	9889.378	116.117
코스닥	18106	0.00028	2369	0.00004	11742.5	10171	114.491
디지털	21707	0.00033	4917	0.00009	9351.815	8545.789	109.292
학습	21576	0.00033	6036	0.00011	7364.123	6863.451	100.048
체험	19597	0.0003	5378	0.00009	6848.714	6371.91	96.199
공부	31651	0.00048	12754	0.00022	6022.664	5788.258	96.193
마케팅	16669	0.00025	3883	0.00007	6984.416	6399.47	94.827
디자인	24747	0.00038	8720	0.00015	6046.248	5749.34	94.128
벤처	19527	0.0003	5800	0.0001	6168.024	5779.703	92.429
가치	34102	0.00052	15002	0.00026	5341.155	5166.635	92.068
시스템	36097	0.00055	16415	0.00029	5210.86	5052.393	91.511
콘텐츠	8313	0.00013	193	0	8922.896	6755.805	88.763
메일	11668	0.00018	1873	0.00003	6663.947	5888.63	88.254
수학	18881	0.00029	6087	0.00011	5311.162	5012.616	86.914
와인	9553	0.00015	932	0.00002	7162.08	6032.591	86.87
고객	43427	0.00066	22247	0.00039	4465.276	4363.63	86.706
성장	38202	0.00058	18864	0.00033	4399.627	4289.465	85.442
카드	43388	0.00066	22539	0.00039	4263.286	4169.825	84.96
지수	27765	0.00042	12027	0.00021	4509.547	4357.35	84.356
온라인	14866	0.00023	4022	0.00007	5285.123	4910.754	84.326
동영상	7900	0.00012	406	0.00001	7326.823	5842.667	83.675
포털	7429	0.00011	304	0.00001	7257.521	5691.19	82.171
재건축	11943	0.00018	2652	0.00005	5244.645	4783.448	81.623
일자리	12355	0.00019	3225	0.00006	4580.581	4242.069	78.081
금감원	7267	0.00011	678	0.00001	5552.198	4657.313	76.181
탈북자	7745	0.00012	987	0.00002	5096.757	4403.331	75.222
비정규직	5705	0.00009	49	0	6696.611	4865.961	74.792
친환경	5516	0.00008	12	0	6795.701	4805.027	74.086
쇼핑몰	7004	0.00011	858	0.00001	4708.439	4052.347	72.004

보여준다.

[표 1]에서 LL은 로그우도비 값을, Chi-sq는 카이스퀘어 값을, T-score는 T-점수를 표시한 것으로 최재웅(2016)[1]을 활용한 것이다. 이번 연구에서는 이 척도 가운데 T-score를 기반으로 삼았다.

한편 통계적 키워드에서 중요한 것은 대상 문서와 참조 문서를 어떻게 설정하느냐이다. 여기서는 1950년대 기사를 1960년대 기사와, 1960년대 기사는 1970년대 기사와 비교하는 방식으로 문서 집합을 설정하였다. 다음은 이러한 방식으로 추출한 시기별 키워드를 워드 클라우드로 제시하고 그 특징을 분석해 보기로 한다.

● 1950년대

1950년대를 대표할 수 있는 키워드로 선정된 단어들을 R을 이용하여 워드 클라우드로 제시하면 [그림 3]과 같다.[2]

[그림 3]의 워드 클라우드에 포함된 키워드는 1960년대의 단어 사용 빈도와 비교했을 때 상대적으로 높은 빈도를 보인 단어들(이 논문의 기준으로는 T-점수가 높은 단어들)로서, 연구자의 주관이나 직관에 의한 것이 아니라, 철저히 단어 사용양상을 토대로 추출된

---

[1] 최재웅(2016)은 빈도를 기반으로 키워드를 자동 추출해 주는 프로그램으로서, [표 1]과 같은 통계 결과를 제시해 준다(비공개)

[2] 프로그래밍 언어이자 통계 패키지인 R에 대한 자세한 내용은 www.r-project.org를 참조할 것.

[그림 3] 1950년대 키워드의 워드 클라우드

결과라는 점을 다시 한 번 주목할 필요가 있다.[3] 단어 사용 빈도를 기반으로 추출된 키워드는 객관적인 통계적 방법을 적용한 결과라는 점에서 그 가치가 주목될 수 있지만 상대적인 빈도가 높다고 해서 모두 키워드가 될 수 있는 것은 아니라는 점에서 연구자의 주의가 요구된다. 또한 단어 사용 빈도에 기반을 둔 통계적 키워드 추출 결과가 직관적인 관찰 결과와 항상 배치되는 것은 아니다. 즉 정량적인 방법의 키워드 추출과 정성적인 분석 결과는 서로 대치되는 관계라기보다는 상호보완적인 관계라고 보는 것이 타당해 보인다.

먼저 [그림 3]에서 워드 클라우드의 중심부에 주로 위치한 단어

---

[3] [그림 3]의 키워드들은 T-점수를 기준으로 10.0 이상의 단어들로서 높은 키워드성을 가지고 있다.

들은 대체로 전쟁과 관련된 단어들로서 이는 1950년대의 시대상
황과 관련한 우리의 직관적 예측과 크게 다르지 않다. 즉 '괴뢰, 포
로, 휴전, 공군, 중공군, 피난민' 등은 한국전쟁과 관련한 키워드로
볼 수 있다. 그런데 여기서도 특이한 것은 '공군'의 높은 키워드성
이다. 당시 신문 기사에 정통한 사람이 아니라면 1950년대에 공군
이 두드러지게 높은 빈도로 쓰였다는 점을 쉽게 추측하기는 쉽지
않기 때문이다. '공군'이 상대적으로 높은 빈도를 보인 것은 당시
신문 보도에서 공군의 활약상을 부각했던 배경과 관련이 있다. 한
국전쟁 당시 연합군의 공군력은 북한이나 중공군을 압도했다는
점에서 이를 부각시켜 보도할 필요가 있었던 것이다(1).

(1) 동경 공표에 의하면 UN군은 원주 지구에서 적에 기습을 가하고 대
포와 공군의 긴밀한 엄호하에 적국에 심대한 사상을 주엇다하며……
(《동아일보》1951. 1. 11.).[4]

또한 한국전쟁 이후 피폐해진 한국 사회에 대한 국제 원조와 관
련한 많은 단어들이 워드 클라우드의 또 다른 중심축을 형성하고
있다. 여기에는 '원조, 물자, 국채, 배급, 구호물자, 범칙물자' 등의
키워드가 포함된다.

---

[4] 본고에서 제시하는 예문들은 《동아일보》 원전 기사에서 한자를 번역하고 띄어쓰기와 맞춤법 일
부를 수정한 결과임을 밝혀둔다.

1950년대를 대표하는 키워드로 전쟁과 전후 복구를 위한 국제적인 원조와 관련된 단어들이 중요한 일부를 구성하고 있다는 점은 사실 그다지 새로운 관찰이라고 보기는 어려워 보인다. 그러나 단어 사용 빈도에 따른 워드 클라우드 안에는 관련 배경을 설명하지 않고는 이해하기 어려운 키워드들이 포함되어 있다. (2)의 단어들은 관련 기사를 참조해야만 그 구체적인 상황을 이해할 수 있는데 이들은 해당 시기를 대표한다는 의미보다는 해당 시기의 독특한 사건이나 언어 사용의 특이성을 잘 드러내 주고 있다고 보는 것이 더 타당할 것이다.

(2) <u>운크라</u> 중석불 군원불 앙등 저락 세궁민 전재민

  가. 운크라는 불원 유엔 각국에 대하여 좀 더 많은 자금의 공여를 요청할 것이다(《동아일보》1953. 1. 24.).

  나. <u>중석불</u> 사건 질의, 오늘 국회서 격론 예상(《동아일보》1952. 8. 25.).

  다. 오는 28일부터 시작되는 <u>군원불</u>의 공매로 획득되는 환화는 한은에 설치되어 있는 미군 환화계정에 적립하게 되는 것이라 한다(《동아일보》1955. 2. 20.).

  라. 환율협정선을 돌파, 물가 신년 들어 7% <u>앙등</u>, 관영요금 인상으로 말미암아……(《동아일보》1957. 1. 8.).

  마. 이대통령이 언명, 쌀값은 <u>저락</u>될 듯, 정부미 방출 계속(《동아일보》1950. 4. 15.).

  바. 겨울철을 앞두고 6만여 서울시내 <u>세궁민</u>들에 대한 시당국의 구호

대책이 막연하여 이에 대한 시민들의 호소가 늘어가고 있다(《동아일보》1956. 11. 7.).

사. 유엔통일위는 **전재민** 실태 및 구호상태를 조사한 결과 유엔은 한국에서 **전재민**은 더 구호해야 하고……(《동아일보》1951. 2. 1.).

지금까지 논의된 내용을 살펴보면 [그림 3]에서 제시된 워드 클라우드는 1950년대의 시대상을 적절히 잘 반영하고 있는 것으로 보인다. 물론 본고에서는 워드 클라우드에 포함된 모든 키워드들을 상세히 논의하지는 못하였다. 언뜻 보기에도 '동장군, 광목, 갱지, 모조지, 장작' 등의 키워드들은 당시의 생활상의 일면을 나타내는 듯하다. 그러나 이들뿐 아니라 T-점수가 비교적 높은 많은 단어들을 상세히 검토하는 것은 본고의 범위를 넘어서는 것으로 보여 이 정도로 논의를 제한하기로 한다.[5]

● 1960년대

1960년대의 주요 키워드들을 워드 클라우드로 시각화하면 [그림 4]와 같다.

---

[5] 각 시대별 키워드를 면밀히 살피는 것만으로도 충분히 독립된 논문이 가능하다. 김일환·이도길(2011), 김일환(2015 가), 김일환(2015 나) 등이 이러한 논문에 포함된다. 본 연구는 디지털 인문학의 다양한 방법론을 소개하고 그 사례를 제시하는 데 주된 목적이 있으므로 세부적인 내용에 대해서는 깊이 있게 다루지 않는다.

[그림 4] 1960년대 키워드의 워드 클라우드

　1960년대의 키워드의 핵심에는 '혁명'과 관련한 단어들이 포함되어 있다. 즉 '혁명'을 중심으로 하여 '부정, 부패, 축재자, 폭력배, 깡패, 구타, 날치기' 등의 키워드는 모두 4·19혁명과 관련한 단어들이다. 1960년대를 대표하는 주요 사건으로 4·19와 관련한 키워드들이 등장하였다는 것은 단어 사용 빈도에 따른 키워드 추출 결과가 우리의 직관적인 예상과 부합한다는 점을 잘 보여준다. 또한 4·19혁명 이후 급변한 정치 상황과 관련한 단어들, '민의원, 참의원, 구파, 신파, 개헌' 등도 키워드에 포함되어 있다. 여기에 북한과의 이념적 대립과 관련한 단어들인 '삐라, 빨갱이, 공산당, 반공, 공비, 괴뢰, 방첩' 등도 키워드에 포함되어 있어 이 시기의 북한 관련 인식을 이해할 수 있다.

　이 밖에 [그림 4]의 워드 클라우드에는 당시의 어려운 생활상과 관련한 키워드들이 상당수 포함되어 있다는 점이 주목된다.

(3) 가. 춘궁기 민생고 고리채 쟁의 폭동

(3) 나. 양농 절량농가 백미 잉농물(잉여농산물) 비료 충비(충주비료공장)

(3) 가의 키워드들은 당시 민중들의 어려운 생활상을 보여주는 것
으로 해석할 수 있으며, (3) 나의 단어들은 당시 우리 사회가 식량
생산의 근간인 농업조차 안정되지 못한 상황임을 보여주고 있다.

(4) 가. 박대통령은 지난해 한해로 인한 **절량農家**가 없도록 하라고 지
시하고 만약에 절량농가가 생길 경우에는 군수를 책임지워 파면
하겠다고 말했다(《동아일보》1969. 2. 6.).

나. 이날 기획원에서 알려진 바에 의하면 정부는 당처 8천8백28만
불 규모의 **잉농물**을 요청했으나……(《동아일보》1964. 12. 26.).

다. 박진석사장 보고에 의하면 **충비**의 현생산고는 8만2천 톤이며
과거 실적이 저조했으나……(《동아일보》1962. 7. 20.).

이 밖에 [그림 4]에 포함된 키워드 중에는 문맥을 참조하지 않고
서는 해당 단어의 키워드성이 높게 측정된 원인을 이해하기 어려
운 단어들도 포함되어 있다.

(5) 동화 운전수 식모 흑인 비둘기

가. 미국의 AP통신사는 그동안 합동과 **동화** 두 통신사와 맺고 있던 분할송신계약을 오는 12월 1일부터는 동화통신사와 단독계약을 맺기로 결정(《동아일보》1962. 10. 20.).

나. 과로에 우는 **운전수**들, 시내뻐스 차주와 승객 새에 끼여 "못벌어 온다·가자", 사고와 불친절의 원인 여기에(《동아일보》1962. 2. 7.).

다. 가난에 허덕이며 공부도 못한 여성, 아니면 부모친척 없는 외로 운 여성, 이런 여성에게는 식모란 하나의 귀중한 직업인 것이다 (《동아일보》1961. 12. 14.).

라. 미국 **흑인** 비폭력 민권운동지도자 〈마틴·루터·킹〉 박사의 암살 에 격노한 흑인들은 4일밤 수도 〈워싱톤〉 및 〈뉴욕〉 시를 비롯해 서 미국 전역의 2십여 개 대도시에서⋯⋯(《동아일보》1968. 4. 6.).

마. **비둘기**부대, 〈베트콩〉에 피습, 20분간 교전끝에 격퇴(《동아일보》 1965. 4. 3).

(5)에서 '동화同和'는 '동화童話'의 의미가 아니라 통신사의 고유 명일 뿐이며, '운전수'와 '식모'는 60년대에 사회적 관심을 받았던 직업으로 보인다. 특히 (5) 나의 기사 내용은 최근에도 종종 비슷 한 내용의 기사가 보도된 바 있어 더욱 관심을 끈다. 한편 (5) 라의 '흑인'은 미국 사회의 흑인 민권운동과 관련한 내용이 한국 사회에 서도 주요한 관심을 끌고 있음을 보여 주고 있으며, (5) 마의 비둘 기는 일반명사로서의 비둘기가 아니라 베트남에 파병된 부대의

고유명임을 보여준다.[6]

● 1970년대

1970년대의 키워드를 워드 클라우드로 시각화한 결과는 [그림 5]와 같다.

1970년대의 워드 클라우드의 중심에는 '북괴'를 비롯하여 '미군, 휴전, 월남전, 철군, 공산군, 북폭' 등과 같이 전쟁과 관련한 단어들이 포함되어 있음이 주목된다. 그러나 이들 대부분은 한국 내의 상황이 아닌 '월남전'이나 '중동전쟁'과 관련된 것이다. 국내의 상황과 관련해서는 '공비, 반공법' 등과 같은 단어들이 북한과 관련하여 주목을 받았다.

[그림 5]의 워드 클라우드에서 주목을 끄는 단어들로는 우선 '쌀, 물가, 비료, 양곡, 동양미' 등의 키워드들이다. 특히 '쌀'과 관련한 다양한 키워드들이 주요한 단어로 포함되어 있다는 것은 한국 사회가 70년대 들어서도 여전히 식량 문제를 해결하지 못하고 있음을 보여준다.

(6) 정부미 일반미 혼분식 보리쌀 양곡 혼합곡

[6] 이러한 밀괴는 일반명사와 고유명사의 분석이 더욱 정확하게 분석될 필요가 있음을 보여준다. 일반명사와 형태적으로 차이가 없는 고유명사는 형태 분석에서 가장 분석 성능률이 낮은 영역에 속한다. 이들에 대한 보다 정밀한 분석이 요구된다.

[그림 5] 1970년대 키워드의 워드 클라우드

또한 1970년대 국제 사회를 강타한 오일쇼크와 이로 인한 자원 관련 문제들이 키워드에 포함되어 있다. '석유, 인플레, 대륙붕' 등의 키워드가 이에 해당한다.

한편 '휴업령, 비상사태, 데모대' 등의 키워드가 보여주는 바와 같이 70년대는 여전히 민주화와 거리가 있었으나 '공업화, 근대화'를 위한 정부의 정책은 지속적으로 수행되었던 것으로 보인다.

(7)의 '물품세, 영업세' 등은 직관적으로는 포착하기 어려운 단어로 보인다.

(7) 가. 정부는 중화학공업의 수출 기반을 구축키 위해 자동차 전자제품 전자기기 등의 **물품세**를 인하할 것을 검토하고 있는 것으로

알려졌다(《동아일보》1973. 1. 8.).

나. 국세청은 수도권 인구분산책을 지원하기 위해 72년 1기분 개인 **영업세** 과세부터 서울 지역에 대한 과세를 강화할 것을 일선에 지시했다(《동아일보》1972. 9. 22.).

또한 1970년대에는 정부의 적극적인 사회 관련 운동이 추진되었음을 ⑻의 기사에서도 확인할 수 있다.

⑻ 가. 박정희대통령은 12일 공화당 간부들에게 "공화당은 행정부가 추진하고 있는 **서정쇄신**庶政刷新과 새마을운동에 적극 앞장서달라"고 당부했다(《동아일보》1976. 5. 13.).

나. **퇴폐풍조**를 단속하고 있는 경찰은 3일 하룻동안 1만8백7십4명을 단속, 21명을 입건하고 9백9십2명을 즉심에 회부, 9천3백5십1명의 머리를 깎고 21명을 행정처분 의뢰하는 등 조처했다(《동아일보》1972. 10. 4.).

한편 다음의 키워드들은 특정한 이슈와 관련되어 있다는 점에서 흥미를 끈다.

⑼ 꼬마 연불 도괴

가. 〈**꼬마**〉란 말 〈어린이〉로 부르자(《동아일보》1973. 9. 5.).

나. 수출입은행은 선박 철도차량 기계 등의 **연불**延拂수출輸出을 촉

[그림 6] '꼬마'의 연도별 사용 빈도(상대빈도 기준)

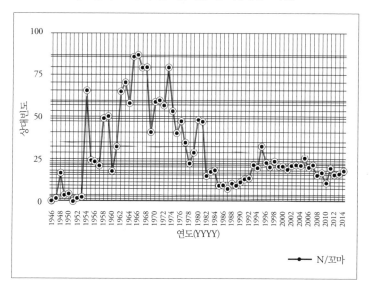

진하기 위해 연불수출업자에 대한 자금지원을 대폭확대키로 했
다(《동아일보》1978. 9. 13.).

다. 와우 어파트 도괴倒壞 참사, 전 마포구청장 등 넷 구속(《동아일
보》1970. 4. 10.).

특히 (9) 가의 '꼬마'는 비하의 의미가 포함되어 있다는 논의가
제기되기 시작하면서 이후 사용상의 변화가 크게 나타나는데, [그
림 6]은 1980년대 들어서면서 '꼬마'의 사용 빈도가 크게 감소하고
있음을 잘 보여준다.

● 1980년대

1980년대의 키워드를 워드 클라우드로 시각화한 결과는 [그림 7]과 같다.

[그림 7]에 의하면 1980년대를 대표하는 키워드로는 '올림픽'과 '민주화'가 가장 두드러진 것으로 보인다. 1988년 개최된 서울올림픽은 분명 한국 현대사의 한 획을 그을 만한 중대한 사건임에 틀림이 없을 것이다. 우리는 올림픽만 잘 개최하면 곧 선진국 대열에 동참할 수 있다는 다소 과장된 기대를 가졌던 순간을 기억한다. 그러나 [그림 7]을 살펴보면 '올림픽'과 관련한 다른 단어들은 거의 나타나지 않는데 비해 '민주화'와 관련한 키워드는 그 비중이

[그림 7] 1980년대 키워드의 워드 클라우드

올림픽을 훨씬 능가하는 것을 나타낸다. (10)은 워드 클라우드에 포함된 '민주화'와 관련한 단어들을 정리한 것이다.

(10) 개헌 석방 해금 분규 특위 직선제 민정 최루탄 계엄 계엄령 학원 법 고문치사 의식화 집시법 훈방 가족법 유신

한편 1970년대에는 세금과 관련한 키워드로 '물품세, 영업세'가 포함되어 있었던 것에 비해 1980년대에는 '방위세, 농지세'가 포함되어 있다는 점이 특징적이다.

(11) 방위세 농지세

가. 민한당은 30일 정부의 **방위세** 시한연장방침에 대해 〈언발에 오줌누는 격〉의 임기응변적 세제운영이라고 비판하고 전면적인 세제개혁을 주장(《동아일보》1984. 3. 30.).

나. 현행 **농지세**의 불합리한점이 많아 농민들이 이의 시정을 바라고있다. 농지세는 농지에서 생산되는 생산물의 양에 따라 소득을 계산해······(《동아일보》1984. 4. 23.).

이 밖에 [그림 7]에서 주목을 *끄는* 키워드 가운데 (12)를 주목해 보자.

(12) 구공체EC 국체

가. 미로 헤매는 **구공체**歐共體 창설 25돌 – 고민 많은 속사정 엇갈린 이해, 자유무역협정 뒷전(《동아일보》1982. 3. 30.).

나. 숫대통령 치사 65회 **국체**國體 개막, 올림픽 출전 자세로 선전기대(《동아일보》1984. 10. 11.).

(12)의 '구공체'는 유럽공동체EC의 축약으로, '국체'는 '전국체전'의 축약으로 보통 신문 기사의 헤드라인에서 주로 사용되었다. 여기에는 기사의 내용을 간결하게 표현하기 위한 문체상의 요구도 반영되었을 것이다.

또한 (13)의 키워드들은 이전 시기의 키워드와 대비해 살펴볼 필요가 있다.

(13) 안내양 간호원 영세민

가. 현재 우리나라의 **간호원**은 서독을 비롯 사우디아라비아 리비아 쿠웨이트 등 4개국에 모두 5천4백15명이 진출중인데 이들의 근면성 및 우수성이 크게 인정되면서……(《동아일보》1984. 5. 16.).

'안내양'은 1960년대의 키워드인 '운전수'와 비교되고, '영세민'은 1950년대의 '세궁민, 전재민' 등과 대비된다. 또한 '간호원'은 1970년대의 파독 간호원을 비롯하여 당시 간호원의 해외 파견과 관련된 키워드로 보인다.

그밖에 '학력고사, 눈치작전'은 입시와 관련된 단어들이며, '텔

레타이프, 텔렉스'는 1980년대의 주요 사무기기를 대표하는 키워드라 할 수 있다. '뇌염, 연탄가스'는 80년대의 무서운 질병이자 사고 원인이었다.

한편 (14)의 단어들은 80년대의 문화를 보여주는 키워드로 해석될 만하다.

(14) 다방 살롱 카바레 복덕방 양담배 월부[7]

● 1990년대

1990년대의 키워드를 워드 클라우드로 표시하면 [그림 8]과 같다. 1990년대의 키워드에는 경제와 관련한 단어들이 다양하게 포함되어 있다는 점에서 다른 시기와 구별된다. (15)는 [그림 8]에서 경제 관련 키워드만 따로 정리한 것이다.

(15) 재벌 실명제 수표 덤핑 종금사 단자사 경제난 투금 투금사 당좌 보유고 해고제 공사채형 실명화 자기앞수표 특융

특히 우리는 1990년대 후반 IMF 외환위기라는 국난을 경험한 바 있는데 (15)에서는 이보다 더욱 다양한 키워드가 포함되어 있어

---

[7] '월부'는 1980년대 후반부터 '할부'로 대체되어 쓰이는 경향을 보인다.

[그림 8] 1990년대 키워드의 워드 클라우드

1990년대의 경제 관련 이슈의 중요성을 잘 드러내주고 있다. 정치적으로는 '문민정부'와 '국민의 정부'가 탄생하기도 하였으나 이를 둘러싼 배경이 그리 단순한 문제가 아니었음을 (16)의 키워드는 보여준다.

(16) 지역감정 세대교체 양심선언 흑색선전 흑색선전물

〈지역감정, 세대교체 공방〉 총선 한달 앞으로 – 여야 유세대결 가열

《동아일보》 1996. 3. 13.).

한편 1990년대에는 다양한 변화가 수반되는 시기였음을 (17)의 키워드를 통해 확인할 수 있다.

(17) 정보화 개방화 전산화 지방화 국제화

또한 (18)의 키워드는 정보화, 전산화 등과 관련하여 새롭게 주
목받은 기기들이 무엇이었는지를 잘 보여준다.

(18) 삐삐 팩시밀리 시티폰 호출기

(19) 가의 키워드들은 1990년대 들어 우리 사회가 환경 문제에
관심을 갖기 시작했음을 보여주고 있으며 (19) 나는 90년대의 특
징적인 세제 관련 단어들이다.

(19) 가. 오염 폐수 환경오염 페놀 무공해 분리수거 산성비 프레온 종량제
　　　나. 토초세 이득세

마지막으로 1990년대에는 '신세대'가 등장한 시대로서, '신세대'
는 세대교체를 넘어 새로운 세대갈등을 암시하는 것으로 해석할
수 있다. 한편 '과소비 퇴폐 향락 춘지 떡값' 등의 키워드를 통해
이 시기의 사회문화적 폐단의 일단을 살펴볼 수 있다.

● 2000년대

2000년대 초반 10년 동안의 키워드를 시각화한 결과는 [그림 9]

[그림 9] 2000년대 키워드의 워드 클라우드

와 같다.

2000년대 들어 한국 사회는 이전 시기에 비해 그 변화의 폭과 속도가 크게 달라졌다. [그림 9]의 워드 클라우드에 포함된 키워드는 2000년대 들어 우리 사회가 얼마나 급격히 변화하였는지를 잘 보여준다. 먼저 (20)에서는 정보화와 관련한 키워드들의 비중이 압도적으로 높다.

(20) 인터넷 사이트 홈페이지 디지털 시스템 콘텐츠 메일 온라인 동영상 포털 게임 로봇 글로벌 모바일 네트워크 사이버 메시지 블로그 커뮤니티 클릭 애니메이션 업그레이드 댓글 웹 해킹 시비 메신저

마일리지 스팸메일 모니터링 도메인 유비쿼터스 홈시어터 퍼포먼
스 유틸리티 싸이월드 다운로드 채팅 검색어 무선랜 데이터 미니
홈피 스마트폰 아이팟 아이폰 글로벌화 악플 트렌드

경제와 관련해서는 2000년대 초반의 벤처 열풍을 비롯한 다양
한 단어들이 워드 클라우드에 포함되어 있다.

(21) 펀드 기업 브랜드 코스닥 마케팅 디자인 벤처 카드 금감원 쇼핑몰
증시 코스피 닷컴 운용사 대출 연체율 워크아웃 국고채 저금리 자
영업 자영업자 인턴 벤치마킹 캐피털 버블 출총제 디플레이션

2000년대 들어 주목할 만한 특징은 교육과 레저나 문화 관련 키
워드가 크게 증가하였다는 점이다.

(22) 가. 학습 공부 수학 외고 특목고 로스쿨 사교육 이공계 공교육 영
재 인문학 학원 융합 사립고 국립대 특성화 자립형 학습지 지
방대 사교육비
나. 체험 체험관 체험장 서비스 투어 한류 행복 다문화 웰빙 숲 쇼
핑 봉사 소통 카페 비만 인라인 테마파크 상품권 펜션 리조트
재래시장 한옥 럭셔리 뷰티 외모 패션 체감 동호회 퓨전 스트레
칭 트레이닝 피트니스 짝퉁 진정성 프리젠테이션 힙합 아바타
얼짱 보톡스 아웃도어 휴양림

2000년대 들어 나타난 또 다른 특징적인 것으로 '음식'과 '환경'에 대한 관심의 증가를 꼽을 수 있다.

(23) 가. 푸드 와인 쇠고기 고래 김치 먹을거리 비빔밥 꽃게 삼겹살 패스트푸드 전통주 샌드위치 식재료

나. 친환경 생태 바이오 갯벌 황사 습지 구제역 기후 유기농 풍력 태양광 녹색 신재생 방폐장 온난화 저탄소 조망권 쓰나미

이는 경제적인 풍요 속에서 나타나는 양상의 하나로 해석할 수 있겠지만 2000년대 들어 한국 사회는 '고령화'와 '양극화'의 늪에 빠져들고 있음이 (24)의 키워드를 통해 확인된다.

(24) 일자리 비정규직 정규직 기간제 저소득층 독거노인 왕따 불량자 수급자

한편 2000년대의 특징적인 세제 관련 키워드로는 (25) 가가 포함되어 있으며, 건강, 질병에 대한 키워드는 (25) 나를 통해 확인할 수 있다.

(25) 가. 보유세 종부세 혈세

나. 뇌중풍 통증 아토피 증후군 플루 우울증 갑상샘 임플란트 난치병 제대혈 광우병

지금까지 1950년대부터 2000년까지를 10년 단위로 묶어 키워드를 추출하고 시기별 키워드의 특징을 간략히 살펴보았다. 앞에서 논의된 통계적 키워드들은 해당 시기를 적절히 표상하는 것으로 보인다. 이러한 키워드 추출 결과는 우리의 일반적인 인식과도 대체로 일치하지만 직관적으로는 예상하기 어려운 다양한 단어들을 결과로 보여준다는 점에서 그 의미가 있다.

한편 빈도는 낮지만 다양한 유형의 단어들을 통해 해당 시기의 특징을 드러내는 방법도 가능하다. 이를테면 1950년대 기사에서는 다양한 치마 명칭들이 발견되는데 이를 통해 당시 패션 트렌드를 가늠해 볼 수 있을 것이다.

뉴통치마(뉴동치마/뉴우똥) 양단치마 폭치마 깨끼옷 베루베트치마 마카오^양복 비로ㅣ드^치마(비로ㅣ도/비로오드) 귀치마 유동치마 베루벳도^치마(베르벤드/벨벳드/벨베ㅌ치마/벨베ㅅ트치마) 명주치마 베르벵드치마 꼬리치마 주치마(킬트) 다홍치마(당홍치마) 남치마 스란치마 옥색치마 (연)분홍치마 청색치마 백색치마 흑색치마 회색치마 나이롱^치마 통치마 베루벨치마 남갑사^치마 오파ㅣ르치마 행주치마 앞치마 비단치마 남치마 무지치마 속치마 줄음치마 겹치마 쓰개치마 갑싸치마 인조치마 무명^치마 모시치마

연구방법과 사례연구 2: 공기어와 네트워크

키워드는 해당 문서를 대표할 수 있다는 점에서 중요한 단어이
긴 하지만 구체적으로 해당 단어가 어떻게 쓰였는지에 대해서는
말해 주지 못한다. 즉 단어는 일정한 문맥에서 구체적 의미를 드
러내기 때문에 단어의 사용양상을 정확히 파악하기 위해서는 해
당 단어의 문맥을 관찰하는 것이 필수적이다.

여기에서는 단어의 문맥을 좀 더 효율적으로 파악하기 위한 방
법으로 통계적인 공기어를 활용하는 방법에 대해 다루고자 한다.
특히 해당 단어의 사용 빈도가 매우 높은 경우 이들의 모든 문맥
을 일일이 확인하는 것은 거의 불가능할 뿐 아니라 비효율적이며,
해당 단어의 문맥을 가장 독특하게 보여줄 수 있는 공기어를 탐색
하는 것이 중요하다.

우리는 일련의 기존 연구들(김일환 외 2010 등)에서 T-점수를 이
용한 공기어 네트워크를 구성하고 해석하는 과정에 대해 논의한
바 있다. 여기서는 '동아일보 역사 코퍼스'와 '물결21' 코퍼스를 대
상으로 각각 '가족'과 '지인'의 공기어를 추출하고 이를 네트워크
로 시각화하여 분석해 볼 것이다.

먼저 '동아일보 역사 코퍼스'로부터 '가족'의 빈도를 살펴보자
([그림 10]).

[그림 10] '가족'의 연도별 사용 빈도(상대빈도 기준)

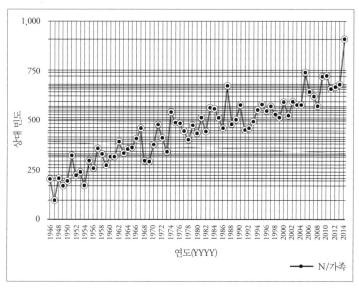

　한국 사회에서 가족은 가장 기초적인 사회구성 집단으로서 최근 들어 사회 문화적 관심이 더욱 증가하고 있다(빈도의 증가 추이를 보라). 특히 국제결혼의 증가로 인한 다문화 가족의 등장과 결혼 기피 풍조로 인한 1인 가구의 증가는 '가족'이 현대 사회에서 갖는 가치에 대해 다시 한번 주목하게 한다. 이 연구에서 '가족'을 공기어 네트워크의 대상어로 선정한 것은 이러한 이유에 기인한다.

　먼저 이번 분석에서는 1958년, 1964년, 1972년, 1984년, 1996년, 2008년의 '가족' 공기어를 대상으로 하였다.[8] 공기어는 '가족'과 앞

8　이번 연구에 포함된 연도들은 10년 단위를 기준으로 무작위로 선정한 결과일 뿐, 해당 연도가

[그림 11] '가족'의 연도별 공기어 네트워크(관련성 상위 10개)

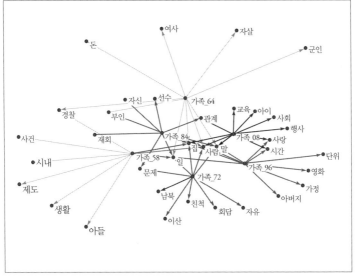

뒤 20개의 형태소를 범위로 하고, 품사는 명사로 제한하였다.

[그림 11]은 각 연도별 관련성이 높은 상위 10개의 공기어를 대상으로 네트워크를 구성해 본 것이다(네트워크 구현은 Pajek64를 활용).

즉, 이 네트워크에 포함된 공기어들은 해당 시기에 '가족'과 가장 관련성이 높은 것으로 해석될 수 있는 단어들이라 할 수 있다. 전반적으로 상위 10개의 높은 관련성을 보이는 단어라 하더라도 연도별로 그 차이가 매우 크다는 점을 확인할 수 있다. 이를테면 1958년의 '가족' 공기어(가족_58)에서는 '경찰, 아들, 사건, 제도'

가족과 관련하여 특별히 중요하다고 볼 수 없다.

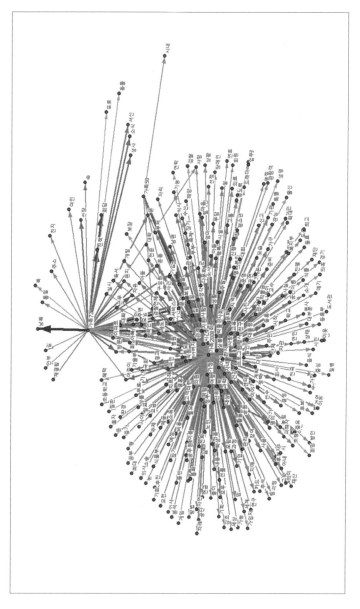

[그림 12] 가족 공기어 네트워크의 변화(T-점수 5.0 이상)

등과 같은 단어가 포함된 반면 2008년의 '가족' 공기어에는(가족_08) '교육, 아이, 행사' 등의 단어가 포함되어 있다는 점에서 가족 관련 관심사의 변화를 잘 보여준다.

또한 시대가 변화하면서 가족의 중요성과 관심사가 큰 폭으로 증가하고 있는데 이는 공기어의 규모를 비교해 볼 때 더욱 적극적으로 드러난다. [그림 12]의 네트워크는 T-점수를 기준으로 5.0 이상의 높은 관련성을 보이는 공기어 전체를 대상으로 구성해 본 것인데 1958년과 1972년의 '가족' 공기어와 2008년의 '가족' 공기어는 그 규모에 있어 비교가 되지 않는다.

[그림 13] '지인'의 연도별 사용 빈도(상대 빈도)

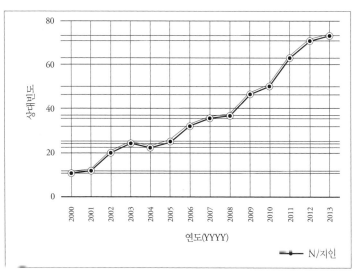

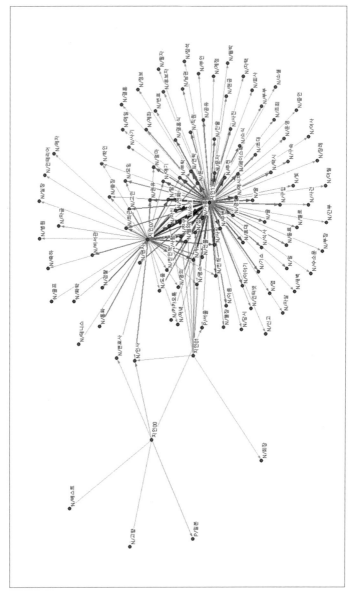

[그림 14] '지인'의 연도별 공기어 네트워크

한편 2000년대에 들어 특정한 단어의 빈도 변화를 대상으로 공기어 네트워크를 구성하는 것도 흥미로운 결과를 보여준다. '물결 21' 코퍼스를 대상으로 여러 단어의 빈도 추이를 살펴보면 '지인'의 빈도가 크게 높아지고 있음을 확인할 수 있다([그림 13]).

2000년대 후반 들어 '지인'의 빈도가 증가하게 된 배경은 무엇일까? 공기어 네트워크를 통해 그 일단을 확인해 보자.

[그림 14]의 네트워크로부터 확인할 수 있는 것은 '지인'의 증가는 '카카오톡, 페이스북' 등과 같은 소셜미디어의 영향과 크게 관련되어 있다는 점, 그리고 부정적인 공기어들(협박, 구속, 사건) 등이 많이 포함되어 있다는 점이다. 재미있는 것은 2000년대 초기에는 '회장, 변호사' 등과 같이 정치적인 맥락에서 '지인'이 많이 사용된 것에 비해 2000년대 후반에는 그 계층이 크게 확대된 것으로 보인다는 점이다.

연구방법과 사례연구 3: 토픽 모델링

토픽 모델링topic modeling은 통계적 방법을 이용한 일종의 자동 문서 분류방법으로서, 대규모 문서의 주제별 분류에 적절한 방법으로 주목받고 있다. 토픽 모델링은 빅데이터를 분석하기 위해 사용되는 텍스트 분석의 한 방법으로서, 어떤 주제, 즉 토픽이 포함하는 단어와 이들 토픽의 분포를 알아볼 수 있다(Blei, 2012). 토픽 모델링은 비교사 학습unsupervised learning 방식으로 대규모의 텍스트 자료로부터 특정 분야에 대한 동향 분석에 활용되어 왔다.

토픽 모델링을 위한 방법 중에 LDA(Latent Dirichlet Allocation) 알고리즘(Blei et al. 2003)이 대표적이다. LDA에서는 각 문서가 몇 개의 토픽topic들로 구성되어 있고, 토픽들은 디리클레 분포Dirichlet Distribution를 따른다고 가정한다. 각 문서에 속한 토픽들은 서로 다른 비율로 구성되고, 문서를 구성하는 각 단어들은 이들 토픽 중 하나에 속한다. 토픽은 고정된 어휘들의 분포로 표현할 수 있다. LDA는 확률적 생성 과정probabilistic generative process을 통해 문서에 속한 단어들이 토픽에 할당될 확률과 문서별 토픽들의 분포를 반복적인 연산 과정을 거쳐 계산한다. LDA에 대한 자세한 내용은 이번 연구의 범위를 벗어나므로 다루지는 않는다.

이 연구에서는 LDA 알고리즘에 기반한 MALLET의 토픽 모델링 툴킷을 사용하였다. MALLET은 MAchine Learning for LanguagE Toolkit을 의미하며 통계적 자연어 처리, 문서 분류, 군집화, 토픽 모델링, 정보 추출 등의 도구들을 포함하고 있다.[9]

이번 연구에서는 '동아일보 역사 코퍼스'를 대상으로 하여 토픽 모델링을 구현한 결과를 제시해 볼 것이다. [표 2]는 14개로 주제를 한정했을 경우 포착된 문서 분류 결과를 보여준다[10](실제 토픽 모델

---

[9] http://mallet.cs.umass.edu/topics.php

[10] 토픽 모델링을 이용할 경우 주제를 몇 개로 하위분류할 것인지는 연구자가 결정해야 한다. 이때 적절한 주제의 개수는 경험적으로 타당성을 확인할 수밖에 없다. 주제 분류의 개수가 적을 경우

[표 2] 토픽 모델링을 이용한 주제 분류 결과

분류	토픽	키워드
0	금융	정부 은행 자금 금융 기관 이상 예산 공무원 법 제도 대상 위원회 대출 보험 방침 지원 관리 노조 실시
1	행정	지역 서울 시설 아파트 주민 공사 사업 도시 건설 계획 시 부산 서울시 인천 시민 가구 개발 설치 사고
2	교육	교육 대학 학생 교수 학교 서울 연구 과학 교사 지원 시험 여성 과정 서울대 활동 사회 영어 고교 공부
3	외교	일본 한국 북한 중국 회담 문제 미국 정부 미 한 관계 회의 방문 장관 중공 외교 국제 남북 협상
4	정치	의원 대통령 선거 국회 후보 김 대표 당 민주당 정치 위원 인사 위원장 총재 장관 회의 박 의장 야당
5	경제	경제 수출 가격 시장 수입 작년 정부 계획 국내 생산 산업 증가 공장 인상 전망 값 자동차 개발 투자
6	스포츠	대회 경기 팀 선수 한국 기록 올림픽 대표 축구 프로 우승 세계 감독 여자 야구 시즌 스포츠 남자 아시아
7	의료	사용 병원 환자 정도 건강 치료 이상 연구 결과 물 의사 제품 시간 여성 이용 수술 식품 병 의료
8	사법	사건 경찰 서울 김 검찰 수사 조사 혐의 구속 사실 이 검사 박 위반 관련 돈 행위 불법
9	문화	영화 문화 작품 방송 tv 공연 한국 음악 사진 서울 작가 kbs 책 세계 행사 예술 제작 상 무대
10	기업	기업 회사 시장 투자 정보 업체 회장 사장 서비스 국내 인터넷 주 주식 그룹 기술 전화 사업 경영 고객
11	사회	문제 국민 사회 생각 국가 정책 정부 필요 자유 정치 사실 지적 주장 경제 운동 나라 발전 중요 강조
12	국제/군사	미국 미 대통령 소련 군 영국 보도 미군 전쟁 소 수상 군사 연합 발표 세계 합동 무기 프랑스 공격
13	생활	집 생각 가족 자신 마음 아이 생활 시간 길 날 시작 모습 눈 이름 친구 아들 밤 손 결혼

다른 주제에 속하는 키워드가 같은 주제로 분류될 수 있으며 반대로 주제 분류의 개수가 너무 많을 경우 같은 주제에 속하는 키워드를 다른 주제로 분류할 위험이 개재될 수 있기 때문이다. 이 연구에서는 10개부터 20개까지 개의 시나를 실험해 본 결과 14개의 주제가 이번 연구 결과를 잘 대표할 수 있는 것으로 판단했다.

[그림 15] 《동아일보》의 연도별 토픽 변화 추이

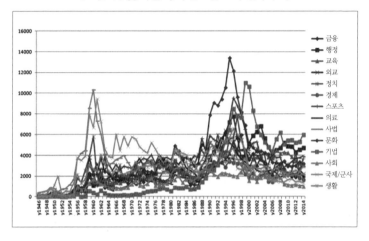

결과에서는 분류 번호만 제시되고 실제 토픽의 명명은 사람이 한 것이다).

한편 이러한 주제의 변화를 시기별로 제시하면 [그림 15], [그림 16]과 같은 토픽의 변화를 확인할 수 있다.

[그림 15]는 연도별로 각 토픽에 속한 문서의 수를 나타내고 있다. 시기별로 두드러지게 나타나는 토픽을 살펴보면, 1950년대 중반부터 1960년대 중반까지는 "사법"이, 1950년대 중반부터 1970년대 중후반까지는 "국제/군사"가, 1990년대에는 "문화"가, 1990년대 후반부터 2000년대 초반까지는 "기업"을 주제로 다루는 기사가 많았음을 알 수 있다.

[그림 16]은 연도별로 각 토픽의 분포를 나타내고 있다. [그림 15]와 다른 점은 [그림 15]의 y축은 토픽에 속한 기사의 수이나, [그

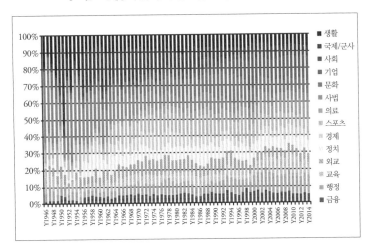

[그림 16] 《동아일보》의 연도별 토픽 변화 누적 분포

림 16]의 y축은 해당 연도에서 각 토픽들이 차지하는 비율을 나타
내고 있다는 점이다. 즉 해당 연도 전체 기사를 100으로 환산했을
때, 특정 토픽이 차지하는 비율을 시각화하여 보여주고 있다. [그
림 2]에서 볼 수 있듯이, '동아일보 역사 코퍼스'의 연도별 규모는
과거보다 최근에 이를수록 점점 증가하고 있고, 이는 기사의 수에
있어서도 마찬가지이다. 단순히 토픽에 속한 기사 수의 변화만으
로 살펴보기보다는 [그림 16]은 각 연도별 전체 관심을 100으로
보았을 때 해당 연도에 대한 각 토픽들의 관심의 정도를 파악하기
에 용이하다.

[그림 16]에 의하면, 연도별로 뚜렷한 관심의 변화가 없는 토픽
들도 있고, 일정 기간 동안 다른 토픽에 비해 많은 관심을 유지한

토픽들과 관심이 증가하거나 감소하는 토픽들도 확인할 수 있다.

이와 같이 토픽 모델링을 이용하면 시간의 흐름에 따라 관심이 증가하거나 감소하는 토픽을 시각적으로 살펴볼 수 있다. 이와 같이 대규모의 문서 집합을 대상으로 한 토픽 모델링은 해당 문서들을 주제별로 자동 분류하고 그 결과를 분석할 수 있다는 점에서 거시적인 트렌드의 변화를 분석하는 데 매우 유용하다.

결론

이번 연구에서는 디지털 인문학의 연구 방법으로서 신문 빅데이터를 기반으로 하여 통계적 키워드, 공기어 네트워크, 토픽 모델링의 기법을 간략히 소개하고 그 적용 사례를 제시하였다.

디지털 인문학은 그동안 다소 폐쇄적이었던 인문학이 위기를 맞이하면서 이를 타개하기 위한 방법론으로 등장한 개념으로서 기존의 인문학 지식을 다양한 콘텐츠와 연결, 확장하는 것을 소통의 중요한 방법으로 삼고 있다. 또한 다른 한편으로 디지털 인문학은 급속하게 발전한 디지털 기술을 적극 활용하여 인문학의 영역을 새롭게 개척하고 이를 통해 인문학의 부흥을 모색하고 있기도 하다. 최근 디지털 인문학이 사회적으로 크게 관심을 받으면서 디지털 인문학에 대한 다양한 논의들이 일고 있다는 점은 이러한 측면에서 매우 고무적인 일이라 할 수 있다. 그러나 현재 국내의 디지털 인문학에서 더욱 중요한 것은 흥미롭고 도전적인 연구 성과를 실제 도출하는 것이 되어야 할 것이다. 따라서 디지털 인문학에 대한 성급한 범위, 정의, 개념 등을 둘러싼 논의들은 오히려 디지털 인문학의 영역을 축소할 수도 있음을 인식할 필요가 있다.

참고문헌

1. 단행본

김일환·정유진·강범모·김흥규, 《'물결21' 코퍼스의 구축과 활용》, 소명출판, 2013.

레이몬드 윌리엄즈, 김성기·유리 옮김, 《키워드》, 민음사, 2010.

Mattew K. Gold, Debates in the Digital Humanities, University of Minnesota Press, 2012.

2. 논문

김일환·이도길·강범모, 〈SJ-RIKS 코퍼스: 세종 형태의미 분석 코퍼스를 넘어서〉, 《민족문화연구》 52, 2010, 373~403쪽.

김일환·이도길, 〈대규모 신문기사의 자동 키워드 추출과 분석〉, 《한국어학》 53, 2011, 145~193쪽.

김일환, 〈공기어 네트워크의 변화 양상〉, 《한말연구》 29, 2011, 35~70쪽.

김일환, 〈한국 사회의 키워드: 1990년대와 2000년대의 언어 사용〉, 《아시아문화연구》 37, 2015가, 5~33쪽.

김일환, 〈광복 이후부터 한국전쟁 직후까지의 핵심어 분석〉, 《국제어문》 66, 2015나, 9~36쪽.

김일환·홍정하·이도길·최재웅, 〈핵심어로 본 시대상의 변화〉, 《새국어생활》 25-4, 2015, 36~76쪽.

김일환·이도길, 〈신문 빅데이터 기반의 단어 사용과 트렌드 분석-신문의 명사 빈도 사용 패턴을 중심으로〉, 《언어정보》 22, 2016, 41~62쪽.

이도길, 〈한국어 형태소 분석과 품사 부착을 위한 확률 모형〉, 고려대학교 박사학위논문. 2005.

Paul Baker, Costas Gabrielatos and Tony Mcenery, "Sketching Muslims: A Corpus Driven Analysis of Representations Around the Word 'Muslim' in the *British Press 1998~2009*", *Applied Linguistics*(2012), pp. 1~25.

Digital

人文學

《개벽》 리모델링: 《개벽》 1922년 7월호

—

Wayne de Fremery · 김상훈

《개벽》 리모델링: 《개벽》 1922년 7월호[*]

문화 객체의 디지털 복제물은 다양한 연구에서 정보나 증거로 일상적으로 사용된다. 그러나 디지털 객체를 구성하는 많은 절차와 메커니즘은 숨겨져 있다. 우리는 이러한 숨겨진 요소들이 우리가 일반적으로 화면에서 보는 문서를 꾸미는 데 사용할 수 있는지 그리고 그들의 이전 반복iterations을 어떤 식으로라도 유용하게 사용할 수 있는지 궁금했다.

우리는 국사편찬위원회(이하 국편)가 운영하는 웹사이트에서 제공하는 한국 식민지기 중요한 정기간행물 《개벽》 1922년 7월호의 인코딩 된 사본으로 첫 실험을 수행했다. 우리는 1922년 7월호의 디지털 사본을 창조적으로 리모델링한 결과, (1) 이 역사적인 잡지의 디지털본을 나타내는 전산작업을 시각화하고, (2) 식민지 조선에서 장르, 텍스트 유형론, 작문 실천, 특히 문자 선택과 관련된 흥미로운 관계를 시사하는 패턴을 찾아 냈다.

이 글은 우리의 실험에 의해 제기된 인식론적·존재론적 문제를 모두 다룰 수는 없을 것이다. 대신, 이 글은 등장한 개념들, 그것이 부각하는 텍스트의 역사, 이것이 제기하는 광대한 이론 및 절차상의 질문들을 기술함으로써 이러한 문제들의 폭과 복잡성을 시사하고자 한다. 다음에서 설명하는 것처럼 우리가 발견한 것을 설명할 수 있기 전에 많은 작업이 남아 있다.

우리는 거두절미하고 우리가 실험한, 그리고 당신이 지금 지각할 수 있는 글도 포함하는 문서들과의 얽힘을 의식하면서 시작할 것이다. 우리는 문서를 물질적·담론적 대상으로 연구하는 새로운 도구를 제작함으로써, 상호매체성과 미학이 매체 대상의 물질적 실체나 그들이 평가되고 판단되는 방법을 논의하는 것과 달리, 이들을 시야에 넣지 않았다는 점에서 다른 위치에 있다.[1]

---

[1] 상호매체성과 관련된 담론을 조사한 옌스 쉬뢰터Jens Schröter는 상호매체성에 대한 담론은 다음과 같은 4가지 기본 중심을 가지고 있다고 서술했다. (1) '합성적 상호매체성' 다른 매체가 슈퍼 매체로의 융합으로, 종합예술작품에 대한 바그너의 견해를 그 뿌리로 한다. (2) '형식적 (또는 트랜스매체적) 상호매체성' '형식적 구조가 한 매체에 '특정적' 이지 않아 다른 매체에도 발견되는 것. (3) '변형적 상호매체성' 다른 매체를 통한 한 매체의 재현을 중심으로 한 모델. (4) '존재론적 상호매체성' 미디어는 항상 다른 미디어와 관련하여 존재함을 시사하는 모델. Jens Schröter, "Discourses and Models of Intermediality,"
제임스 셸리James Shelley는 18세기의 철학적 어휘집에 들어간 이후의 '미학' 이 "일종의 대상, 일종의 판단, 일종의 태도, 일종의 경험, 그리고 일종의 가치 등등을 지시하는 것으로 사용"되었다고 서술했다. 그는 "대부분의 미학이론은 이 의미 중 한 특정한 질문에 특화되어 있다" (원래의 강조) James Shelley, "The Concept of the Aesthetic."

《개벽》 리모델링

실험적 절차와 기술 절차는 실험 과정과 그 결과를 알릴 수 있는 방법으로 짜여 있다.[2] 우리 실험이 수잔 브리에Suzanne Briet가 "사실을 뒷받침하는 증거"로 정의한 문서와 문서가 생산할 수 있는 정보와 연관되어 있기 때문에, 우리 연구의 대상과 실험장치는 특히 단단히 묶여 있다.[3]

주요 용어와 개념을 정의해 보자. 모델링이란 "모델을 만들고 조작하는 체험적인 과정"을 의미한다.[4] 윌라드 맥카티Willard

---

[2] 문서와 실험 과정이 어떻게 얽히게 되는지를 시사하기 위해 우리는 물리학자인 닐스 보어Niels Bohr를 인용한다. 보어는 자신의 실험 절차를 1958년 에세이에서 묘사했는데, 이는 근본적으로 다큐멘터리이다. "'실험'이란 단지 절차를 의미할 수 있으며, 이는 우리가 무엇을 했는지 그리고 무엇을 배웠는지를 다른 이들에게 소통할 수 있는 것과 연관되어 있다. 실제 실험 준비에서……원자 객체에 관한 모든 모호하지 않은 정보는 실험의 조건들을 규정하는 물체들에 남겨진 영속적인 흔적에서 도출되었다는 것을 기억하는 것이 중요하다. 이 흔적은 예를 들어, 전자의 충격으로 인해 야기된 사진 판상의 한 점이다. Niels Bohr, *Quantum Physics and Philosophy: Causality and Complementarity* 3.

[3] Suzanne S. Briet, "Un document est une preuve à l'appui d'un fait" [문서는 사실을 뒷받침하는 증거이다.] Suzanne S. Briet, Qu'est-ce que la documentation [문서화는 무엇인가?], 7, Michael K. Buckland, "What Is a Document?," 806.에서 재인용. 브리에는 나중에 이 정의에 대해 자세히 설명한다. "문서란 물리적 또는 상징적 기호로서, 물리적 또는 개념적 현상을 재현이나 재구성 또는 보여주기 위해 보존되거나 기록된 것이다. Ibid. 브리에의 정의는 물론 우리가 인용할 수 있는 유일한 정의는 아니다. 그러나 이 글에서 논의할 문서로 수행되는 다양한 재료적, 담론적, 기능적 역할을 포함하기 때문에 우리의 목적에 특히 유용하다. Neils Windfeld Lund는 문서 이론 및 문서 연구에 대한 유익한 검토를 제공한다. 닐스 윈드핀드 룬드Neils Windfeld Lund, *Document Theory* 참조,

[4] Willard McCarty, *Modeling: A Study in Words and Meanings*, Kindle edition, p. 4386.

McCarty 이후 우리는 모델을 "연구 목적을 위해 무엇인가를 재현하거나 새로운 것을 인식하기 위한 설계"라고 받아들인다.[5] 그러므로 "리모델링"이란 이미 존재하는 역사적인 정기간행물의 텍스트적 모델을 가지고, 이를 새로운 무언가를 배우기를 희망하면서 연구 목적으로 재설계한 것을 의미한다. 증거는 무언가를 분명하게 나타내는 것과 관련이 있다. 이는 "눈이나 마음에 명백한" 것으로서, 눈이 끝나는 곳과 마음이 시작되는 곳의 윤곽을 그리는 것이 쉽지 않다는 것을 인정한다.[6] 우리는 또한 우리가 제시한 증거가 우리와 다른 사람들에 의해 만들어졌음을 분명히 해야 한다. 우리는 사실fact을 행동과 연관 짓는데, 라틴어 사실factum은 facere "하다"에 기원을 둔다.[7] 어원이 시사하는 것처럼, 정보는 재료적, 개념적 형태와 동시에 통지하는 행위와 관련된다.[8] 마이클 버클랜드Michael Buckland가 쓴 것처럼 정보는 무형적일 수도, 방법적일 수도, 구체적일 수도 있다. 그는 각각 '지식으로서의 정보', '방법으로서의 정보', '사물로서의 정보'를 사용한다.[9]

물론 문서는 이러한 세 가지 정보 모두가 될 수 있어서, 특히 복잡한 대상이 된다. 문서는 사람이 아는 것을 변화시키거나 컴퓨터

---

[5] Ibid.

[6] *Oxford Dictionaries*, "evidence," 항목, 2015년 3월 9일 검색. http://www.oxforddictionaries.com.

[7] *Oxford English Dictionary*, 2nd ed., print, "fact." 항목.

[8] *Oxford English Dictionary*, 2nd ed., print, "information." 항목.

[9] Michael K. Buckland, *Information and Information Systems*, Kindle edition, pp. 89~95.

시스템이 작동하는 방식을 변경하면서 정보를 전달한다. 또한 서지학자들이 상기시켜 주듯이, 문서는 물질적 증거로서 버클랜드가 사물로서의 정보라고 부른 것이기도 하다.[10] 토마스 탄셀G. Thomas Tanselle에 따르면 "모든 인간이 만든 인공물, 물리적 객체는 특정한 시간과 장소에서의 인간 노력의 기록이며, 그 삶의 모든 이후 순간들에 대한 유형적인 연결"이다.[11] 이러한 의미에서 문서는 인간 노력의 물리적 증거이다. 또한 그들은 다양한 다른 사실에 대한 증거가 될 수 있다. 예를 들어, 우리가 아단문고에서 보았던 《개벽》 7월호를 구성하는 잘 부서지는 종이는 해당 면들을 노랗게 만드는 진행 중인 화학 반응의 증거이다.

우리는 문서에 초점을 맞추고 정보를 지식을 주는 모양들로 정의하는 것을 강조한다. 왜냐하면 우리는 눈이나 마음에 보통은 '명백'하지 않은 텍스트 객체의 시각적 형식을 부여하기 때문이고, 이러한 접근이 우리는 유익하다고 믿는다. 우리는 다른 의미도 사용한다. 예를 들어 정보과학 개념에 따르면 정보는 놀라움을 함축한다. 그리고 버클랜드가 시사하듯이 정보는 지식, 신념, 이해와 연관되어 있다. 통고할 수 있는 형식으로서의 정보에 대한 우리의 강조는 일상적으로는 숨겨진 더 명백한 텍스트적 요소를 어떻게

---

[10] "따라서 우리는 사물로서의 정보를 물리적 증거(배울 수 있는 무엇이든 간에)와 동등한 것으로 바라보는 보다 단순화된 관점을 갖고 있다. Michael K. Buckland, *Information and Information Systems*, pp. 642~643.

[11] G. Thomas Tanselle, *Bibliographical Analysis: A Historical Introduction*, Kindle edition, p. 76.

만들었는지 명확히 하는 데 도움이 된다.[12]

몇 가지 최종적 정의는 혼란을 피하고 우리의 방법론을 명확히 하는 데 도움이 될 것이다. 우리 글은 '실험', '모델', '모델링'과 같은 단어를 자주 사용한다. 맥카티가 지적한 것처럼, '모델링'과 '실험'은 의미론적으로 겹치며 분리하기가 매우 어려울 수 있다.[13] 그는 '모델링'과 '실험'은 "연구의 맥락에서 모델은 실험적 장치이고, 모델링은 실험적 기술"이라고 규정함으로써 가장 명확하게 구별될 수 있다고 제안했다.[14] 맥카티의 제안에 따라, 우리가 만든 소프트웨어를 언급할 때 우리는 명사 '모델'을 사용한다. 우리가 제

---

[12] 제임스 글릭James Gleick이 설명했듯이, 클로드 섀넌Claude Shannon과 정보이론의 창안과 개발에 관련된 다른 사람들에게 있어, 정보는 섀넌의 획기적인 1948년 논문 "Communication Theory of Communication"에서 다루는 "선택, 불확실성, 엔트로피"의 함수이다. *A Mathematical Theory of Communication*, p. 392; James Gleick, *The Information: A History, a Theory, a Flood*, Kindle edition, p. 219, 여러 곳. 마이클 버클랜드는 *Information and Information Systems*에서 "지식은 믿음에 근거한다. 지식의 변화는 믿음의 변화이다. 정보의 과정에서 부여되는 정보는 지식의 변화, 신념의 변화이다"라고 쓰고 있다. Michael K. Buckland, *Information and Information Systems*, Kindle edition, pp. 534~536. 국제표준화기구The International Organization for Standardization(ISO)는 *Reference Model for an Open Archival Information System*에서 정보를 "교환할 수 있는 지식의 유형"으로 정의한다. "지식"에 대한 정의는 제공되지 않지만 "지식 기반"은 "사람 또는 시스템에 의해 통합된 정보 집합으로서 사람 또는 시스템으로 하여금 수신된 정보를 이해할 수 있게 한다"로 규정하고 있다. International Organization for Standardization (ISO), *Reference Model for an Open Archival Information System*, 1~12. 이 문맥에서의 "이해"는 반드시 인간 이해가 아닐 수도 있다는 점에 유의할 필요가 있다.

[13] Francesco Guala, "Models, Simulations, and Experiments." In *Model-Based Reasoning Science, Technology, Values*, edited by Lorenso Magnani and Nancy J. Nersessian (Boston: Springer, 2002), p. 59~74; Willard McCarty, *Modeling: A Study in Words and Meanings*, p. 4556에서 재인용.

[14] Ibid., pp. 4555~4559.

목에 사용한 동사 '모델링'은 아래에서 기술하는 실험 기법을 의미한다. 마지막으로, 우리의 방법론은 간과되거나 눈에 잘 띄지 않는 텍스트의 요소를 다루기 때문에 '가설'은 '배치'와 관련이 있다는 점에 유의하는 것이 중요하다.[15] '배치placing'라는 단어가 '포지셔닝'과 공명한다는 것은 참 교묘한 일이다. 도나 해러웨이Donna Haraway가 말했듯이, 포지셔닝은 '시각의 상상을 중심으로 조직된 핵심 실천지식'이다.[16]

《개벽》 리모델링, 《개벽》 1922년 7월호 매핑

C++로 개발된 비교적 간단한 윈도우 응용프로그램인 마이크로소프트의 비주얼 스튜디오가 우리가 여기에서 설명하는 실험에서 핵심적이다.[17] 우리가 서술한 바와 같이, 우리는 디지털 텍스트가

---

[15] *Oxford English Dictionary*, 2nd ed., print, "hypothesis." 항목.

[16] Donna Haraway, *Simians, Cyborgs, and Women*, Kindle edition, pp. 3966~3967.

[17] 우리의 실험을 수행할 때, 우리가 여기서 설명하는 시각화 도구는 다양한 분석 도구가 포함된 보다 복잡한 응용 프로그램의 일부였으며 이 중 상당수는 아래에서 설명하는 DSM 시각화와는 다르다. 일부는 연구자가 소설 속에서 언급된 장소나 작가의 집 주소와 같이 한국어 텍스트적 생산물 관련 데이터를 지리공간적으로 표시할 수 있게 한다. 다른 것은 텍스트 이미지 데이터의 코딩된 사본을 만들 필요 없이 키워드와 같은 텍스트 정보를 이미지 파일에서 검색할 수 있게 한다. 결과적으로 여기에 설명된 소프트웨어 빌드에는 OpenGL 및 OpenCV 라이브러리가 포함된다. 이것은 우리의 결과에 영향을 미치지 않는다. 우리는 일시에 하기 위해 이러한 차이점을 여기에 기록한다. 연구자가 결과를 테스트 할 수 있도록 우리가 사용했던 데이터뿐만 아니라 여

스크린 상에 인스턴스화 될 때 일반적으로는 보이지 않는 것들에 시각적 형태를 부여하기 위해 소프트웨어를 만들었다. 디지털 텍스트 표현 과정에 대한 우리의 탐구를 논리적으로 하기 위해서는 유니코드를 조사해야 했다. 왜냐하면 앞서 소개하고 자세히 설명했듯이, 유니코드는 컴퓨터 시스템에서 일관된 처리를 가능하게 하기 위해 만들어진 표준이기 때문이다. 우리는 문자적 의미로 유니코드 값들을 '재현'하려고 시도하지는 않기로 했다. 즉, 인코딩된 텍스트를 반복하는 데 사용되는 모든 유니코드 값을 나열하지 않기로 했다. 왜냐하면 이는 더 충실하기는 하지만 덜 생산적이기 때문이다. 일반적으로 워드 프로세싱 소프트웨어 또는 HTML, CSS 및 다른 코드를 실행하는 브라우저에서 텍스트를 구조화 및 표시하는 데 사용하는 것처럼 유니코드 값을 행렬(또는 열)에 글리프로 시각화하는 대신 유니코드 값을 매트릭스의 위치로 다시 매핑하기로 선택했다. 유니코드가 디지털 텍스트의 일부로 작동하면서 "보일 것 같은" 모습을 알지 못했기 때문에, 우리는 우리의 모델이 이를 왜곡할 수 있다는 것을 받아들였다. 또한 유니코드에만 초점을 맞추기 때문에 우리 모델에서 사용할 수 있는 디지털 텍스트를 반복하는 전산 작업의 모습은 부분적이다.

이러한 제한에도 불구하고 간단한 그리드에서 디지털 텍스트와

기서 설명한 실험용 윈도우 응용프로그램과 동일한 버전의 Windows 응용 프로그램을 다음 웹 사이트에 게시했다. How Poetry Mattered, www.howpoetrymattered.org.

관련된 유니코드 값을 구성하면 텍스트의 유니코드 값이 일반적으로 표시될 때에는 눈에 띄지 않았을 수 있는 디지털 텍스트 본래의 패턴을 볼 수 있는 기준이 만들어지기를 바랐다. 실제로, 우리가 기술한 것처럼, 우리 모델은 설명이 필요한 많은 패턴을 생성했다. 유니코드 표준에 대한 간략한 설명은 우리의 모델이 제작한 패턴과 우리가 그 패턴이 중요할 수 있다고 생각하는 이유를 설명하는 데 도움이 된다.

유니코드

유니코드 표준도 그 자체로 모델로, 표기체계에 사용되는 그래픽 심벌을 코드 포인트에 매핑하여 컴퓨팅 시스템이 사람이 읽을 수 있는 스크립트를 일관성 있게 시각화 할 수 있도록 하는 것을 목표로 한다.[18] 이러한 코드 포인트는 기본적으로 컴퓨터가 계산할 수 있는 수치이다. 표준은 코드 포인트를 역사, 문화적으로 정

---

[18] 공간이 부족하기 때문에, 우리는 결과를 해석하는 데 중요한 유니코드의 역사에 대한 설명을 포기했다. 이는 한국학에서 탐구할 가치가 있는 것으로서, 한국어 표기체계가 컴퓨터 환경에서 표현할 수 있는 방법에 대한 것이다. 유니코드의 작동 방식에 대한 요약은 Unicode Consortium, "History Corner" http://unicode.org/ history 참조하기 바란다. 특히 Unicode Consortium, Chapter 18, "East Asia" http://www.unicode. org/versions/Unicode7.0.0/ch18.pdf 와 Unicode Consortium Appendix E, "Han Unification History," http://www.unicode.org/versions/Unicode7.0.0/appE.pdf. 를 참조하기 바란다.

의된 표기체계와 관련된 다양한 수치값 모음인 코드 공간으로 구성한다. 유니코드 협회에 따르면, 유니코드 표준 버전 6.1은 세계의 다양한 언어로 작성된 11만 181자에 대한 코드를 제공한다.[19] 세계 표기체계에서 일반적으로 사용되는 문자의 대부분은 처음 6만 5,536개의 코드 포인트에 해당한다. 이는 "기본 다국어 평면 BMP"으로 불린다.[20] 우리 모델은 유니코드가 다국어 평면 상에 구성된다는 사실을 이용한다. 사실, 우리 모델은 다국어 평면에서 어떤 공간이 디지털 텍스트에 의해 이용되는지 보여준다. 유니코드 협회의 텍스트 처리에 대한 간단한 설명은 우리의 모델과 우리가 개발한 소프트웨어로 디지털 텍스트를 표시할 때 나타나는 것을 명확하게 할 것이다.

컴퓨터 텍스트 처리에는 프로세싱 및 인코딩이 포함된다. 예를 들어 키보드에서 텍스트를 입력하는 워드프로세서 사용자를 생각해 보자. 컴퓨터의 시스템 소프트웨어는 사용자가 U+0054로 인코딩하는 "T"에 대한 키 조합을 눌렀다는 메시지를 수신한다. 워드프로세서는 숫자를 메모리에 저장하고 화면에 문자를 넣는 디스플레이 소프트웨어에 전달한다. 윈도우 매니저 또는는 워드프로세서 자체의 한 부분일 수 있는

[19] Unicode Consortium, "The Unicode® Standard: A Technical Introduction," http:// www.unicode. org/standard/principles.html. 유니코드 표준의 최신 버전은 6.3.0이다. 유니코드 표준의 저자들은 BMP가 6만 4,000개의 코드 포인트를 갖고 있다고 설명한다. 우리는 6만 5,536개를 사용했다.

[20] Ibid.

디스플레이 소프트웨어는 숫자를 색인으로 사용하여 모니터 화면에 그려지는 "T"의 이미지를 찾는다. 사용자가 더 많은 문자를 입력할 때 이 절차는 계속된다.[21]

유니코드 협회에서 제공하는 용어를 사용하는 경우, 우리가 개발한 소프트웨어는 본질적으로 '디스플레이 소프트웨어'이다. 메모장, 마이크로소프트 워드 또는 이와 동등한 응용프로그램과 우리 소프트웨어 사이의 차이점은 전자는 컴퓨터가 'U+0054'를 메모리에서 읽을 때 'T'를 제시하지만, 우리의 소프트웨어는 코드 포인트를 행렬 안의 위치로 나타낸다는 것이다. U+0054(T), U+0068(h), U+0065(e)와 같은 일련의 유니코드 값이 소프트웨어에 의해 픽셀로 표시될 때 문자열 'The'가 아니라 매트릭스로 구성되고 표시된다. 이 경우 'Th'는 하나의 픽셀이 되고 'he'는 다른 픽셀이 된다. 《개벽》 1922년 7월호의 디지털본을 리모델하기 위해 우리가 개발한 소프트웨어는 1922년판에 포함된 텍스트와 관련된 유니코드 값을 재구성하여 한자와 한글 문자열의 글리프가 아닌 그리드 안의 점으로 표시되도록 했다.

우리가 사용한 그리드는 여러 이름으로 불렸다. 우리는 스티븐 에핑거Stephen Eppinger와 타이슨 브라우닝Tyson Browning에 따라

---

[21] Ibid.

DSM(Design System Matrix)이라고 부른다.[22] 우리의 소프트웨어에 의해 표현된 DSM은 X축과 Y축에 기본 다국어 평면의 6만 5,536개의 유니코드 값으로 정의된다. 텍스트에 자주 나타나는 값은 덜 자주 나타나는 값과 대비하여 상대적으로 밝아진다. 두 색상은 함께 배치된 값의 정렬 관계를 나타내는 데 사용된다. 녹색은 문자 쌍의 첫 번째 항의 유니코드 값이 두 번째 항의 유니코드 값보다 크다는 것을 나타내며, 빨강은 두 번째 항의 유니코드 값이 더 크다는 것을 나타낸다. 《개벽》에 대한 우리의 조사에서 중요한, BMP의 한자漢字와 관련된 유니코드 값은 모델에 의해 표시된 격자의 중앙에 나타난다. 한글과 관련된 값은 오른쪽 아래에 나타난다.[23]

---

[22] 디자인 구조 매트릭스DSM는 또한 의존성 구조 매트릭스, 의존성 시스템 모델, 전달 가능 소스 맵으로 설명되었다. Stephen D. Eppinger and Tyson R. Browning, *Design Structure Matrix Methods and Applications*, 6. 시스템 분석 및 계획을 가능하게 하기 위해 시스템 엔지니어링, 프로젝트 관리, 소프트웨어 개발에 자주 사용되는 매트릭스는 시스템의 요소 간 상호작용을 매핑한다. DSM은 간단한 그리드에서 복잡한 시스템의 요소와 상호작용을 나타낸다. Ibid., 2. 우리의 목표가 스크린 상에 《개벽》 디지털본을 드러내는 복잡한 메커니즘 전체를 설명하는 방법을 상상하고 있었기 때문에 DSM으로 실험하는 것은 신중한 일로 보였다. 시스템 모델링을 위한 DSM의 장점은 다양하며 우리의 목표를 향한 첫 걸음으로서 유용함이 입증되었다. DSM의 유연하고 생산된 시각화의 간결성은 시스템에 대한 직관적인 이해를 가능하게 한다. 또한 우리의 실험에서 이러한 도구를 사용하지는 않았지만 그래프 이론과 행렬 수학은 DSM 분석을 향상시킬 수 있다. Ibid., 9. 그래프 이론과 행렬 수학을 이용한 텍스트 시스템의 탐구는 이 글에서 자세히 다루지는 않았지만, 텍스트가 생성되고 배포되는 방법뿐만 아니라 텍스트의 중요한 패턴을 밝혀 줄 수 있다.

[23] 이 공간은 '한漢 표의表意 문자'라고 다소 문제적으로 불리는 것과 연관되어 있다. '표의 문자'에 대한 언어학자의 이의를 언급하면서 유니코드 표준은 중국어, 일본어, 한국어의 약어로 'CJK'를 사용한다. 베트남 문자가 이 공간에 포함되기 때문에 CJKV가 더 정확함에도 그러하

《개벽》1922년 7월호와 관련된 텍스트를 모델링하기 위해 국편 웹사이트에서 공개적으로 사용가능한 36개의 문서를 복사했다. 우리는 크롬 브라우저에서 각 텍스트를 불러와 표시된 텍스트를 마이크로소프트 메모장 문서로 복사했다.[24] 그런 다음 문서를 텍스트(.txt) 파일로 저장했다. 이 문서는 한 번에 하나씩 우리의 소프트웨어에 로드되었다.

세계 각국의 소설, 희곡, 문학을 한글로

우리의 소프트웨어를 사용하여 1922년 7월《개벽》지의 디지털 본에 각 글과 관련된 유니코드 값을 표시했을 때 중요한 패턴이 나타났다. 우리는 특정 텍스트들은 우리 모델의 중심에 크게 집중된 점들로 표시되는 반면, 다른 텍스트들은 오른쪽 아래에 크게 집중된 점들로 표시된다는 것을 발견했다. 이것은 특정 텍스트가

다. 한글 문자 세트가 어떻게 생성되고 통합되었는지, 그리고 사용된 소스는 유니코드 협회 부록 E "The Han Uni fication History."를 참조하기 바란다. 한글을 포함하는, '동아시아 표의 문자'로 알려진 유니코드 표준 버전 7.0에 대한 설명은 Unicode Consortium, Chapter 18 "East Asia."를 참조하기 바란다.

[24] 국사편찬위원회, "한국 역사 정보 통합 시스템" http://koreanhistory.or.kr/ 2015년 6월에 검색. 《개벽》의 1922년 7월호 파일은 http://db.history.go.kr/item/level.do?levelId=ma_013_0250. 에서 다운받았다. 아래의 각주에서 국편 데이터베이스는 국편 온라인 데이터베이스인 http://db.history.go.kr 를 의미한다.

다른 텍스트에 비해 많은 한자를 포함하고 있음을 시사한다. 이러한 결과를 디지털 텍스트의 원래 포맷과 비교해 보았을 때, 우리 모델이 장르에 따른, 그리고 텍스트가 번역인지 여부와 한자 사용의 상대적 빈도와의 상관관계를 시사한다는 것을 발견했다. 한글과 관련된 코드 공간은 번역된 문학뿐만 아니라 소설과 희곡을 모델링 할 때 환하게 빛났다. 우리가 다른 텍스트를 모델링했을 때, BMP의 한자와 관련된 그리드 중잉의 공간이 더 밝아서 텍스트에 많은 한자 문자가 포함되어 있음을 알 수 있었다.

우리는 이러한 패턴이 여러 가지 이유로 중요하다고 생각한다. 위에서 묘사한 바와 같이, 문체 실천이 장르와 번역 행위에 밀접하게 상응한다는 것을 시사한다면, 우리는 식민지 조선에서의 텍스트 제작에 대해 중요한 것을 배웠고 텍스트 비교 및 탐구를 위한 새로운 도구를 발견한 것이 될 것이다. 이런 식으로 우리 모델은 디지털 텍스트, 이 경우《개벽》의 디지털 텍스트가 어떻게 구성되었는지 빠르게 평가할 수 있게 함으로써 디지털 텍스트의 숨겨진 구성 요소를 유용한 방식으로 분명하게 나타내고자 한 우리의 의도를 실현한다.《개벽》의 독자들과 이를 연구해 온 사람들은 《개벽》의 글들이 여러 문체로 구성되어 있음을 인식했을 것이다. 사실 그들은 한자에 대한 상대적 능숙성이나 기타 여러 요인에 따라, 개별 텍스트에서 사용된 한자 대 한글의 비율에 대해 다른 반응을 보일 수 있다. 그러나 지금까지 독자와 연구자들은 한국 출판물에서 한자와 한글로 분절된 경계를 명료하게 '볼 수는'(문자 그

대로의 의미에서) 없었다. [그림 1]과 [그림 2]는 우리가 발견한 구체적인 예를 제시한다.

[그림 1]은 기자이자 천도교 회원인 이종린(1883~1950)의 글로 우리의 소프트웨어에 의해 만들어진 이미지이다. 이종린은 송나라 시인 소식蘇軾에 대해 쓴다. 이 글은 한자와 한글을 모두 포함하는 혼합된 문체로 시작한다. 글의 후반부는 전적으로 한문이다. 국편의 디지털 텍스트를 우리가 모델링 할 때, 한자와 관련된 코드 공간은 상대적으로 많은 수의 픽셀에 의해 "밝아진다". 한글과 관련된 코드 공간은 상대적으로 어둡다. 이와 대조적으로, 우리가 극작가 현철玄僖運(1891~1965)이 번역한 셰익스피어 햄릿의 4막 1장([그림 2])을 모델링 할 때, 우리 그래프에 의해 규정된 한글 코드 공간에는 불이 들어오고, 한자와 관련된 공간은 상대적으로 비게 된다.

서로 다른 범주의 텍스트들이 다른 문체의 조합을 사용하여 제시되는 것이 분명해지자, 텍스트 안에서 사용된 한글의 비율을 계산할 수 있는 기능을 소프트웨어에 추가했다. 이는 우리 모델이 가능하게 한 시각적 관찰을 정량화하는 데 도움이 되었다. 우리는 외국 문학작품의 한국어 번역이 평균적으로 텍스트의 93퍼센트가 한글을 사용하도록 작성되었다는 것을 발견했다. 이는 전체 잡지에 사용된 한글의 백분율과 상당히 대조적이다. 이는 약 80퍼센트였다.[25] 아나톨 프랑스Anatole France의 동화는 거의 전부 한글로 작성

---

[25] 이것은 국편 웹사이트에서 1922년 7월에 발행된 《개벽》과 관련된 모든 디지털 텍스트를 평균하

[그림 1] 《개벽》 1922년 7월호
송나라 시인 소식에 대한 이종린 글의 DSM 시각화

[그림 2] 《개벽》 1922년 7월호
셰익스피어 햄릿 4막 1장에 대한 현철 번역의 DSM 시각화

되었으며, 열렬한 아동문학 번역가이자 《개벽》을 만드는 조직의 중요한 구성원인 방정환 번역의 96퍼센트는 한글로 나타났다. 《개벽》의 1922년 7월호에 실린 번역 가운데, 월트 휘트먼Walt Whitman의 *Leaves of Grass*의 발췌역인 김석송金炯元(1900~?)의 《초엽집草葉集》에

여 계산되었다.

서〉는 《개벽》 1922년 7월호 번역 중에는 가장 한글을 적게 사용하지만, 여전히 그의 글 중 86퍼센트는 한글을 사용한다([표 1] 참조).

앞서 살펴본 바와 같이, 1922년 7월 《개벽》지와 관련된 디지털 구성에서 한글의 상대적 사용은 국편이 제공한 장르 범주와 잘 연관된다.[26] 허구의 텍스트는 주로 한글로 구성되어, 텍스트의 평균 94퍼센트가 한글 글리프로 표기되어 있다([표 2] 참조). 《개벽》 1922년 7월호의 논설은 한자의 비율이 현저히 높게 구성되어 있다. 사설 장르와 관련된 텍스트는 한글을 약 75퍼센트 활용한다. '문예 기

[표 1] 《개벽》 1922년 7월호 번역에 사용된 한글 비율

한글 글리프의 비율	장르	제목	번역	번역가	원저자
96%	소설	湖水의 女王 (童話)	Abeille (Honey bee)	方定煥	Anatole France
95%	시	失題	No Title	金億	Rabindranath Tagore & Sarojini Naidu
95%	희곡	바다로 가는 者들	Riders to the Sea	海兒	John Synge
94%	소설	結婚行進曲	The Wedding March	卞榮魯	Selma Lagerlöf
93%	소설	四日間	Four Days	想涉	Vsevolod Garshin
93%	소설	故鄕	Hometown	憑虛	Evgeniǐ Chirikov
92%	소설	가을의 하로밤	One Autumn Night	玄鎭健	Maxim Gorky
90%	희곡	하믈레트	Hamlet	玄哲	William Shakespeare
86%	시	〈草葉集〉에서	From Leaves of Grass	金石松	Walt Whitman

[26] 《개벽》의 편집자는 특정 장르 범주를 제공하지 않았기 때문에 온라인 국편본의 지침을 따른다.

[표 2] 장르에 따라 《개벽》 1922년 7월에 사용된 한글 글리프의 평균 비율

장르	한글 비율
문예기타	15%
소식	66%
잡저	71%
논설	75%
사고 편집후기	81%
세태비평	82%
회고 수기	83%
시	84%
기행문	86%
희곡 시나리오	93%
소설	94%

'타'로 분류되는 소식에 대한 이종린의 글은 텍스트의 15퍼센트만 한글 글리프를 사용한다. 이것은 텍스트의 상당 부분이 한자로 표시되기 때문이다.

이러한 결과는 많은 질문을 제기한다. 문체 실천이 번역 텍스트 장르와 완전히 일치하는 것처럼 보이는 이유는 무엇인가? 텍스트가 구성된 방법이 장르를 규정하는 데 도움을 주는 것인가, 아니면 장르가 텍스트가 구성되는 방법을 규정하는가? 텍스트가 주로 한글로 구성된 이유가 그들이 번역이기 때문인가 아니면 그들이 대부분 소설이나 희곡 텍스트의 번역이기 때문인가? 이러한 결과는 디지털 텍스트의 구성방식, 국편이 장르를 규정하는 방식, 《개

벽》해당 호의 출간본에 책임을 맡고 있는 민영순과 《개벽》편집자들이 이 호를 구성한 방식 때문인가? 아마도 그것은 이 모든 요인들이 기능했기 때문일 것이다. 우리가 구축한 모형에 의해 제기된 이러한 질문은 범주화의 담론체계와 우리 탐구의 물질적 대상 모두와 얽혀 있음을 시사한다.

더 많은 질문이 있다. 이러한 결과는 1920년대에 이 잡지를 읽은 독자들에 대해서 무엇을 말해 주는가? 즉, 독자들의 능력, 태도, 선호가 《개벽》 글의 구성방식에 영향을 미쳤을 것이다.

식민지 조선의 소설 텍스트는 한자를 잘 모르는 독자를 대상으로 작성되었는가? 사설은 한자를 더 잘 아는 이들을 위해 작성되었는가? 이 질문들은 즉시 이 텍스트를 만든 사람과 그 출간의 역학 및 상황에 관한 질문에 얽히게 된다. 아나톨 프랑스Anatole France의 이야기가 주로 한글로 작성된 것은 아이들을 위한 것이기 때문인가? 아니면 어쩌면 민영순과 함께 일하는 이들이 신속하게 써야 했기 때문에, 아래에 설명할 것처럼 일본에 의해 검열된 후 지면을 채워야 했기 때문일까? 해당 호가 인쇄된 신문관 인쇄소에서 민영순의 감독 아래 일하던 식자공들이 한자보다 한글을 더 빨리 식자할 수 있었을지 궁금할 수 있다. 비록 《개벽》의 디지털 사본을 만들 때는 한자를 인코딩하는 데 더 많은 시간이 걸렸음을 가리키는 정보들이 많지만, 1922년 신문관 인쇄소에서 한글과 한자 문서는 아마도 동일한 속도로 식자되었을 것이다. 아마도 프랑스의 이야기는 이미 준비되어 있었을 것이다. 왜냐하면 일본 검열

관은 다른 글을 재빨리 추가하는 것을 허락하지 않기 때문이다. 물론, 우리의 결과는 방정환의 고유한 번역 실천의 특성 때문일 수 있다. 이러한 번역은 분명히 방정환이 아동문학에 깊은 관심을 가지고 있기 때문에 시도된 것이지만, 그가 천도교의 적극적인 구성원으로, 그리고 3·1독립운동의 민족대표이자 천도교의 세 번째 교주인 손병희(1861~1922)의 사위로서 시대의 정치에 겹쳐 있었기 때문일 수 있다.[27] 우리는 우리의 문서를 김토함으로써 이러한 질문 중 일부에 대답하려고 시도한다. 이에 대한 해답보다도, 우리는 우리가 조사하는 물질적·담론적 객체와 얽혀 있는 우리의 연구가 촉발한 문학적, 역사적, 텍스트적 질문의 광범위한 공간을 발견했다.

《개벽》 1922년 7월호의 내용

다음 몇 단락은 《개벽》 1922년 7월호의 내용을 요약한 것이다. 이 요약은 우리가 해당 호를 리모델링할 때 나타난 패턴과 해당 호의 관련 문서에 대한 우리의 개입으로 밝혀진 풍경을 설명하기 위한 시도의 일부로서 필요하다. 이 잡지의 내용은 다양하다. 〈인류상대주의人類相對主義와 조선인朝鮮人〉과 자동차 운전을 한 최초

---

[27] 《한국민족문화대백과》 '방정환' 과 '손병희' 항목.

의 동아시아인과 같은 짧고 돈키호테식의 단편들이 병치되어 있다.[28] 치리코프Evgenii Chirikov(1864~1932)와 같은 러시아 작가들의 이야기와 함께 유교에 관한 토론이 펼쳐진다. 김억金熙權(1896~?), 김형원은 번역 외에도 시를 기고한다. 이종린은 유배 중인 송나라 시인 소식(1037~1101)을 떠올리며 《개벽》 2주년 기념호가 임술년의 7월에 발행되는 것이 의미가 깊다고 하면서, 동아시아에서 임술년은 특히 경사스럽지는 않았음을 시사한다. 그의 〈임술지추 칠월壬戌之秋 七月〉이라는 글은 공자가 임술년 4월에 죽었고, 이와 과장된 연관을 지으며 《개벽》의 잡저에 따르면 동아시아에서 자동차를 처음 운전한 사람인 손병희는 1922년(또한 임술년) 얼마 전에 사망했다고 기술하고 있다. 《개벽》 독자층의 다언어 능력과 고전 한문이 식민지 조선의 텍스트 환경에서 계속 역할을 하고 있었음을 상기시키면서, 이종린은 한국어로 이 글을 시작하고는 소식에 대해 논할 때는 주석 없는 고전 한문으로 계속 쓴다.

한국문학 정전에 대한 지식을 가진 전문가는 《개벽》 해당 호를 특히 중요한 출판물이라고 주장할 수 있다. 《개벽》의 1922년 7월호에는 김소월(1902~1934)의 대표작 〈진달내쏫〉이 처음으로 발표

---

[28] 《개벽》 1922년 7월호에 실린 짧은 글에 따르면, 동아시아에서 자동차를 운전한 최초의 사람은 천도교 지도자인 손병희였다. 이 글에 따르면, 손병희는 1903년에 일본을 여행하다가 미국인으로부터 차를 사고 운전교습을 받았다. 흥미로운 것은, 이 글이 상투를 틀고 갓을 쓰고 오사카를 자동차를 타고 돌아다니는 손병희의 모습을 묘사하고 있다는 점이다 〈동양東洋에서 자동차自働車 제일第一 먼저 타니가 누구인가〉, 《개벽》, 1922. 7, 59쪽.

된다. 김소월의 시는 이상정(1897~1947)의 시조와 당시 《개벽》의 문예편집자인 현철의 셰익스피어 《햄릿》 번역 사이에 실렸다. 김소월의 시는 셰익스피어의 비극 4막 1장 바로 전에 인쇄되어 있다. 거트루드는 햄릿이 폴로니우스를 방금 살해했다고 클로디우스에게 이야기하고 있다.

김소월의 〈진달내꽃〉과 거트루드의 고백 후 몇 페이지만 지나면, 〈세계걸작명편世界傑作名篇〉에 헌정된 특별부록이 《개벽》 2주년 기념일을 축하하며, 이 정기간행물의 국제적이고 초국적이라 할 만한 텍스트 환경을 보여준다. 러시아 작가 프세볼로트 가르신 Vsevolod Garshin(1855~1888)의 부상당한 군인에 관한 이야기인 〈사일간四日間〉부터는 별도의 숫자가 매겨진 특별 섹션으로 자체 목차를 가지고 있다. 가르신의 정서적으로 강렬한 전쟁 이야기에 이어 월트 휘트먼에 대한 짧은 에세이와 김형원이 발췌역한 *Leaves of Grass*가 등장한다.[29] 김형원은 휘트먼이 개척자와 창녀를 찬양하는 것을, 그리고 〈동경憧憬과 심사沈思의 이 순간瞬間〉에서는 세상 사람들을 '동포同胞'와 '애인愛人'으로 여기는 것을 보여준다.

휘트먼의 시 뒤에는 막심 고리키Maxim Gorky의 〈가을의 하로

---

[29] 번역된 시는 다음과 같다. 원시와 번역시 제목을 각각 병기한다. "Pioneers! O Pioneers!" 〈선구자先驅者여 오 선구자先驅者여〉, "As I Watch'd the Ploughman Ploughing" 〈내가 농부農夫의 농사農事함을 볼 때〉, "This Moment, Yearning and Thoughtful" 〈동경憧憬과 심사沈思의 이 순간瞬間〉, "Poets to Come" 〈장차將次 올 시인詩人〉, "To a Common Prostitute" 〈어떠한 창부娼婦에게〉, "Visor'd" 〈가면假面〉.

밤〉이 뒤따른다. 여기에는 가난한 창녀인 나타샤와 남성 서술자가 빵 한 덩어리를 훔쳐 강가에서 춥고 비오는 밤을 함께한다. 서술자가 나타샤에게 갖는 에로틱하고 동지적인 감정 사이의 긴장감을 설명하려는 것처럼, 안석주(1901~1950)의 두 삽화가 고리키의 이야기의 중간에 나타난다. 하나의 이미지는 "나의 애인"이라고 제목이 붙어 있으며, 《개벽》 독자들을 위해 실내에 앉아 있는 한복을 입은 매력적인 여성을 그리고 있다. 다른 하나는 '감상의 여름'으로, 숲속에 있는 여성 누드의 뒷모습을 독자에게 보여준다. 인도 시인 라빈드라나드 타고르Rabindranath Tagore(1861~1941)와 사로지니 나이두Sarojini Naidu(1879~1949)의 시가 김억의 번역으로 안석주의 삽화와 고르키의 소설 뒤를 따르면서, 보다 신비하고 똑같이 에로틱한 기록으로 세계의 문학적 축하를 계속한다.[30] 아일랜드 극작가 존 밀링턴 싱John Millington Synge(1871~1909)의 〈바다로 가는 자者들〉과 타고르처럼 노벨문학상 수삭자인 셀마 라겔뢰프Selma Lagerlof(1858~1940)의 〈결혼행진곡結婚行進曲〉도 2주년 기념부록에 포함되어 있다. 또 다른 노벨문학상 수상자인 아나톨 프랑스(1844~1924)의 동화 〈호수湖水의 여왕女王〉이 해당 호 《개벽》의 특별부록과 본문의 끝이다.

문학과 정치, 철학과 역사, 신기술과 상투, 사람과 장소는 한문과 한국어의 혼합된 문체로 표현된다. 각 주제와 장르는 각 텍스

---

[30] 타고르의 *The Gardener*(1913)와 나이두의 *The Broken Wing*(1917)에 실린 시들을 번역했다.

트의 구성방법에 영향을 주며 반대의 경우도 마찬가지이다. 텍스트 작성방법을 신속하게 평가할 수 있는 모델을 가지고 국편이 결정한 담론의 분류로 조사를 한정하는 대신 분류와 연관되는 텍스트 구성과 관련하여 여러 분류를 평가할 수도 있다. 또는 우리는 우리 자신의 분류가 다른 것들과 어떻게 겹쳐져 있는지 조사 할 수도 있다. 분류의 가능성은 거의 끝이 없으며 필연적으로 물질적 텍스트와 그 생산으로 돌아가게 할 것으로 보인다. 예를 들어, 노벨상은《개벽》해당 호의 지형에서 중요한 특징이다. 이 모든 텍스트는 번역이고 높은 비율의 한글로 구성되어 있다. 이것은 노벨상을 수상한 작가들이 유사한 문체를 지니고 있고, 이를 다양한 번역가들이 유사하게 번역했기 때문인가? 아니면 실제 문서의 번역과 상관있는 것인가? 번역자는 이렇게 다양한 언어로 된 텍스트로 작업했을까? 어쩌면 히라가나의 상대적 비율이 높은 유사한 문체의 일본어 번역들과 같은 이전 번역에서 작업했을 가능성이 더 높은 것이 아닐까?

비교

《개벽》1922년 7월호의 인쇄본과 디지털본 간에는 많은 차이점이 있다. 디지털본에서 안석주의 삽화를 생략한 것과 같은 점들은 실험 결과에 직접적으로 영향을 주지 않지만, 다른 점들은 우리의 실험에 직접적으로 영향을 끼친다. 예를 들어 디지털본의 글은 특히 인쇄물의 정확한 표기가 아닌 것으로 드러났다. 특히 한자와 한글의 사용에서 그러하다. 이것은 부분적으로 우리가 아래에서 설명하는 것처럼 국편이 행한 편집적 선택의 결과이다. 디지털 텍스트를 만들 때 한자를 인코딩하는 기술적 복잡성 때문일 수도 있다. 두 판본의 목차 간의 추가적인 차이점은 디지털 출판 편집자와 출판물 제작자가 잡지를 다르게 구성하고 분할했음을 보여준다. 실제로 3개의 글이 검열되었다는 표시와 같이, 인쇄 출판물의 목차에서 중요하다고 볼 수 있는 요소는 디지털 제작의 목차에서 생략되었다.

이러한 차이점은 식민지 시대와 현재 한국의 편집 행위를 이해하는 데 도움이 된다는 점에서 흥미롭다. 그러나 이러한 차이는 또한 우리가 본문을 리모델링하여 제안한 패턴을 어떻게 평가할 것인지에 관해서도 중요하다. 예를 들어, 디지털 발행물 제작자의 편집 태도는 우리가 모델화할 수 있었던 텍스트의 수와 종류에 직접적인 영향을 미친다. 물론 인쇄본을 처음 만든 사람들의 태도, 특히 한국어의 서술방식과 관련한 태도도 우리의 결과에 영향을 미친다.

국편의 《개벽》 1922년 7월호의 디지털본 제작이 인쇄 텍스트를 얼마나 정확히 재현한 것인지 알아보기 위해서, 특히 한글과 한자의 사용과 관련하여, 이돈화(1884~?)의 논설 〈인류상대주의人類相對主義와 조선인朝鮮人〉의 첫째 단락을 국편 웹사이트의 디지털본과 아단문고에 있는 인쇄본 사본을 비교해 보았다. 이돈화는 《개벽》 해당호의 편집장이었다. 우리는 또한 국편 웹사이트의 디지털본과 아단문고에 있는 인쇄물에 제시된 아나톨 프랑스의 동화의 첫째 단락을 비교했다. 왜냐하면 이 텍스트는 높은 한글 비율을 보이고 있기 때문이다.

우리는 다음에서 설명하듯이, 아단문고의 사본이 1922년 여름에 만들어진 1922년 7월호 《개벽》의 가능한 버전 중 하나만을 보여준다는 것을 인정하면서 비교했다. 또한 국편 웹사이트에 게재된 디지털 사본을 제작할 때 1922년 발행한 인쇄물을 사용했는지, 아니면 수많은 영인본 중 하나를 사용했는지 여부를 우리는 알지 못했다. 이러한 불확실성은 《개벽》 1922년 7월호의 디지털본과 프린트본을 비교할 때 우리가 발견한 것을 이해하는 방법에 영향을 미치기 때문에 중요하다. 물론, 이는 또한 해당 호의 텍스트를 우리가 리모델링한 것이 시사하는 결과를 어떻게 해석할 수 있는지에도 영향을 미친다.

인쇄본과 디지털본에 대한 보다 철저한 평가가 필요하지만, 우리의 비교 결과는 이돈화의 글에서 보듯 국편이 제작한 디지털본에서 한자가 상당히 과소 표현되었음을 시사한다. 이것은 부분적으로 국편 편집 정책의 결과인 것으로 보인다. 국편의 전문全文 데이터베이스 속의 《개벽》과 기타 정기간행물의 텍스트가 인코딩 되었을 때, 편집자들은 '일상적' 한자를 한글로 입력하기로 결정했다. 그들은 조선朝鮮, 한자漢字, 청년青年은 '일상적'인 것으로 간주한다고 설명했다. 또한 한자 숫자는 아라비아 숫자로 부호화되었다. 예를 들어, '육십팔六十八'이 인쇄본에 등장하면, 국편의 디지털본에는 '68'이라고 표시된다.[31]

인쇄본과 디지털본에서 이돈화 글의 첫째 단락을 비교하면, 국편이 만든 텍스트는 75퍼센트가 한글로 구성되어 있다는 것을 알 수 있다. 우리는 아단문고의 인쇄본에 있는 텍스트를 사용하여 같은 단락의 대체 디지털본을 작성하고 소프트웨어를 사용하여 분석을 수행했다. 그 결과, 해당 단락이 아단문고 인쇄본의 해당 텍스트를 정확하게 표기했다면, 한글의 비율은 57퍼센트가 될 것임을 시사했다. 이것은 이 단락의 국편 표기본이 인쇄 출판물의 한자를 약 18퍼센트가량 덜 표기한다는 것을 의미한다. 중요한 것은, 이러한 큰 불일치는 우리의 모델링에 의해 시사된 장르, 유형, 문체 간의 관계가 오직《개벽》의 디지털본이 어떻게 구성되었는지만을 정확하게 반영할 수도 있음을 시사한다. 다시 말해, 우리의 연구 결과는 국편의 편집 정책의 기능 때문일 수 있으며, 이는 디지털본의《개벽》이 만들어졌을 때의 기술 및 경제적 요인의 혼합에 의해 영향을 받았을 것으로 보인다. 그리고 이는 1920년대 조선의 유형, 장르 및 문체 간의 상관관계를 정확하게 반영하지 못할 수 있다. 이 비교와 관련된 페이지 이미지와 우리가 작성한 디지털본을 보려면 부록 B를 참조하기 바란다. 우리는《개벽》1922

---

[31] 국편,《한국 근현대 잡지 자료》.

년 7월호의 인쇄본과 디지털본의 차이점을 요약할 뿐만 아니라, 이 글의 끝 부분에 있는 부록에서 중요하지만 문체에 대한 논의에 덜 직접적으로 영향을 미치는 다른 것들에도 주목했다. 여기서 우리의 소프트웨어로 리모델링한 텍스트의 이미지도 제시한다. [표 3]은 《개벽》 1922년 7월호 인쇄본의 목차를 재구성한 것이다. [표 4]는 인쇄본 목차에 국편 추가 사항을 나타낸다(부록 A에 있는 표 3, 4, 5 및 6 참조).

《개벽》 1922년 7월호의 제작과 복제

우리의 모델이 제시한 패턴을 일으키는 원인, 즉 이것이 《개벽》 해당 호가 최초로 만들어질 때의 기능인지, 그것이 복제된 방식의 결과인지를 이해하려고 시도하기 위해서 1922년 여름의 《개벽》 해당 호의 제작과 그것의 디지털본의 제작에 대해서 조사했다. 《개벽》의 첫 제작과 복제에 대해서 우리가 알고 있는 것과 우리가 알지 못하는 것은, 더 많은 질문을 제기한다. 이러한 질문은 많은 학문상의 편견과 기회를 시사한다. 《개벽》의 인쇄본과 디지털본이 어떻게 생산되었는지 평가하기 어려운 것은 역사적 상황의 결과이며 한국 연구에서 역사적 문서의 물질적 측면에 대한 학문적 관심이 일반적으로 부족하기 때문이다. 《개벽》 평가의 어려움은 보다 일반적인 학문적 입장의 결과일 수 있다. 이는 텍스트 객체를 이것이 구성하는 표현/담론 분야나 이것의 물질적 구성을 탐구하지만, 텍스트가 어떻게 물질적·담론적 인공물로 얽혀 있는가를 탐구하지 않아서이기 때문일 수 있다. 이 같은 관심 부족을 다르게 바라보면, 텍스트적 대상의 메커니즘과 이를 만든 사람들을 조명하기 위해서 개입한 것을 통해서 가능하게 된 새롭고 탐구되지 않은 지적·물질적 영토에 대한 기회를 시사하는 것이기도 하다.

《개벽》과 개벽사

사회 개혁과 경제, 문학 비평과 예술에 이르는 주제에 관한 2,000편 이상의 글과 높은 비율의 원본 문학작품과 외국문학 번역을 담은 《개벽》은 담론의 핵심적 현장이었다. 마이클 로빈슨Michael Robinson은 《개벽》을 1920년대 한국에서 '문화적 민족주의'와 문학 창작을 위한 가장 중요한 현장이라고 표현한다.[32] 이 잡지를 제작한 회사인 개벽사는 3·1독립운동이 끝난 후 몇 달 동안에 혼합주의 종교단체 천도교의 회원들에 의해 조직되고 후원받았다.

---

[32] 최수일, 《《개벽》 연구》, 372쪽. 《개벽》 내용에 대해 영어로 된 보다 철저한 논의를 위해서는 Gi-Wook Shin의 *Ethnic Nationalism in Korea*의 6장, 특히 124~134쪽을 참조할 것. 또한 마이클 로빈슨의 *Cultural Nationalism in Colonial Korea*를 참조할 것. 《개벽》에 초점을 맞춘 연구들은 상대적으로 풍성하다. 최수일의 《《개벽》 연구》는 가장 자세하다. 《개벽》의 내용에 대한 일반적인 논의는 그의 책 4장을 참조할 것, 최수일은 5장에서 《개벽》이 제기한 문제들을 세밀하게 취급하고 있다.

1920년대 초반에 새로운 잡지와 신문과 동시적으로 청소년 조직의 수가 급격히 늘어난 것을 계기로, 천도교 조직의 젊은이들이 《개벽》을 시작했을 뿐만 아니라 《개벽》이 당대 가장 널리 배포된 잡지가 되도록 했다.[33]

인쇄 작업 및 독자층에 대한 정확한 데이터를 입수할 수는 없다. 《개벽》에 대한 가장 철저한 연구를 수행한 최수일에 따르면, 《개벽》은 각 호 평균 약 8,000 또는 9,000부가 인쇄되었고, 각 호의 약 7,000부가 한반도 전체에 배포되었을 것이라고 한다. 이는 당대 한반도의 한국어 잡지 중 가장 많이 배포된 것이다.[34] 식민지 검열관이 1926년 8월에 결국 잡지를 종간시키기 전에 상당한 수의 호를 몰수하지 않았다면, 배포된 수는 아마도 훨씬 더 많았을 것이다. 이 광범위한 잡지 배포를 가능하게 한 네트워크는, 애초에 천도교에 소속된 교회와 조직을 기반으로, 점차 증가하던 서점과 상사商社를 포함하는 등 빠르게 확대됐다.[35]

우리가 조사한 문서가 청년들이 종교단체를 위해 일한 결과라

---

[33] 청년조직의 수는 1920년에서 1922년 사이에 251개에서 488개로 거의 두 배가 되었다. 천도교와 같은 종교단체와 관련된 청년조직의 수는 더욱 빠르게 증가했다. 1920년에 98개의 조직이 있었는데, 1922년에는 271개가 있었다. 최수일, 앞의 책, 30면.

[34] 이는 《개벽》 1924년 7월호에 발표된 자료에 따른 것으로, 이에 따르면 《개벽》 누적 발행부수는 43만 4,000부였고, 이 중 11만 2,000부가 몰수되었다고 발표했다. 이것이 우리가 갖고 있는 최고의 자료임에도 불구하고, 여기에는 1924년 7월부터 1926년 8월에 《개벽》이 종간할 때까지의 기간을 포함하지 않는다. 최수일, 앞의 책, 313~317쪽.

[35] 최수일, 《개벽 유통망의 현황과 담당층》, 59~72쪽.

는 사실은 주목할 만하다. 왜냐하면 이것이 우리가 조사한 문서에 기록된 표현 기법에 영향을 미쳤을 가능성이 있기 때문이다. 정확히 얼마나 영향을 미쳤는지는 파악하기 어렵다. 우리는 이것과 그것이 제기하는 추가 질문들의 얽힘을 주목한다. 이 질문의 목록에는 젊은이들이 노인들과 어떻게 다른 문체를 썼을지에 대한 질문과 애초에 신문관 인쇄소에서 잡지를 물리적으로 생산했던 이들, 《개벽》의 개별 작가, 편집자들이 식민지 조선에서의 어떠한 교육을 받았는지 등에 대한 질문이 포함된다.[36] 또한《개벽》인쇄본과 디지털본의 차이점을 조정할 수 있다면 우리 모델을 사용하여 저자의 나이 또는 그들이 받은 교육의 종류에 따라《개벽》문서를 모델링함으로써, 적어도 한글과 한자의 사용 비율에 관해서 나이, 교육, 문체 간의 관계에 관한 가설을 세울 수 있다.

천도교 네트워크를 통해 한반도 주변에《개벽》을 배포한 젊은이들은, 우리로 하여금 젊은 창작가의 문체가 어떻게《개벽》독자의 기대와 피드백에 영향을 받았을지 궁금하게 한다. 인쇄 작업의 규모와 같은 요인은, 저자와 편집자의 독자에 대한 감각에 영향을 주었을 수 있다. 유통망의 형태에 대해서도 마찬가지이다. 저자와 편집인은 신문관의 식자공과 함께 문체를 편집하면서 대구의 천도교 청년들을 상상하거나 경성의 잡화점에서 상품을 사는 젊은

---

[36] 《개벽》은 1923년 초까지 신문관에서 인쇄가 되었고 이후 한자회사인 대동인쇄소에서 인쇄되었다. Wayne de Fremery, *How Poetry Mattered in 1920s Korea*, p.171.

급진당원을 상상했을까? 어쩌면 이 둘 다를 상상했을지 모른다. 또한 일본 관료제 안의 검열관들도 자신들의 글을 읽을 것이라는 점을 알고 있었다. 이러한 지형은 복잡하며, 또 식민지 시대의 텍스트가 어떻게 작성되었는지, 그리고 이 텍스트에 대한 우리의 모델이 왜 그러한 패턴을 만들어 냈는지 이해하기 위해서는 필수적으로 고려해야 한다. '급진당원' 또는 '회원'과 같은 개념으로 경계를 그리려고 할 때 더욱 복잡해진다. 더 많은 숙고가 필요하다. 급진적 민족주의자? 급진적 좌익? 이러한 특성 중 일부 또는 전부를 기술해야 하는가? 제작자의 특성에 대한 증명은 무엇으로 구성될 수 있을까? 독자의 경우는 어떠한가? 회원 자격 및 이에 대한 기술이 우리가 검토하는 문서의 문체에 어떻게 영향을 미칠 수 있었을까?

텍스트를 물질적·담론적 객체로 이해할 때, 우리의 모델을 사용하여 《개벽》의 문체가 식민지 조선에 그려진(또는 우리에 의해서 그어진) 개념적 경계, 《개벽》의 배포 네트워크나 검열 패턴의 변화, 각 호의 인쇄량을 보다 구체적으로 파악할 수 있다면 《개벽》 인쇄량의 변동과의 이러한 요소들이 어떠한 연관을 보이는지를 살펴볼 수 있다. 새로운 발견의 가능성에 흥분한 우리는 1922년 7월 《개벽》의 해당 호가 처음 제작되고 복사된 방법에 초점을 맞추고자 하였다. 이것이 해당 호를 모델링 할 때 나타나는 패턴의 이해에 영향을 미칠 수 있기 때문이다.

《개벽》 1922년 7월호 인쇄본 사본

아단문고의 《개벽》 7월호의 사본은 물리적인 문서의 여러 가지 사본의 가능성을 시사하여 이번에는 무엇이 '바로 그the' 1922년 7월호로 간주될 수 있는지에 대해 더 많은 질문이 제기되었다. 정관사 the와 출판물의 물리적 사본을 연관시키는 어려움은 고정되어 있고 안정된 것으로 보이는 인쇄 출판물을 평가할 때조차도 물질적이고 담론적으로 얽혀 있는 고려 사항을 시사한다. 이는 7월호의 여러 판본이 생성된 것으로 보이기 때문이다. 물론 이 불확실성은 우리가 리모델링한 패턴에 의미를 부여하는 방식에도 영향을 준다.

《개벽》 1922년 7월호의 발권란에 따르면, 이는 처음에 민영순 (?~1929)에 의해서 최남선의 인쇄소이자 출판사인 신문관에서 1922년 6월 28일에 인쇄되었다.[37] 거의 2주가 지난 7월 10일에서야 해당 호가 유통되기 시작했다. 인쇄와 배포 사이에 긴 간격이 생긴 이유는 해당 호의 초판본이 일본인 검열관에게 압수당했기 때문으로 추정된다. 아단문고에서 조사한 《개벽》 1922년 7월 사본에는 "임시"라는 글자가 기록되어 있다. 이는 경찰의 개입이 있

---

[37] 민영순이 태어난 시기는 불확실하다. 조규태는 그가 1890년 경기도에서 태어났다는 것을 시사하지만 필자는 이것을 확인할 수 없었다. 조규태, 《천도교의 문화운동론과 문화운동》, 114쪽. 1929년 3월 31일 오전 10시경 민영순의 사망이 《쥬외일부》에 발표되었다, 〈△ᅥ〉, 〈{ 외일보〉 1929. 4. 2.

었음을 표시한다.[38]

《개벽》 편집인들의 검열 내용에 대한 비교적 상세한 설명에도 불구하고, 6월 2일 최남선의 인쇄소에서 제작된 판본과 7월 10일에 유통된 판본 사이의 차이점은 분명하지 않다. 이는 우리의 실험과 연관해서 중요하게 고려되어야 한다. 글의 작성방법에 따라 국편에서 만든 디지털 인코딩 된 복사본에 대해 실험을 수행했을 때 발견한 구성 스타일, 장르 및 유형의 명백한 대칭을 모순되거나 복잡하게 만드는 데이터를 제공했을 수 있기 때문이다. 일본 관리들에 의해 적어도 3개의 글이 검열되었다. 〈본本 임시호臨時號를 읽은 이에게〉에 따르면 총 33페이지가 검열되었다. 이 글은 아단문고본과 국편 웹사이트 사본에 포함되어 있다. 검열된 텍스트의 제목을 보면, 일본 검열관들은 사회주의 주제에 대해서 우려했다는 것을 시사한다. 이성환李晟煥의 〈농촌개혁農村改革의 제창提唱〉, 이승희李烝熙의 〈조선朝鮮의 노동자 문제勞働者 問題〉, 연경과객燕京過客의 〈적색로서아赤色露西亞의 견문기見聞記〉. 다수의 한자를 포함하고 있는 제목만 보아도, 글 자체가 한자를 많이 포함할 것이라고 추측할 수 있다. 그러나 토지개혁, 노동운동, 러시아 여행은 사회주의의 함축을 지니기 때문에, 글의 저자와 편집자가 의도한 독자가 쉽게 읽도록 보다 순수한 한국어 어휘 및 인쇄상 표현

---

[38] 서울의 대학도서관 소장본 및 이용 가능한 《개벽》의 영인본은 모두 이 판이다. 최수일, 앞의 책, 109~110쪽.

의 사용을 요구했을 수도 있다.

민영순

《개벽》 1922년 7월호를 인쇄하는 데 책임을 맡은 인쇄인 민영순은 해당 호가 검열당한 사건에 깊이 관여했을 것이다. 그는 분명히 1922년 7월호 인쇄본을 조판하는 데 틀림없이 중요한 역할을 했을 것이다. 따라서 그의 작업은 우리가 리모델링한 텍스트의 디지털본에 영향을 미쳤을 것이다. 이에 따라, 비록 우리가 미결 문제와 생산적 탐구를 위한 기회만을 시사할 수 있다고 하더라도, 그의 작업이 우리의 해당 호에 대한 모델에 영향을 미쳤을 것이기 때문에 민영순에 대해 간단한 논의를 필요로 한다.[39]

이 시기의 《개벽》과 같은 문서 제작에 핵심적 역할을 담당했음

---

[39] 《개벽》 창간 시 민영순의 역할에 관한 문서는 국편에서 만든 디지털본에서 제외되었다는 점과, 이처럼 인쇄물에 포함된 다른 중요 정보도 마찬가지로 제외되었음에 유의해야 한다. 민영순의 이름과 다른 역사적으로 유익한, 특별호의 소매가(70전으로 일반 호 가격인 50전보다 20전 비쌌다)와 같은 세속적인 정보가 포함된 판권란은 해당호의 디지털본에는 포함되지 않았다. 일본 검열관의 개입을 보여주는 잡지 표지도 포함되지 않았다. 삿포로 맥주를 전면광고 한 뒷표지의 이미지는 아이러니하게도, 개벽사가 일본 기업이 제공한 광고 수익으로 적어도 부분적으로 자금을 조달했다는 것을 암시한다. 이 또한 누락되어 있다. 우리가 본 1922년 7월호의 인쇄본에 게재된 다른 광고들도 국편의 디지털본에는 나타나지 않는다. 《개벽》의 내용에 대한 광고주의 영향과 어떻게 그들이 잡지의 구성에 영향을 미쳤는지는 우리의 여구 견과에 한하서 있을 수 있는 또 다른 미결된 문제이다.

에도 불구하고, 이 기간 동안의 정기간행물의 물리적 제작을 법적으로나 다른 방식으로나 책임을 지고 있던 인쇄인들에 대한 연구는 거의 이루어지지 않은 것으로 보인다.[40] 그나마 이 시기 다른 인쇄인들보다, 《개벽》 1922년 7월호를 조직한 사람에 대해 다소 더 많이 알려져 있다. 그러나 1910년대 후반과 1920년대 초 조선 민족운동의 무대 뒤에서의 민영순의 다소 드라마틱한 삶, 즉 식민지 경찰에 의해 수없이 투옥된 이야기를 확인하는 것은 어렵다. 심지어 인쇄인으로서의 민영순의 조판 작업은 분별하기가 훨씬 더 어렵다. 그러나 저자로서 민영순의 작업이 이에 대한 암시를 줄 수 있을 것이다.

민영순이 1926년 6월 10일 조선의 최후의 왕인 순종 장례식 전에 적어도 한 번 이상 체포 된 적이 있다는 것은 비교적 확실하다.[41] 그는 또한 천도교의 중요한 회원이었고, 수필가이며 한시 시

[40] 우리가 아는 한, 이 시기의 출판물에 있는 인쇄인으로 열거된 사람들은 남자들이었다. 실제로, 당시 출판물을 규제하는 법규에는 출판물 발행 책임자가 남성으로 규정되어 있다. 출판법에는 그러한 조항이 없지만, 예를 들어 신문법에서는 인쇄인이 20세 이상의 남성 거주자여야 한다고 규정하고 있다. 〈신문지법〉, 《관보》 38278, 1907년 7월 27일, 제3조, 아세아문화사 영인본, 1973.

[41] 《동아일보》는 1926년 6월 8일, '민 모'와 많은 천도교 지도자들과 약 30명의 학생들이 체포되었다고 보도했다. 이 기사의 문맥에서, '민 모'가 민영순인 것은 분명하다. 또한 6월 6일 체포된 민영순과 다수의 사람들이 6월 13일에 석방됐다는 기사가 《개벽》 7월호에 실렸다. 〈수십형사數十刑事가 자동차自動車 오대五臺로 교당敎堂과 상춘원賞春園을 수색搜索, 경기도 경찰부와 종로서원의 련합활동, 가택을 수색하고 다수한 증거품 격문서 수만장을 압수, 목궤木机 양철통상자洋鐵桶箱子 등을 몰수沒收, 민족적民族的 중대사건重大事件〉, 《동아일보》 1926. 6. 8; 〈최근세계상最近世界相〉, 《개벽》, 1926. 7, 83쪽.

인이었다는 것도 명백하다. 우리가 이와 같은 사실을 알고 있는 이유는, 그가 《개벽》과 같은 천도교 잡지의 인쇄를 감독하는 것[42] 외에도 그러한 작품을 남겼기 때문이다. 그는 한국어와 한문으로 된 글과 문학작품을 출판했는데, 이는 매우 간접적이지만,《개벽》 1922년 7월호의 책임을 진 인쇄인으로서의 그의 조판 경향을 엿볼 수 있다. 1884년 실패한 쿠데타인 갑신혁명의 주도자 김옥균 (1851~1894)에 대한 긴 헌정 글에서, 민영순은 김옥균을 '영웅'으로 칭송한다. 이 글은 조선어로 쓰였고, 《개벽》 1920년 9월호와 10월호에 게재된다.[43] 민영순은 1920년 8월, 1922년 11월, 1922년 12월 《개벽》에 한시를 기고한다. 이 시기의 한국 정기간행물에 등장한 한시는 종종 당대의 주제를 다루었는데, 예를 들어 민영순의 1920년 8월의 〈홍수중용산洪水中龍山〉은 1920년 7월 서울의 용산 지역이 침수되어 많은 사람들이 사망한 심각한 홍수에 관한 것이다.[44]

---

[42] 민영순은 《신여성》의 이전 잡지명인 《부인》과 《어린이》의 여러 호들의 인쇄를 담당했다. 〈충달공 김옥균 선생〉, 《개벽》, 1920. 9, 41~56쪽.

[43] 〈충달공 김옥균 선생〉, 《개벽》, 1920. 9, 41~56쪽. 이 글은 2010년 10월 1일 http://db.history. go.kr에서 열리는 국편 데이터베이스의 《개벽》 온라인판에 포함되지 않았다. 그러나 조규태와 최수일은 이를 민영선의 별칭 중 하나인 구암산인鳩巖山人의 글로 추정한다. 조규태, 앞의 책, 68쪽; 최수일, 앞의 책, 656·738쪽. 게다가 김옥균에 대해 이어지는 글인 〈충달공 실기의 거듭〉은 분명 《개벽》에서 민영순의 글이라고 쓰여 있다. 민영순, 《개벽》, 1920년 10월, 67~76쪽.

[44] 〈용산침수오천호龍山浸水五千戶〉 《동아일보》 1920. 7. 10. 이 (수 중의 인즌. 내 녕이 숙뎄나〉, 《동아일보》 1920. 7. 10.

《개벽》의 영인본과 디지털본

《개벽》1922년 7월호의 디지털 복제물 제작에 관련된 텍스트와 사람들을 기술하는 것은 민영순이 인쇄본을 만드는 데 중심적인 역할을 어떻게 수행했는지 정확히 기술하는 것만큼 어렵다. 이러한 어려움 또한 역사적 텍스트의 디지털 복제물의 물질 및 전산 요소가 어떻게 맞물리는지를 밝힐 수 있는 생산석인 형태의 텍스트 비평을 유도할 수 있는 연구 기회이기도 하다. 《개벽》25호와 관련된 디지털 인코딩 된 텍스트를 리모델링 할 때 드러난 패턴을 이해하려는 우리의 시도는, 거의 탐구되지 않은 물질과 담론의 영역을 드러내었다. 한국의 문서 기록이 디지털 형식으로 구성될 때 그들이 어떻게 영향을 미치는지 인정하고 조사하는 것이 중요하다.

민영순이 1922년 6월 감독한 텍스트 제작본을 많은 조직들이 재발행했다. 개벽사(1970), 오성사(1982), 한일문화사(1987), 박이정판(1999), 국학자료원(2011)을 예로 들 수 있다. 이 영인본 중 하나 또는 여러 개가 《개벽》1922년 7월호와 관련된 디지털 텍스트의 기초가 될 수 있다. 국편에서 《개벽》전문全文 디지털본 제작에 관한 정보는 아주 최근까지는 전무했다. 현재 접근 가능한 정보는 《개벽》디지털본 전체에 대해서만 논의하고, 1922년 7월호의 제작에 대해서는 언급하지 않는다. 또한 국편이 제출한 정보는 상당히 모호하며, 국립중앙도서관에 보관된 원본뿐만 아니라 사용 가능한 몇 개의 영인본을 '아마도' 참고한 것으로 서술되어 있다.[45] 우리가 아는 한, 디지털 텍스트를 만드는 복잡하고 힘든 과정은 국편 웹사이트에서 소개되지 않는다. 디지털 텍스트에서 발견한 한글과 한자의 비율은 누구 또는 무엇의 책임인지, 또 우리의 발견의 의미를 알기 어렵기 때문에, 국편에서 디지털 텍스트가 어떻게 생성되었는지에 대한 더 많은 정보가 필요하다. 비록 그들이 전체 그림을 그려주지는 않지만, 개인들의 인터뷰는 국편에서 주최한 《개벽》 문서의 디지털본 제작에 관해 알려준다. 물론 그들은 《개벽》 25호의 디지털본 제작에 사용된 원본이 무엇인지는 밝히지 않는다.

역사가이자 서지학자인 장신은 많은 식민시기 출판물의 전문 텍스트 버전을 만든 2000년에 진행된 한국의 대규모 디지털화 프로젝트에 참여하였다. 그는 국편 웹사이트에서 많은 정기간행물을 게시하는 텍스트 입력을 감독했으며 한컴의 워드프로세싱 프로그램과 다양한 소프트웨어를 사용하여 잡지를 입력했음을 말했다. 사용된 소프트웨어 중에는 타이피스트가 이미지 파일을 조합하여 한자를 만들 수 있게 한 것도 있었다. 장신은 이 소프트웨어의 제목을 기억하지 못했다. 타이피스트는 문자 당 일정 금액을 지불받았고 한자는 한글보다 더 많은 돈을 지불받았다.[46] 장신의

---

[45] 국편, 《한국 근현대 잡지 자료》.
[46] 타이피스트는 정기간행물의 텍스트를 입력하는 것 외에도 텍스트에 등장하는 인물 및 조직과 같은 실체에 태그를 추가했다. 장신은 프로젝트에서 나온, 그가 여전히 소유하고 있는 한글 문

기록은 새로운 디지털 텍스트가 철저히 검토되었음을 시사한다. 많은 문서에는 긴 수정 목록이 포함되어 있었으며 장신은 입력된 모든 텍스트가 최소한 3회의 편집 검토를 거쳤음을 기억한다. 우리는 《개벽》의 어떤 사본이 현재 국편 웹사이트에서 이용할 수 있는 디지털본을 만드는 데 사용되었는지를 장신에게 질문했다. 그는 불확실하다고 대답했다.[47]

장신의 답변은 우리 실험과 관련된 텍스트의 계보를 명확하게 확정할 수는 없지만 우리의 결과를 평가하기 위해 더 자세히 조사할 필요가 있는 사회적, 물질적, 기술적, 경제적, 개념적 복합체를 엿볼 수 있게 한다. 이 조사는 역사적인 한글 텍스트가 어떻게 디지털로 구성되는지 더 잘 이해할 수 있게 할 것이다. 인쇄된 잡지의 한글 인코딩은 기술적으로 어려웠고 시간이 오래 걸렸다. 《개벽》의 디지털본을 제작하는 사람들은 정확한 표기를 보장하기 위해 타이피스트에게 한자 입력에 더 많은 돈을 지불했다. 한자가 인코딩하는 데 더 많은 시간이 걸리기 때문이다. '일상적' 한자가 무엇인지에 관한 결정을 위한 개념적, 편집적 결정은 개별적 타이피스트가 하도록 결정된 것인가? 아니면 이는 《개벽》과 같은 정기

서를 보여주었다. 그 중 대부분은 국편 웹사이트에 게시될 초안이었다. 이는 다음 태그로 표시된 사람 및 조직의 이름을 나타낸다. ⟨pers⟩ ⟨/pers⟩ 및 ⟨com⟩ ⟨/com⟩는 각각 인물과 조직을 나타낸다. 이 태그는 국편 웹사이트에서 복사하여 실험을 수행하는 데 사용된 디지털 텍스트에는 포함되지 않았다.

[47] 장신, Wayne de Fremery와의 개인적 인터뷰. 서울, 대한민국, 2014. 4. 12.

간행물을 인코딩하는 타이피스트들이 만들고 의논하여 합의가 있었던 것인가? 한자 인코딩 비용이 상대적으로 높다는 것이 '일상적' 한자를 한글로 쓰자는 편집상의 결정에 영향을 미쳤는가? 개별 텍스트가 인코딩 될 때, 이 지적 및 경제적 협상이 어떻게 진행되었을까? 이번에는 비용과 편집 정책 사이의 관계에 관한《개벽》을 구성하는 물질적 및 담론적 영역 모두에 창의적으로 참여함으로써 더 많은 의문이 제기된다.

일부 의문에 대해서는 부분적으로 대답할 수 있다. 이돈화의 글의 인쇄본과 디지털본의 첫 번째 단락을 비교해 보면 실제로 '일상적' 한자가 국편이 제작한 디지털 텍스트에 한글로 일관되게 기록되어 있다. 예를 들어, 우리가 아단문고에서 참고한《개벽》7월호의 인쇄본에 있는 다음 한자들은 국편의 디지털 텍스트에서는 계속 한글로 적혀 있다. 자기自己, 평생平生, 해석解釋. 아이러니하게 국편이 식민지 시대 정기간행물이 인코딩 된 방법을 설명하면서 '일상적' 한자어로 예를 든 조선朝鮮은 한글로 적혀 있지 않다. 이를 더 조사하기 위해 우리는 국편 웹사이트에 게시된 전문 텍스트 정기간행물에서 청년靑年을 찾아보았다. 이 용어는 국편에서 한글로 쓰이는 일상적 한자에 포함되었다. 이러한 검색결과에 포함된《개벽》의 글들 중 소수에 대한 단순한 조사에 따르면, 청년靑年은 비교적 일관되게 한글로 표기되었다.[48]

---

[48] 靑年에 대한 검색 결과 1,035건이 검색되었다. 청년에 대한 검색 결과도 1,085로 비슷한 수의

마지막으로, 우리가 이전에 제안한 바와 같이, 《개벽》의 인쇄물의 디지털 모델은 다양한 모델과 시스템을 사용한다. 《개벽》 25호를 리모델링할 때 나타난 패턴을 설명하려는 시도의 일환으로, 국편이 사용하는 다양한 모델과 시스템의 역사뿐만 아니라 이러한 모델과 시스템이 우리의 결과에 영향을 미쳤을 수도 있다는 것을 인정하는 것이 필요하다. 《개벽》의 국편본을 만드는 데 사용된 원본 및 편집 절차가 불분명한 것처럼, 국편이 사용했던 모델과 시스템의 역사는 불확실하다. 《개벽》 1922년 7월호는 얼마나 많은 방식으로 인코딩 되고 통합 데이터베이스 및 텍스트 처리 시스템의 일부로 다양한 저장 장치에 저장되었는가? 이러한 물질, 방법, 중개절차 중 어떤 것이 우리가 캡처한 유니코드 값에 영향을 주었는가? 우리는 확신하지 못한다. 그러나 이러한 의문은, 이전처럼, 디지털 텍스트의 물질적 전산적 요소에 개입한 것을 통해 제시되는 생산적인 기회들을 시사한다. 이는 텍스트가 물질적-담론적

결과이다. 국편, 항목 "靑年"과 "청년". http://koreanhistory.or.kr/directory.do?khSubjectCode= KH.05.00.000. 우리는 이 결과를 필터링하여 《개벽》에서 115건(1,035건 중)과 123건(1,085건 중)을 靑年과 청년에 각각 포함시켰음을 발견했다. 우리는 그런 다음 두 검색어가 나타난 글의 일부를 시각적으로 검토했다. 청년은 글의 제목과 소제목과 청년 조직의 이름과 같은 고유 명사의 일부로 사용되었을 때를 제외하고는 일반적으로 한글로 쓰였다. 그러나 우리는 예외도 발견했다. 예를 들어, 외국의 저자들에 의해 《개벽》 3호에서 '청년'에 대한 경구 모음집의 짧은 잡저가 한국어로 번역되었는데, 한글에서는 청년靑年을 한글로 음역하지 않는다. 다음 주소에서 찾을 수 있다. 국편, http://db.history.go.kr/item/level.do?levelId= ma_013_0030_0230. 유사하게, 《개벽》 15호에 있는 이돈화의 논설에는 청년靑年이 한자로만 나타난다. 국편, http://db.history. go.kr/item/level.do?levelId=ma_013_0150_0020 참조.

객체로 어떻게 작동하는지 조사하는 것이기도 하다. 사실, 디지털 대상을 구성하는 물질, 시스템, 모델을 다루는 것은 그들이 물질적이고 담론적인 요소의 얽힘으로 이해될 수 있기 때문에 우리의 논의를 마무리할 수 있는 적절한 장소이다.

케넷 티보도Kenneth Thibodeau는 디지털 대상이 '다중 유산'을 가지고 있으며, 이를 물리적 대상, 논리적 대상, 개념적 대상의 세 층위로 나눈다.

> 모든 디지털 객체는 물리적 객체, 논리적 객체, 개념적 객체이며, 각 층위의 성질은 크게 다를 수 있다. 물리적인 객체는 단순히 물리적인 매체에 기호를 새긴 것이다. 논리적 객체는 소프트웨어에 의해 인식되고 처리되는 객체이다. 개념적 객체는 사람이 인식하고 이해하거나, 몇몇 경우에는 상거래를 실행할 수 있는 컴퓨터 응용프로그램에서 인식하고 처리하는 객체이다.[49]

매튜 커센바움Matthew Kirschenbaum은 티보도의 개념적 층위를 그가 컴퓨팅 시스템 및 디지털 객체의 형식적 및 법의학적 물질성이라고 부르는 것에 통합한다. 법의학의 물질성은 "근대 법의학 및 형사학에 기본인 개별화 원칙에 달려있다. 이는 물리적 세계에

---

[49] Kenneth Thibodeau, "Overview of Technological Approaches to Digital Preservation and Challenges in Coming Years," 6.

서 두 가지가 정확히 똑같지는 않다는 관념이다."[50] 형식적 물질성
은 "비물질적 행동의 환영(또는 이를 작업 중인 모델이라고 부른다)을
전파할 수 있는 능력에 의해 지지되고 유지되는 추상적인 투사를
시사한다. 이는 모호함 없는 식별, 손실 없는 전송, 원본성 없는
반복을 의미한다."[51]

《개벽》의 디지털본에 대해서 티보도가 개념적 객체로, 커센바움
이 형식적 물질이라고 부를 언어와 체계만을 고려하더라도, 우리
의 디지털 텍스트는 다양하고 역사는 매우 복잡하다. 하드디스크
의 오류로 인해《개벽》해당 호를 다시 입력해야 했고, 데이터베이
스에 문제가 생겨서 일부 텍스트를 뒤섞어 버렸고(아마도 휘트먼과
가르신 텍스트가 결합되고 제목이 잘못 붙여진 이유일 것이다. 부록 A 참
조) 또는 우리가 획득한 《개벽》 사본을 구성하는 시스템의 어떠한
변화와 인코딩 절차들이 우리의 결과에 영향을 미쳤을 수 있다.
국편은 우리가 아는 한 그것이 디지털화한 역사적 문서의 기술적,
물질적 계보를 문서화하지 않았다. 더욱이 텍스트가 어떻게 텍스
트적, 역사적, 문학적으로 의미 있는, 물질적 인공물이 되었는지
를 이해하는 기회는 연구자들에게 거의 알려지지 않은 채로 남아
있다.

---

[50] Matthew G. Kirschenbaum, *Mechanisms: New Media and the Forensic Imagination*, Kindle edition,
pp. 195~196.
[51] Ibid., pp. 207~209.

시작 – 결론의 자리에서

서지학자 맥켄지D.F. McKenzie는 텍스트 타이포그래피의 가장 작은 세부사항이 발견과 창조적인 문학 및 역사적 해석의 기회임을 보여준다.[52] 매튜 커센바움은 우리가 디지털 환경에서 텍스트를 물질화하기 위해 사용하는 컴퓨팅 시스템의 가장 원소적인 측면도 마찬가지임을 시사했다.[53] 우리의 실험은 이러한 학자들의 주장을 뒷받침한다. 실제로 인쇄물과 디지털 문서의 복잡성과 두 문서 사이의 관계를 고려할 때 발견과 창조적 해석의 기회는 엄청나다. 과잉은 흥분되지만, 풍요로움에 대처하는 새로운 접근법이 필요하다. 조안나 드러커Johanna Drucker가 쓴 것처럼, 여기서 우리가 조사한 역사적 문서는 '단순하고 현실적인 물질적 사실'로 보기 어렵다.[54] 오히려 그들은 '시공간적 그리고 양자 차원의 연속체 속에 존재하는 잠정적으로 인공물에 안정화된 것으로 변화하는 관계의 장'을 시사한다.[55] 이들은 드러커가 쓴 것처럼 '개입의 프레이밍'를 통해 구성된다.[56] 또는 도나 해러웨이가 우리의 문서에 공명하는 방식으로 다음과 같이 압축적으로 말하는 것처럼 '객체는

[52] D. F. McKenzie, "The Book as an Expressive Form", *Bibliography and the Sociology of Texts*. 참조.

[53] Matthew G. Kirschenbaum, *Mechanisms: New Media and the Forensic Imagination*. 참조.

[54] Johanna Drucker, "Excerpts and Entanglements."

[55] Ibid.

[56] Ibid.

경계적인 프로젝트'이다.[57] 《개벽》1922년 7월호의 인쇄물과 전자본이 어떻게 의미가 있는지를 고려할 때, 우리는 해러웨이의 경계적인 프로젝트 중 하나에, 수행적으로 구성된 사실들과 관련하고 있었다. 그러므로 사실에 대한 우리의 정의는 실질적인 행동으로 이루어졌고, 일들이 실행되었다. 다양한 상태에 있는 잡지를 나타내는 메커니즘을 중재한다는 것은 드러커가 생산된 정보의 종류를 고려하기 위해 기술한 연속체의 경계를 구성하려고 시도하고, 무엇이 분명하게 만들어졌는지가 지식으로 자격을 갖추려면 충분한 신념을 야기해야 한다는 것을 의미한다. 프레이밍의 행위는 우리가 조사한 물질과 독립적이지 않다. 실제로 물질 자체는 우리가 수행할 수 있는 실험의 종류와 그것들과의 상호작용에 의해 생성될 수 있는 정보를 적극적으로 결정하고 있었다. 《개벽》의 전자본과 표준의 코드 공간을 구성하는 유니코드는 우리의 모델이 패턴을 생성할 수 있게 했다. 그 중요성은 다른 물질적 대상에 의해 결정되었고, 우리가 가져온 해석의 담론적 형식에 의해 결정되었다. 이러한 담론적 및 물질적 요소들이 어떻게 얽혀 있었는지는 우리가 물질적 텍스트의 견고성이나 담론적 시스템의 비물질성을 가정할 필요가 없다는 것을 시사했다. 우리는 담론적 실천의 형성적 공헌을 인정하면서도 우리 문서의 경험적 세계를 진지하게 받아들일 수 있다.

---

[57] Donna Haraway, *Simians, Cyborgs, and Women*, p. 4119.

단일 디지털 저작물의 단일 호에 대한 작은 세부사항을 드러냄
으로써 열린 광범위한 탐구 분야는 과거를 지금과 미래를 위해 갱
신하기 위한 더 넓은 노력의 일환으로《개벽》과 같은 출판물의 디
지털 복제를 고려할 때는 우리를 열망하는 경이에 빠지게 한다.
우리가 발견한 것처럼 텍스트의 아날로그 및 디지털 구성의 작은
세부사항이 발견과 창조적 해석을 위한 기회라면, 조안나 드러커
의 다음과 같은 주장은 과장이 아니다. '문화유산의 디지털 형식
으로의 이전은 인쇄의 출현과 같은 급진적인 역사적 순간이다.'[58]
개념적 문제와 데이터는 그다지 중요하지 않다. 실제로, 그들은
어렵다. 그리고 방대하다. 이러한 아카이브에 있는 개별 문서들이
물질적·담론적 객체로 어떻게 의미가 있는지, 그들이 반복하는
인공물이나 그들의 동일하지는 않은 '자신들'과의 관계를 기술한
다고 상상해 보면 국편과 다른 한국의 기억과 관련된 기관에 의해
큐레이팅 된 것들, 보다 큰 국제적인 예를 들어 한국어 자료를 포
함하기 시작한 인터넷 아카이브와 하티 트러스트Hathi Trust의 문
화 저장소의 '빅데이터'라고 할 수 있는 것들이 갑자기 아주 작아
보인다. 원거리 독서,[59] 컬쳐로믹스,[60] 문화 분석[61] 및 대규모 문학

---

[58] Johanna Drucker, Speclab: Digital Aesthetics and Projects in Speculative Computing, p. 198.
[59] Franco Moretti's Graphs, Maps, Trees: Abstract Models for Literary History and Distant Reading. 참조.
[60] Jean-Baptiste Michel et al., "Quantitative Analysis of Culture Using Millions of Digitized Books,"
pp. 176~182과 Culturomics, http://www.culturomics.org. 참조.
[61] 레브 마노비치Lev Manovich와 문화 분석과 관련된 다른 이들의 출판 목록은 Software Studies
Initiative, http://lab.softwarestudies.com/p/publications.html 참조.

및 문화 현상을 조사하기 위한 다른 방법은 방대한 데이터를 조사하는 방법을 제공할 수 있다. 그리고 이 방대한 데이터는 디지털 환경에서 모델링 된 역사적 인공물에 의미와 물질이 어떻게 관련되어 있는지 이해하기 위한 실험 결과로서 수집될 수 있다. 그러나 우리는 이러한 접근방식의 이론적인 한계에 빨리 도달할 것이라 생각한다. 인쇄물 및 기타 아날로그 물체의 견고성에 대한 가정(원거리 독서 및 문화 분석)[62]과 개별적인 역사적 그리고 물질적 형태에서 추상화된 언어학적 데이터에 초점을 맞추었기 때문이다(컬쳐로믹스).[63] 개별 인공물의 작은 세부사항이 문화와 문화 객체의 연구에 대한 빅데이터적 접근의 한계를 시사할 수 있다는 생각에는 시적 아이러니가 있다. 만약 그렇다면, 아이러니는 특히 신랄할 것이다. 왜냐하면 이러한 이론적 문제는 우리가 식민지 조선에

---

[62] 모레티는 '구체적인' 개별 작품 대신에 여러 나라의 문학적 작품, 소설 텍스트의 지리공간적 관계, 시간에 따른 문학적 장르의 진화를 비교하기 위해 그가 '인공물 구성의 삼중주'라고 부르는 것에 관심이 있다. 그는 자신의 절차를 통해 '텍스트의 현실'을 '고의적으로 축소하고 추상화하는 과정'을 거치게 된다. Franco Moretti, Graphs, Maps, Trees, 1. 비슷한 태도를 제안하면서 레브 마노비치는 "디지털 컴퓨터 이전에, 데이터는 일반적으로 일부 영구적 매체에 기록되었다. 이는 그것이 제시된 형식도 고정되어 있었다는 것을 의미한다." Lev Manovich, "Data Stream, Database, Timeline."

[63] 쟝-밥티스트 미쉘Jean-Baptiste Michel 외에서는 "Quantitative Analysis of Culture Using Millions of Digitized Books"에서 기술한 컬쳐로믹적 분석을 수행하기 위해 서적 텍스트들은 광학 문자 인식을 사용하여 디지털화했다. 흥미롭게도, 물리적인 서적 자체나 스캔된 이미지가 아닌, 메타데이터는 '출판일과 출판장소⋯⋯ 장서를 스캔한 도서관과 출판사, 서지 데이터베이스를 보충한' 것이다. Jean-Baptiste Michel et al., "Quantitative Analysis of Culture Using Millions of Digitized Books," 1.

서 장르, 번역, 그리고 작문 실천에 관한 영역별 가설들을 만드는 중에 뚜렷이 보이게 될 것이기 때문이다. 사실, 《개벽》을 리모델링한 것이 추가적인 학문적 발견의 전조가 되고, 텍스트가 의미의 대상으로 어떻게 작용하는지에 대한 새로운 창조적 학문적 실천이 시작된다면, 우리의 재료 선택에는 뜻밖의 재미가 있을 것이다. 《개벽》은 '창조'라는 의미 외에도 '시작'이라는 의미가 있다.

[번역: 정기인·서울대 국문과 박사수료].

부록 A

본문에서 설명하는 차이점 외에도 디지털본과 인쇄본의 목차는 여러 가지 방식으로 다르다. 이들을 지적하는 것이 중요하지만 본문에서 서술하기에는 과도했다. 국편의 디지털본에는 인쇄물의 목차에 나타나지 않는 개인 저자의 짧은 글들이 나열되어 있다. 또한 김소월이 인쇄본에 〈진달내꼿〉이라는 제목 하에 쓴 6개의 시는 국편 웹사이트의 온라인 호에는 목차에 각각 제목이 따로 표시되어 있다. 이로 인해 김소월의 기여도는 최소한 원본 인쇄본에서의 재현방식과 비교해 보면, 더욱 중요해 보이게 된다. 국편 웹사이트 사용자의 관심과 정전 시인의 시를 찾으려는 사용자들의 관심에 부합하려 하는 국편 편집자의 선호를 시사하는 것일 수 있다. 또한 두 개의 텍스트는 잘못된 제목에 '잘못 배치된' 것으로 나타난다. 염상섭이 번역한 프세볼로트 가르신의 단편 〈사일간四日間〉과 김석송이 번역한 월트 휘트먼의 시들은 인쇄본의 목차에 개별적으로 기재되어 있지만, 디지털본의 목차에는 나타나지 않는다. 디지털본에서는 휘트먼과 가르신의 텍스트가 해당 호의 문학 부록의 제목인 〈세계걸작명편世界傑作名篇, 개벽이주년기념호 부록 開闢二周年記念號 附錄〉이라는 제목 하에 함께 인쇄되어 있다. 국편 웹사이트에서 텍스트를 다운로드할 때, 〈세계걸작명편, 개벽이주년기념호 부록世界傑作名篇, 開闢二周年記念號 附錄〉이라는 제목의 텍스트를 인쇄본에 해당하는 두 개의 텍스트로 나누었다.

마지막으로 국편 웹사이트에 게시된 디지털 텍스트에 대한 우리의 변경사항을 기술하는 것 외에도, 《개벽》 1922년 7월 22일자 인쇄본이 디지털본보다 일본의 검열이 더 강력하게 등록되어 있음을 확인했다. 이러한 사건이 수사를 정당화하는 물질적 방식으로 역사를 통해 어떻게 반향되는지를 시사한다. 여기서 우리는 한국 작가들의 노력을 삭감하려는 일본의 노력이 어떻게 이 저자들이 당시의 중요한 문제에 대한 그들의 신념을 표현했는지를 탐색할 수 있는 우리의 능력을 제한하고 있음을 알 수 있다. 또한, 우리는 일본 검열과의 조우가 《개벽》 해당 호에 대한 물질적 재생산과 전달, 특히 디지털 사본에 어떻게 영향을 주었는지 분명하게 알 수 있다. 예를 들어, 인쇄 출판물의 목차는 해당 호에서 제거된 텍스트의 제목 옆에 '삭제削除'를 인쇄하여 일본어 금지를 나타낸다. 대조적으로, 검열된 기사의 제목은 해당 호의 디지털본 목차에 포함되지 않았다. 아마도 그 이유는 그 글들이 해당 호에 나타나지 않기 때문일 것이다. 또한.목차에 기사가 검열 된 사실도 보여주지 않는다. 역설적이게도, 일본의 검열 행위는 《개벽》 1922년 7월호의 새로운 디지털본에서, 원본인 인쇄본보다 더 완전하게 된다.

[표 3] 《개벽》 1922년 7월호의 목차

번호	제목	저자/ 번역자	(번역인 경우) 원저자	장르
	心油盧壽鉉筆			
1	最後까지 驀進하리라			사고·편집후기
2	人類相對主義와 朝鮮人	李敦化		논설
3	人格主義	崔承萬		논설
	農村改革의 提唱 (削除)	李成煥		
4	儒林諸賢에게 一言을 告합니다	金秉濬		논설
5	人類의 起源과 發生	田文		논설
	學生論壇			
	勞動運動의 大勢上으로 본 朝鮮勞動者問題 (削除)	李永熙		
6	鐵과 石炭	梁在恂		논설
	赤色露西亞의 奇見珍聞 (削除)	燕京過客		
7	南鮮農主에게 警告하노라	金鴻機		논설
8	壬戌之秋七月	李鍾麟		문예기타
9	是非를明白키 하기 爲하야	朴達成		세태비평
10	(世界一週) 山 넘고 물 건너	一愚		기행문
11	社會日誌	一記者		소식
12	孫義菴先生의 墓를 拜觀함	春坡		회고·수기
13	文學과靈感	江戶學人		논설
14	大同江 (詩)	岸曙		시
15	朝鮮美術의 史的考察	朴鍾鴻		논설

16	山家에 寓居하야	金石松		시
17	故鄕	憑虛	Evgeniï Chirikov	소설
18	詩調	李相定		시
19	진달내꼿	金素月		시
20	하믈레트	玄哲	William Shakespeare	희곡·시나리오
	附錄			
21	四日間	想步	Vsevolod Garshin	소설
22	〈草葉集〉에서	金石松	Walt Whitman	시
23	가을의 하로밤	玄鎭健	Maxim Gorky	소설
24	失題	金億	Rabindranath Tagore & Sarojini Naidu	시
25	結婚行進曲	卞榮魯	Selma Lagerlöf	소설
26	바다로 가는 者들	海兒	John Synge	희곡·시나리오
27	湖水의 女王 (童話)	方定煥	Anatole France	소설

[표 4] 《개벽》 1922년 7월호의 목차

번호	제목	저자/번역가	장르
28	東洋에서 自働車 第一 먼저 타니가 누구일가		잡저
29	本 臨時號를 읽은 이에게		사고·편집후기
30	新嘉坡의 日本人	개벽사	소식
31	진달래꽃	金素月	시
32	개(渚)여울	金素月	시
33	제비	金素月	시
34	將別里	金素月	시
35	孤寂한날	金素月	시
36	江村	金素月	시
37	文藝篇 寄稿諸氏에게		사고·편집후기
38	餘言		사고·편집후기

부록 B

다음은 국편 웹사이트 http://www.history.go.kr/url.jsp?ID=NIKH.
DB-ma_13_025_0020.에서 보이는 이돈화의 〈인류상대주의人類相
對主義와 조선인朝鮮人〉의 첫 단락이다. 아단문고의 《개벽》 1922년
7월호의 인쇄본에 있는 한자가 한글로 옮겨진 것은 진하게 표시하
였다.

漢室의 名臣 諸葛亮이 일즉 **자기**의 소신을 말하야 曰〈내의 **평생**은 오
즉 내 스스로가 알 뿐이라〉하엿나니 吾人은 諸葛의 此言을 비러 일으되
朝鮮人의 **행복**은 먼저 朝鮮人으로써 朝鮮人 **자기**를 善히 **해석**함에 잇
다함을 마지 아니 하노라. 즉 朝鮮人된 우리는 먼저 朝鮮의 **현재**를 善
히 **해석**하며 **장래**를 善히 추측할 **필요**가 잇스며 그리하야 그에 대한 善
後策을 徹底히 **강구**하며 딸아서 善後策에 대한 主義 主張을 絶叫하야
써 **최후의 목적**을 **인류 전반**으로 더 불어 함께 **해결**함에 잇다 하리라.

아래는 《개벽》 1922년 7월호 아단문고 소장본에서 이돈화의 〈인
류상대주의人類相對主義와 조선인朝鮮人〉의 2페이지 첫 단락을 저자
들이 옮긴 것이다.

漢室의 名臣 諸葛亮이 일즉 **自己**의 **所信**을 말하야 曰〈내의 **平生**은 오
즉 내 스스로가 암 뿐이라〉하엿나니 吾人은 諸葛의 此言을 비러 일으

[그림 3] 《개벽》 1922년 7월호 아단문고 소장본의 2페이지 이미지

[그림 4] 《개벽》 1922년 7월호 아단문고 소장본의 67페이지 이미지

되 朝鮮人의 幸福은 먼저 朝鮮人으로써 朝鮮人 自己를 善히 解釋함에 잇다함을 마지 아니하노라. 卽 朝鮮人된 우리는 먼저 朝鮮의 現在를 善히 解釋하며 將來를 善히 推測할 必要가 잇스며 그리하야 그에 대한 善後策을 徹底히 講究하며 딸아서 善後策에 대한 主義 主張을 絶叫하야써 最後의 目的을 人類全般으로 더 불어 함께 解決함에 잇다 하리라.

아래는 국편 웹사이트(http://www.history.go.kr/url.jsp?ID=NIKH.DB-ma_13_025_0350)에 올려진 아나톨 프랑스Anatole France의 동화를 번역한 방정환의 〈호수湖水의 여왕女王〉 첫 단락이다. 이 단락의 사본은 아단문고 소장본에 있는 해당 호의 인쇄본 67쪽과 동일하다.

불란서의 해변에서 한 이삼마일쯤 바다로 나아가면 거긔서는 바람만 안 불 고 청명하게 개인 날이면 배우에서 깁듸 깁흔 바다 속 바닥에 커-다란 나무 가 수數업시 무성히 자라서 숩을 이루어 잇는 것이 보입니다. 몃 만년이나 이전에는 이 나무 잇는 곳이 물 속에 잇지 아니하고 바다우에 잇서서 그 숩 속에는 여러 가지 새와 짐승들이 떼지어 잇섯습니다. 그리고 그 나무숩 저쪽에는 훌륭한 마을이 잇고 그 마을에는 〈크라리-드〉 공작公爵의 계신 성城이 잇섯습니다.

* This article was originally published as "Remodeling Creation: The July 1922 Issue of Kaebyŏk Magazine" in The Journal of Korean Studies 20, no, 2 (Fall 2015):415–457 The authors are grateful to the Journal of Korean Studies for permission to reproduce it here.

참고문헌

● 국내 논저

〈東洋에서 自働車 第一 먼저 타니가 누구일가〉,《개벽》, 1922. 7, 59쪽.

〈龍山浸水五千戶〉,《농아일보》 1920. 7. 10.

〈數十刑事가 自働車 五臺로 敎堂과 賞春園을 搜索, 경긔도 경찰부와 종로서원의
    련합활동, 가택을 수색하고 다수한 증거품 격문서 수만장을 압수, 木机 洋鐵桶
    箱子 箱子등을 沒收, 民族的 重大事件〉,《동아일보》 1926. 6. 8.

〈수중의 원혼: 네 명이 죽었다〉,《동아일보》 1920. 7. 10.

〈신문지법〉,《관보》 38278, 1907년 7월 27일, 제3조, 아세아문화사 영인본, 1973.

〈最近世界相〉,《개벽》, 1926. 7, 83쪽.

〈충달공 김옥균 선생〉,《개벽》, 1920. 9, 41~56쪽.

국사편찬위원회,《한국 근현대 잡지 자료》, 2015. 5. 5. 검색. http://db.history.
    go.kr/introduction/intro_ma.html.

____, 〈한국역사정보통합시스템〉 2015. 6 검색. http://koreanhistory.or.kr/.

민영순, "Ch'ungdal Kong silgi ŭi kŏdŭm",《개벽》, 1920. 10, 67~76쪽.

조규태,《천도교의 문화운동론과 문화운동》, 국학자료원, 2006.

최수일, 〈《개벽》 유통망의 현황과 담당층〉, 임경석 외,《개벽에 비친 식민지 조선
    의 얼굴》, 모시는사람들, 2007, 19~87쪽.

____,《《개벽》 연구》, 소명출판, 2008.

《중외일보》 1929. 4. 2.

《한국민족문화대백과》 2015. 4. 5. 검색. http://encykorea.aks.ac.kr/Contents/
    Index.

• 국외 논저

Auty, Robert, and Dimitri Obolensky, eds. *An Introduction to Russian Language and Literature*. Cambridge: Cambridge University Press, 1977.

Bohr, Niels. "Quantum Physics and Philosophy: Causality and Complementarity." In *The Philosophical Writings of Niels Bohr*. Woodbridge, CT: Ox Bow Press, 1963.

Buckland, Michael K. *Information and Information Systems*. Kindle edition. New York: Greenwood Press, 1991.

_____. "What Is a 'Document'?" *Journal of the American Society for Information Science* 48, no. 9 (September 1997): 804 –9. http://www.columbia.edu/cu/libraries/inside/units/ bibcontrol/osmc/bucklandwhat.pdf.

Culturomics. http://www.culturomics.org.

de Fremery, Peter Wayne. "How Poetry Mattered in 1920s Korea." PhD diss., Harvard University, 2011.

Drucker, Johanna. "Excerpts and Entanglements." Unpublished talk for the Document Academy meeting at the University of California, Berkeley, School of Information Management Systems (SIMS). August 13, 2003.

_____. *Speclab: Digital Aesthetics and Projects in Speculative Computing*. Chicago: University of Chicago Press, 2009. http://www.johannadrucker.com/pdf/Excerpts_and_ Entanglements.pdf.

Eppinger, Stephen D., and Tyson R. Browning. *Design Structure Matrix Methods and Applications*. Cambridge, MA: MIT Press, 2012.

Gleick, James. *The Information: A History, a Theory, a Flood*. Kindle edition. New York: Random House, Inc., 2011.

Gorky, Maxim. *Tales from Gorky*. Translated by R. Nisbet Bain. Reprint of the Funk and Wagnall's Company (New York) 1902 edition, The Internet Archive. Ttd *from Gorky.* http://www.archive.org/details/talesfromgorky00gorkiala.

Haraway, Donna. *Simians, Cyborgs, and Women: The Reinvention of Nature.* Kindle edi- tion. New York: Routledge, 1991.

How Poetry Mattered. www.howpoetrymattered.org.

International Organization for Standardization (ISO). Reference Model for an Open *Archival Information System.* Washington, DC: Consultative Committee for Space Data Secretariat, 2012. http://public.ccsds.org/publications/archive/650x0m2. pdf.

Kirschenbaum, Matthew G. *Mechanisms: New Media and the Forensic Imagination.* Kindle edition. Cambridge, MA: MIT Press, 2008.

Lagerlöf, Selma. "The Wedding March." In *The Girl from the March Croft.* Translated by Velma Swanston Howard. Reprint of the Garden City: Doubleday, Page & Company, 1916 edition, pp.163~173. The Internet Archive. http://www. archive.org/details/girlfrom marshcro001858.

Lund, Niels Windfeld. "Document Theory." *Annual Review of Information Science and Technology* 43, no. 1 (2009): pp.1~55. doi: 10.1002/aris.2009.144043011.

Manovich, Lev. "Data Stream, Database, Timeline." http://lab.softwarestudies. com/2012/ 10/data-stream-database-timeline-new.html.

McCarty, Willard. "Modeling: A Study in Words and Meanings." In *A Companion to Digital Humanities,* edited by Susan Schreibman, Ray Siemens, and John Unsworth. Kindle edition. Malden, MA: Blackwell Publishing, 2004.

McKenzie, D. F. *Bibliography and the Sociology of Texts.* Kindle edition. Cambridge, Cambridge University Press, 1999.

Michel, Jean-Baptiste et al. "Quantitative Analysis of Culture Using Millions of Digitized Books." *Science* 331, no. 6014 (December 2010): pp.176~182. doi: 10.1126/science.1199644.

Moretti, Franco. *Distant Reading*. Kindle Edition. New York: Verso, 2013.

_____. *Graphs, Maps, Trees: Abstract Models for Literary History*. New York: Verso, 2005.

Oxford Dictionaries. http://www.oxforddictionaries.com.

The Oxford English Dictionary. 2nd ed. 20 vols. Oxford: Oxford University Press, 1989. Robinson, Michael. *Cultural Nationalism in Colonial Korea*. Seattle: University of Washington Press, 1988.

Schröter, Jens. "Discourses and Models of Intermediality." CLCWeb: *Comparative Literature and Culture* 13, no. 3 (2011). http://docs.lib.purdue.edu/clcweb/vol13/iss3/3.

Shannon, C. E. "A Mathematical Theory of Communication." *Bell System Technical Journal* 27, no. 3 (July 1948): pp.379~423. doi: 10.1002/j.1538-7305.1948.tb01338.x.

Shelley, James. "The Concept of the Aesthetic." In *The Stanford Encyclopedia of Philosophy*, edited by Edward N. Zalta. Fall 2013 Edition. Accessed April 4, 2015. http://plato.stanford.edu/archives/fall2013/entries/aesthetic-concept.

Shin, Gi-Wook. *Ethnic Nationalism in Korea*. Stanford, CA: Stanford University Press, 2006.

Software Studies Initiative. http://lab.softwarestudies.com/p/publications.html. "Sosik" [Gossip].

Tanselle, G. Thomas. *Bibliographical Analysis: A Historical Introduction*. Kindle edition. Cambridge: Cambridge University Press, 2009.

Thibodeau, Kenneth. "Overview of Technological Approaches to Digital Preservation and Challenges in Coming Years." In *The State of Digital Preservation: An International Perspective*. Conference Proceedings, April 24~25, 2002. Washington, DC: Council on Library and Information Resources, July 2002. http://www.clir.

org/pubs/reports/ pub107/pub107.pdf.

Unicode Consortium. Appendix E, "Han Unification History." Accessed April 10, 2015. http://www.unicode.org/versions/Unicode7.0.0/appE.pdf.

_____. Chapter 18, "East Asia." Accessed April 10, 2015. http://www.unicode.org/ ver sions/Unicode7.0.0/ch18.pdf.

_____. "History Corner." Accessed April 10, 2015. http://unicode.org/history.

_____. "What Is Unicode." Accessed April 10, 2015. http://www.unicode.org/ standard/ WhatIsUnicode.html.

_____. "The Unicode® Standard: A Technical Introduction." Accessed April 10, 2015. http://www.unicode.org/standard/principles.html.

Wikipedia. "Unicode." Accessed April 3, 2015. http://en.wikipedia.org/wiki/ Unicode.

종합토론

"디지털 인문학,
어디까지 왔나 어디로 가나"

사회 · 허수(서울대학교 국사학과)

토론 · 최일만(서울대학교 철학과 박사과정)

위세찬(한림대학교 명예교수)

최영재(한림대학교 미디어커뮤니케이션학부)

송인재(한림대학교 한림과학원)

김용수(한림대학교 영어영문학과)

이재연(울산과학기술원)

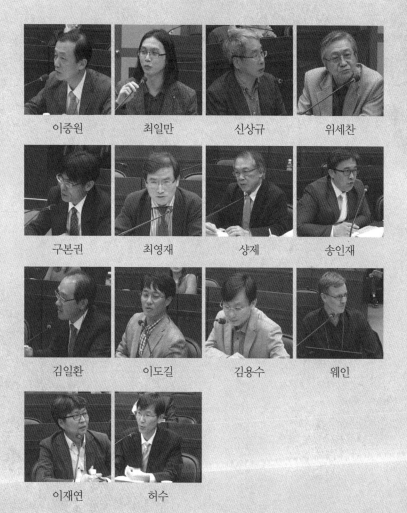

이중원   최일만   신상규   위세찬

구본권   최영재   상제   송인재

김일환   이도길   김용수   웨인

이재연   허수

사회자 ●●● 안녕하십니까. 종합토론 진행의 사회를 맡은 서울대학교 국사학과 허수입니다. 반갑습니다. 지금까지 총 여섯 분의 발표를 잘 들었습니다. 전반부에 디지털 사회 포스트휴먼 Posthuman 시대의 철학과 윤리 교육에 관한 세 분의 발표를 들었구요. 후반부에 디지털 인문학과 관련한 구체적인 적용에 대한 세 분의 연구를 잘 들었습니다.

지금 발표하신 여섯 분에 대해서 순서대로 토론자 한 분이 발표자 한 분에 대한 토론을 진행하도록 하겠습니다. 먼저 첫 번째로 발표하신 이중원 선생님의 '다가올 포스트휴먼 시대의 철학'에 대해서 서울대학교 철학과의 최일만 선생님께서 토론을 해주시겠습니다.

최일만 ●●● 이중원 선생님께서는 인공지능으로 인해 야기되는 탈인간주의에 대해서 말씀해주셨습니다. 1장에서는 인공지능을 뒷받침하는 기술들을 소개하셨고, 2장에서는 이를 근대의 인간중심주의와 대립시켰습니다. 그런데 지금 인공지능기술이 발달했으나 진짜 인격체로 간주될 만한 인공지능은 아직 구현되지는 않았지만 그것을 우리가 상상해 보고 문제시 할 수 있을 정도의 시기는 되었지요. 본격적인 진단은 3장에서 시작됩니다. 여기서 잠시 읽겠습니다. '여기에서 검토되는 것은 비인간적 인격체의 가능성이다. 이는 두 가지 문제를 품고 있다. 첫째, 존재론적 문제: 비인간적 인격체는 가능한가? 둘째, 윤리적 문제: 비인간적 인격체에게 도덕성을 말할 수 있는가?' 존재론적 문제와 관련하여 선생님께서는 '로크Locke가 말한 인격의 구성요소 세 가지를 들어서 이 세 가지가 모두 일단 기술적으로 가능하지만, 인간의 그것과 동일한 것이라고 말하기는 어렵다'고 하셨습니다. 그리고 '더욱 정교한 분석이 필요하다'고 하셨는데요. 저는 이 부분에서 로크의 기준에서 확실히 이미 비인간적 인격체의 가능성과 자율성을 말하기 힘들다는 생각을 했습니다.

그것은 반성성 때문입니다. 다시 읽겠습니다. '자아형성과 자아동일성은 모두 반성성에 기반하기에 반성성이 가장 근본적이다. 반성성의 핵심은 주체가 자기 자신의 사고 과정을 의식하는 데에 있다.' 그러나 발표에서 이중원 교수가 반성성이라는 표제 하에서 인공지능에게 가능하리라고 말하는 것은 제가 보기에는 비반성적 도덕적 판단이지, 반성적 판단이 아닙니다. 그래서 저는 다시금 묻고 싶습니다. 반성이 인공지능에서 가능한가? 비느

백feedback하는 인공지능은 가능하겠지만, 반성은 생리학적 활동에서도 일어나는 단순한 피드백과는 다릅니다. 반성을 말하기 위해서는 자기 자신의 활동에 대한 의식이 필요합니다. 가령 알파고가 반성 능력을 가지기 위해선 그는 자신이 바둑을 두고 있다는 것을 의식하고, 자신이 최선의 수를 찾기 위해 사고한다는 것을 의식해야 합니다. 이를 의식해야만 그는 자신이 왜 그러는지를 생각하고 자신이 최선의 수를 찾아야 하는지, 바둑을 둬야만 하는지도 스스로 판단하고 행동하는 데로, 즉 자율성으로 나아갈 수 있을 것입니다. 이것이 없는 한 저는 '알파고는 여전히 뛰어난 바둑기계'라고 생각합니다. 그래서 자신에 대한 의식이 인공지능에게 가능한지 궁금하고요.

두 번째는 도덕성의 문제입니다. 선생님께서는 '속성적 도덕성과 관계적 도덕성을 구별했고, 속성적 도덕성에 수준차를 인정한다면 인공지능에도 도덕성을 부여할 수 있을 것'이라고 하셨습니다. 여기에서 제 질문이 있는데요, 읽겠습니다. '여기에서 제가 묻고 싶은 것은 소위 낮은 수준에서의 도덕성, 프로그램에 기반하는 도덕성이 도덕성이라고 부를 만한가 하는 것이다. 최선의 수를 찾아야 한다는 규범이든, 사람을 죽이면 안 된다는 규범이든, 외부에서 주어진 규범을 그저 따르는 한에서 인공지능은 무도덕적이며 아무 책임이 없지 않은가? 자율적 전쟁로봇도 마찬가지이다. 전쟁로봇이 죽일 때에도 민간인은 빼고 군인만

죽이거나 애매해서 민간인인지 군인인지 판단해서 죽일 때에도 그래야 한다는 규범 자체가 제작자에게서 온 것이다. 민간인을 죽인 자율적 전쟁로봇은 도덕적 과오를 저지른 것이 아니라 판단 미스를 한 것뿐이며, 그에 대한 도덕적 책임도 없을 것이다. 스스로 상황을 도덕적인 것으로 인지하고 그에 대한 규범을 스스로 생각해 내는 자율성이 없다면, 인공지능은 여전히 도덕성을 가지지 못할 것으로 보인다'입니다.

다음으로, 4장에서는 이러한 기술적 변화가 어떤 사회적 파급효과를 가지는지 진단해 주셨고요. 그래서 사회 각 분야에서 나타날 수 있는 여러 문제점들을 말씀해 주셨고, 마지막으로 이에 대해서 우리가 어떻게 대처해야 하는지를 5장에서 다양한 윤리 규범과 법의 정립으로 제시하셨습니다. 이 윤리 규범들은 로봇에 대한 인간의 윤리, 즉 소극적 윤리로부터 인공지능을 인격적 행위체로 고려하는 적극적 윤리, 탈인간적 윤리까지 나아가려 했는데, 제가 가지는 의문은 여기에서 제시되는 예들이 여전히 탈인간적이라기보다는 인간적인 문제들처럼 보인다는 것입니다.

다음 페이지 문단을 읽겠습니다. '스스로 자신에게 목표와 규범을 부과하고 그에 따라 행동하는 존재는 자신의 행동에 책임을 져야 할 것이다. 그것이 인격체의 의미다. 그렇기에 우리는 동물은 물론이고, 미성년자나 정신이상자에게도 인격을 유보한다. 비록 "지요"이리는 수식이 붙어 있지만, 자율수행 자는 여기에 미치지 못한다. 그것은 목표(안전한 운전)도 스스로 정하지 않았고, 규범(교통법규)도 스스로 받아들이지 않았다. 자율주행 차의 제작자는 애초에 그러한 규범을 따라 목표를 달성하는 차를 구현하려 하며, 이에 어긋나는 차는 실패작으로서 폐기한다. 자율주행 차가 자율적으로 하는 것은 미리 주어진 목표와 규범을 따르는 방식의 습득일 뿐이다. 그렇다면 자율주행 차는 여전히 도구에 불과하지 않은가? 끝까지 읽겠습니다. '분명 현재 우리는 인간보다 뛰어난 학습 및 판단 능력을 가진 인공지능에 놀라고 있으며, 이것이 가져올 문제를 마주하고 있다. 우리는 그러한 인공지능을 어떻게 대해야 할지 아직 잘 모른다. 그러나 이는 도구의 발달이 늘 가져 왔던 문제와 같은 유형—저는 증기기관차도 그랬고, 원자폭탄도 그랬을 것이라고 생각합니다—의 것이다. 그래서 그것은 도구의 발달에 따라 우리의 윤리를 조정하고, 동시에 우리의 윤리에 따라 도구를 규제하는 윤리, 어디까지나 인간적인 윤리의 문제다. 인공지능이 반성 능력과 자율성을 가져 진정한 인격체가 될 때 새로운 유형의 문제가 발생할 것이다. 인공지능들은 자신의 목적과 윤리규범을 인간으로부터 받지 않고 스스로에게 부과할 것이다. 우리는 그들을 우리의 윤리로 규제할 수 없고 그들과 대화를 통해서 규범을 합의해야 할 것이다. 그러나 우리는 아직 반성과 자율성의 기술적 구현 가능성을 알지 못하며 이러한 세계, 포스트휴먼한 세계는 그리 가깝지 않은 미래에 있다'입니다.

사회자 ●●● 네, 잘 들었습니다. 질문의 요지는 '인공지능은 여전히 도구에 가깝다'라는 것이 핵심인 것 같습니다. 여기에 대해서 이중원 선생님께서 핵심 위주로 답변해 주시기 바랍니다.

이중원 ●●● '반성', '의식 개념' 등은 철학에서 상당히 논란이 되고 있는 중요한 내용들이고, '어느 정도가 반성이 이루어지는 것이고, 어느 수준에서 의식이 발생해서 의식적 활동이 진행되는 것이라고 볼 것이냐'에 대한 논의도, 우리가 개념적으로는 '반성'이나 '의식 개념'이라는 용어를 사용하고 있지만 실제로 적용할 때는 상당히 쉽지 않은 문제인 것 같아요. 인공지능을 개발하는 분들은 이미 편하게 이 말을 쓰고 있는데, 저는 이런 용어를 지금까지 인간이 인간을 상대로 해서 써 왔었는데 어느 날 갑자기 그와 유사한 행동을 하는 존재자들에게 아무 점검이나 검토 없이 그대로 적용되는 것에 대한 우려를 사실 표명하고 있는 것이고요. 그러기 위해서 이런 개념들을 조금 더 세분화하고 분류해서 연구해야 된다는 것이 제 입장입니다.

강조하고 싶은 것은 결국 '자율성'입니다. '자율성'이 앞으로 반성적 수준의 의식으로까지, 자유의지로까지 갈지는 아직은 모르지만, 적어도 피드백feedback하고는 다르다는 거죠. 딥 러닝deep learning 기술은 여기서 예시했던 것처럼 자동 체온조절이나 온도 조절을 하는, 그런 피드백을 하는 수준은 이미 넘어섰습니다. 그리고 단지 물리적인 메커니즘으로만 작용하지 않고 주어진 상황, 즉 빅데이터Big data가 주어진 상황이 될 겁니다. 자율주행 차는 이미 입력된 것으로만 움직일 수가 없죠. 기본적인 것들은 물론 교통법규는 다 입력이 될 테지만, 돌발적인 상황은 자율주행 차가 스스로 판단할 수밖에 없습니다. 그리고 그때 나타나는 수많은 데이터들을 혼자서 판단하지는 않죠. 기존의 많은 데이터를 백업 받아서 순간적으로 판단해야 될 텐데. 이러한 기술들이 인공지능에 의해서 자율성이 높아진다면, 인공지능이 어떤 상황에서 판단하고 사고가 일어날 때 실제로 여러 가지 그것과 관련해서 기술적인 부분들이 있겠지요. 그것을 만든 기업들이 있을 것이고요. 그런데 저는 그 부분들이 다 피해갈 수 있는 여지가 당연히 있을 것이라고 생각합니다. 그래서 빅데이터에도 문제가 없고, 프로그래밍programing에도 문제가 없고, 이것을 전달하는 무선인터넷 통신에도 문제가 없고, 그리고 똑같은 프로그래밍이 됐던 차가 다른 곳에서는 그런 사고를 안 냈고……. 이러한 여러 가지 여지 때문에 결국 어느 정도의 자율성을 바탕으로 하는 판단을 해야 할 텐데. 우리는 이렇게 이루어진 자율성에 대해서 어떤 책임감이나 책무성이라든가 어떤 문제를 주어야 될 때, 어떻게 주어야 하는지 아직 정립하지 못하고 있다는 것이죠. 그래서 그런 면에서 볼 때, 저는 기존에 우리가 인간 중심으로 적용하던 '반성이다', '의식이다'라는 개념을 조금 더 폭 넓게 세분화해서 적용해 보자는 것이 저의 입장입니다.

그리고, 저의 얘기는 인간적인 것이죠, 결국 모든 도덕이나 윤리, 그 다음에 인공지능과 관련된 도덕적 지위도 인공지능이 인간과 완전히 별도로 분리된 세계에서 자기들만의 세계를 구축해서 도덕성이나 윤리를 갖는다는 것을 제가 논하는 것은 아닙니다. 제가 관심을 갖는 것은 '탈인간'이 아니라 '탈인간중심주의'입니다. 우리가 모든 개념을 너무 인간중심주의적인 관점으로 볼 때 우리가 봐야 할 부분을 놓칠 수 있다는 것이죠. 그래서 궁극적으로는 인간과 새로운 존재자와의 공존이 저의 가장 중요한 화두입니다. 그러기 위해서는 우리가 그런 존재자들을 단순한 도구로 봐서는 거기에서 야기될 문제들을 온전하게 평가하고 분석하는 데 어려움이 있지 않겠는가? 그러려면 철학이 주로 개념 작업을 많이 하니까 그런 것들에 대한 연구가 필요하다는 뜻으로 말씀을 드렸습니다. 논평 감사합니다.

사회자 ●●● 네, 감사합니다. 다음은 한림대학교 바이오메디컬학과의 위세찬 선생님께서 신상규 선생님 발표에 대한 토론을 해주시겠습니다.

위세찬 ●●● 먼저, 발표해 주신 신상규 교수님께 감사드립니다. 교수님의 주제가 먼저 발표하신 이중원 교수님과 매우 유사합니다. 제가 특히 더 감사드리는 것은 철학이 그동안 과학기술의 발전 때문에 굉장히 위축되거나 질곡 상태에 있었다고 생각하는데 아직 도래하지 않은 포스트휴먼 시대에 대한 철학과 윤리학을 선제적으로 연구하셔서, 이제 드디어 철학이 과학을 리드하는 시대가 되지 않았나 하는 생각을 했기 때문입니다.

신상규 교수님께 세 가지 궁금한 점을 여쭤보겠습니다. 첫째는 자율기술적 존재—이하 자율기술—의 책무성에 대해 발제자께서는 '이것은 인공지능 등의 설계자나 제작자가 이러한 책무성에 해당되는 도덕적 감수성을 어떤 방식으로든 자율기술에 구현해야 함을 요구하는 일이다'라고 하시면서, 자율기술의 행위로 파생되는 부작용에 대한 궁극적인 책임은 자율기술의 설계자나 제작자에 있음을 분명히 했습니다. 그럼에도 불구하고 지속적으로 '책무성은 비단 인공지능뿐만 아니라 자율기술의 제작자와 사용자에게 공히 요구되는 것이다'라고 했습니다. 자율기술의 설계자, 제작자, 사용자와 별도로 자율기술에게도 책무성을 요구하는 듯합니다. 예상치 못한 재앙적인 결과를 생각해 보면 자율기술의 잠재 능력을 감안한다고 하더라도 굳이 무생물체, 비인격체인 자율기술에게까지 책무성을 부과하려는 의도가 무엇인지 궁금합니다.

두 번째는, 발제자께서 '나는 자율적 행위자'라는 표현이 암시하듯 인공적 존재에게도 일정한 도덕적 행위자의 자격을 부여할 필요가 있다고 생각한다. 인공적인 자율기술의 행위자성을 부여해야 하는 까닭은 무엇보다도 그것들이 앞으로 인간의 간섭에서 벗어나 엄청난 도덕적 함축을 갖는 결과로 귀결되는 행위를 자율적으로 수행할 능력을 갖출 수 있을 것으로 보이기 때문이다. 따라서 나는 자율기술적 존재에 대해 비록 명백한 인과관계에 의해 부과되는 전통적 의미의 책임은 아니더라도 그것들의 행위 능력에 비례하는 책무성을 요구해야 한다고 주장한다'고 했습니다. 어떤 대상에 도덕적 책무를 부과하려면 그 대상의 자유의지를 전제하지 않을 수 없다고 생각하는데, 발제자께서 주장하시는 전통적 의미의 책임이 아닌 '책무성'이 구체적으로 무엇인지 알고 싶습니다.

세 번째로, '자율적으로 행동하는 지능적 인공행위자들은 주어진 상황을 스스로 인지할 뿐만 아니라 그에 적합한 판단이나 선택을 통해 다음 행동을 스스로 결정할 수 있다. 이들은 설계자가 그것이 수행하는 모든 행위를 예측하거나 통제할 수 없다는 의미에서 어느 정도의 자율성을 가지고 있다'는 발제자의 표현대로 자율적 인공행위자의 행위는 뉴턴 물리학으로 대변되는 기존의 물리학, 즉 인과율이 철저하게 적용되는 물리학으로는 예측할 수 없다고 생각합니다. 이와 같은 지율기술의 작용 범위는 기존 물리학의 한계를 넘어선 미시적 양자세계이기 때문에 이들의 예측 불가능성은 내재적인 속성으로 보입니다. 자율기술의 설계자, 제작자, 사용자, 더 나아가 자율기술 자신들에게 부과된 책무성, 윤리 이런 것들로 어떻게 자율기술의 예측 불가능성을 감소시킬 수 있는지 궁금합니다. 이상입니다.

신상규 ●●● 저는 '책임'이라는 개념과 '책무성'이라는 개념을 애써 구분하려고 합니다. 책무성은 영어로 Accountability라고 할 수 있는데, 영어 표현도 마찬가지이고 우리말의 책무성도 일상적으로 정의하기가 쉽지 않은 표현들입니다. 그리고 그 표현들이 제가 의도한 내용과 정확하게 매치되는지도 사실 자신이 없습니다. 어떤 점에서는 새로운 이름을 고안해 낼 필요가 있는데요. 제가 이 표현으로 의도하는 바는 다음과 같습니다. 기본적으로 책무성이라는 개념은 인격적 존재나 자유의지의 주체 같은 것들에만 적용되는 개념이 아닙니다. 비유적으로 얘기하면 우리가 '기업의 사회적 역할이나 책임이 있다', '의무가 있다'라는 이야기를 쓰잖아요. 기업체라는 것이 사람들의 집단이긴 하지만 그것과 구분되는 전체로서의 법인 같은 것을 말할 수 있고, 이때 법인을 하나의 행위자로 보았을 때, 우리는 그것이 가져야 하는 의무 같은 것을 말할 수 있습니다. 제가 AI의 책무성이라는 개념으로 표현하고 싶은 바가 그런 것입니다.

물론, 궁극적인 책임은 분명히 지금까지는 인간에게 있습니다. 왜냐하면 인공지능이라 뭉뚱그려 이야기하지만 사실 인공지능의 수준이 굉장히 다양하기 때문입니다. 과거에는 약한 AI(Weak AI), 강한 AI(Strong AI)라는 표현을 주로 사용했고, 최근에는 정말 인간에 유사한 일반 지능이라는 의미의 AGI, 즉 Artificial general intelligence라는 표현이 유행하는 것 같습니다. 하지만 지금 나와 있는 인공지능은 Narrow intelligence라는 것인데, Narrow intelligence는 아직 Weak AI(약한 AI)의 단계이며, 이것이 점점 AGI의 방향으로 확장되어 갈 것입니다.

여기에서 제기하고 싶은 문제는 우리가 과연 이 길을 그냥 가도 되는 것인가 하는 거죠. 현재와 같은 방식으로 AI를 계속 발전시키고, 인간의 선택 영역을 점점 걔들에게 양도할 것인가 하는 근본적인 문제가 있습니다. 그런데, AI라는 기술의 발전 추세를 막을 수 없다면, 최소한 기술을 발전시키는 방향에 대해서 우리가 모종의 합의를 하고, 나름대로 일종의 사회정치적인 거버넌스 governance를 통해 규제할 필요가 있다는 생각입니다. AI는 인간의 의사와 독립적으로 행위할 수 있고, 또 엄청난 결과를 야기할 수 있는 존재이기 때문에, 최소한 그것들이 할 수 있는 행위의 범위에 대해서는 상당한 제약을 둬야 한다는 거죠. AI에게 '어떠한 행위를 하라' 혹은 '하지 마라'라는 도덕적 제약을 가한다고 할 때에, 그러한 제약이 바로 AI에게 적용되는 '책무성'이 남고자 하는 의미입니다. 물론 그렇다고 해서, AI가 도덕적 책임을 지는 인격적인 존재라는 의미는 아닙니다. AI가 어떤 행위를 수행할 때 허용할 수 있는 행위의 범위 혹은 경계 같은 것을 생각하면 될 것 같습니다. AI가 모종의 도덕적 정보에 입각해서 현재 우리가 도덕적이라 여기는 일을 수행하도록 하는 능력을 갖게 만들어야 되고, 그런 능력이 완비가 되지 않았을 때 무분별하게 AI의 능력을 확대하는 것은 어떤 의미에서는 제작자의 책무성을 벗어나는 것이기 때문입니다. 그런 의미에서도 책무성이라는 개념을 사용하고 있습니다.

두 번째 문제도 결국에는 도덕적 책무성이 자유의지를 전제해야 하는 것이 아닌지 하는 질문인데, 사실 자유의지를 전제하는 개념은 전통적인 용어로 말하면 '책임'의 개념입니다. 여기서 제가 말하는 책무성과는 구분되는. 전통적인 '책임' 개념은 현재 법적이거나 사회적 수준에서 통용되고 있는 굉장히 완고한 개념입니다. 이는 인격체를 전제하는 개념이고, 책임을 묻기 위해서는 행위의 원인과 결과 사이의 구체적인 인과관계가 입증되어야 합니다. 그래야만 책임을 물을 수 있죠. 그런 책임이라는 것은 대개 사후적으로 묻게 됩니다.

그런데, 책임을 묻는 것은 기본적으로 어떤 권리를 갖는 주체에 대해 가해진 권리의 침해에 대한 보호나 대응의 방식으로 이루어집니다. 그런 점에서, 우리 사회에서 책임의 개념이 작동하는 방식은 대단히 제약(제한)적입니다. 물론 우리가 일상에서 책임이라는 말을 느슨하게 쓰기는 하지만, 법적·사회적 수준에서 규제를 만든다고 할 때에 사용되는 책임 개념은 굉장히 엄격합니다. 그런 엄격한 책임 개념에 입각해서는, 우리가 앞으로 인공지능의 활동영역이나 그 활용의 확장을 제어할 방법도 없고 통제할 수도 없습니다. 그런 책임 개념에 입각해서 AI의 발전을 방치할 경우에, 구글Google이라든지 페이스북Facebook과 같은 일부 기업체들의 힘에 의해 휴머니티 차원에서 통제할 수 없는 수준으로 인공지능이 발전할 수 있습니다. 그런 차원에서, 책임과 구분되는 책무성의 개념은 우리가 훨씬 더 정교하고 보수적인 방식으로 인공지능의 발전에 접근해야 한다는 생각을 담고 있습니다.

세 번째 질문도 결국은 비슷한 얘기입니다. 제가 알기에 인간이 실제로 자유의지를 갖느냐 여부 자체가 사실은 굉장히 논란이 많은 문제이거든요. 양자역학 수준에서 자유의지가 확보되는 것인지도 논란이 많습니다. 전통적 도덕적 책임 개념을 얘기하게 되면 계속 자유의지가 문제가 됩니다. 사실 인간이 자유의지를 갖느냐 여부가 철학적으로 쉽게 해결될 문제도 아니고. 그랬을 때 인공지능의 자유의지와 관련된 형이상학적인 논의도 중요하지만, 현실적으로 더 중요한 점은 이들이 자유의지를 갖건 안 갖건 간에 실질적으로 우리가 예측할 수 없는 방식으로 행위하게 될 것이라는 사실이에요. 그래서 형이상학적 수준에서 자유의지를 갖느냐 안 갖느냐의 문제가 아니라, 결국에는 그것들이 행위함으로써 생겨나는 여러 결과에 대해서 우리가 어떤 형태로든 대응할 수 있는 하나의 패러다임이나 개념 틀, 접근 틀이 필요하다는 관점에서 책무성을 얘기했습니다. 이상입니다.

사회자 ●●● 네, 감사합니다. 지금 선생님의 답변도 인공지능의 증대하는 영향력에 대해서 인간과 사회가 적절하게 통제하는 방법과 실천적 문제의식에 초점을 맞추고 답변을 해 주신 것 같습니다. 그럼, 다음 순서로 넘어가겠습니다. 한림대학교 미디어커뮤니케이션학부에 계시는 최영재 선생님께서 구본권 선생님의 발표에 대해서 토론을 해주시겠습니다.

최영재 ●●● 네, 오늘 많이 배웠습니다. 학술대회 제목이 '디지털 시대의 인문학의 미래'이고, 구본권 선생님의 글 제목은 '디지털로 인한 사회의 변화, 교육의 과제'입니다. 디지털 시대, 인공지능 시대라는 말로 대표되듯이 제가 생각하는 것은 우리가 교육이란 관점에서 보면 크게 두 가지가 관련이 되지만, 별개의 주제로 토론이 되지 않았나라는 생각을 합니다. 우선은 디지털 시대의 데이터 혹은 정보혁명, 빅데이터나 정보혁명, 4차 혁명과 같이 정보나 지식의 패러다임의 변화에 대해 이야기한 것 같고요. 또 다른 것은 인공지능으로 대표되는 특히, 인셉션 Inception에서 신상규 교수님과 이중원 교수님이 얘기했던, 소위 새로운 인격체로서 등장하는 인공지능에 대한 교육적인 대처는 어떻게 할 것인가에 대한 화두입니다. 이 두 가지는 사실 굉장히 다른 문제를 일으킬 수가 있는 것 같아요. 예를 들면 인격체 또는 새로운 타자로서의 행위자로 나타나는 것이 만약 현실화된다면 거기에 대한 교육적인 대응과는 다른 얘기가 될 것 같습니다. 제가 두 가지 측면에서 말씀 드려보겠습니다.

우선은, 정보혁명인데요. 구본권 선생님께서 발제한 내용들에 거의 동의를 합니다. 정보혁명에 대해서, 사회는 디지털 사회, 정보사회, 디지털 혁명으로 가고 있는데 교육은 계속 근대식, 지식 전달 위주의 교육을 하고 있다는 것입니다. 큰 틀에서 보면 요즘 대학 교육에서도 자성이 일고 있습니다. 예를 들면 날리지 베이스knowledge base, 대부분의 강의가 지식 전달, 지식을 학습하는 강의 중심으로 되어 있는데, 지식이라는 것은 이미 네이버에 다 있고 찾아 보면 되는 건데, 이것을 암기하듯이 하는 학습의 시대는 갔다는 것입니다. 이제는 학생들이 지식을 다루고 '서칭'searching하고 그것을 가공할 수 있는 역량, 컴피턴시competency 교육으로 가야 된다, 라는 것이고. 사실 교육 자체도 그동안의 교수자 중심, 티칭teaching 중심의 교육이 아니라 러닝learning 중심, 학습자인 학생이 무엇을 어떻게 배우게 할 것인가 하는 방향으로 지금 가고 있고, 한림대학교도 그런 식으로 변화해 가고 있는 것이 사실입니다.

날리지Knowledge의 구분으로 보면, 소위 형식지와 암묵지, 익스플리싯 날리지Explicit Knowledge 등이 있는데 지금까지 대학 교육들이 대개 형식지를 학습하게 하고 그것을 시험 봐서 테스트하는 정도에 머물렀는데, 이미 사회 변화는 그런 교육의 결과를 수용할 수 없는 그런 지경에 있습니다. 그런 측면에서 대학에서는 암묵지—택싯 날리지Tacit Knowledge—를, 지식을 어떻게 창출할 것인가, 지식에 대한 이해를……. 어떤 학자는 이렇게 얘기를 하죠. 'Tacit Knowledge는 일종의 솜씨다', '지식을 다룰 수 있는 솜씨다' 또는 '역량이다'라고 말하고 있는데, 지식 중심이 아니라 역량 중심의 교육과 같은 측면의 이야기라고 볼 수 있겠습니다.

따라서, 전반적으로 교육의 패러다임이 지식의 학습에서 지식을 창출하는 패러다임으로 갈 수밖에 없고요. 구본권 선생님이 우리가 학생들의 호기심, 비판적 사고방법을 키워야 된다고 말씀하신 것처럼 어떤 역량을 학생들에게 키워 줄 것인가, 라는 것은 결국 지식을 창출하는 역량, 문제를 제기할 수 있는 호기심으로 대표되는 질문을 할 줄 아는 역량, 문제 해결 역량이라 봅니다. 그 다음에 학습 자체가 지식을 혼자서 하는 것이 아니라 다른 사람들과 협력하는 학습의 방법들을 할 수 있도록 가야 된다는 것이고요. 전반적으로 저희 대학에서도 큰 변화가 일어나고 있는 것이 그동안의 전공들이 전공지식별로 나눠져 전공의 벽이 쳐져 있는 픽스fix 된 시스템, 배제된 시스템이라면, 이제는 플렉시블 시스템flexible system으로 가고 있습니다. 그래서 새로운 융합전공을 만들도록 하고 있고, 새로운 사회 변화—소위 디지털 시대의 사회 변화—나 수요에 대응할 수 있는 그런 전공들을 창출해서 기존의 픽스 된 전공들을 대체하는 식으로 대응하고 있다고 말씀 드릴 수 있습니다.

그 다음에 인공지능과 관련해서 말씀 드리고 싶은데요. 토론자 최일만 교수께서 예를 들어 '알파고는 성능 좋은 기계에 불과하다'라고 말씀하셨는데, 두 교수님께서 하셨던 '새로운 인격체로서, 새로운 타자로서 행위자'라는 것에 대해서, 저는 이런 생각이 듭니다. 전반적인 흐름으로 보면 소위 맥루한Marshall McLuhan이 이야기했던 새로운 기술이라는 것은 인간의 측면에서 보면 인식의 확장이라는 형태로 지속되다가 그것이 조금 더 완성된 형태는 나를 대신하는 아바타Avatar로 갑니다. 지금 인공지능 시대에서 말씀하시는 것은 새로운 인격체, 새로운 타자 이렇게 말씀하시는데 저는 이 부분에서 어떤 논리적인 비약이 있는 게 아닌가 하는 생각이 들거든요.

그러니까 이것이 아까 얘기했던 무인자동차, 알파고 이러한 것들이 어떤 자율적인 판단을 할 수 있는 능력까지 갈 수 있는 것인가? 거기서 '자율성'이란 도대체 무엇인가'. 또, '의지라는 것은 무엇인가'라는 것들에 대해서 지금 단계에서 제가 보기에는 '예상', '상상', 또는 어떤 측면에서는 '비유' 정도의 단계가 아닌가, 라는 생각이 듭니다. 예를 들면, 인공지능이나 머신 러닝Machine Learnig 이런 것은 실제로 컴퓨터가 사람처럼 주체적으로 한다는 얘기가 아니고, 비유적으로 얘기하는 것이거든요. 머신 러닝이나 알고리즘algorism도 마찬가지로 그런 단계인데. 전공자들이 이런 부분들, 예를 들면 기술의 발달에 의해서 실제로 자율적인 인격체로서의 인공지능이 가능할 것인가를 이론적으로나 실증적으로 증명해 낼 수 있는 방법은 없을까? 그것이 있어야지 거기에 대한 논의가 되는 것이지 상상 속에서 하는 것으로는 조금 그렇다, 라는 생각이 듭니다. 저는 그런 측면에서는 아직은……

아까 말한 알고리즘이나 이런 것을 구 선생님께서는 굉장히 신비주의라고 하셨는데, 알고리즘 자체는 신비로운 것이 아니고요, 이미 다 알려져 있는 겁니다. 현단계에서 알고리즘도 결국은 알고리즘이 알고리즘을 생산하는 단계까지 가는 것은 아니고, 그것은 상상의 영역이고요. 알고리즘, 머신 러닝 이런 것들도 결국은 프로그래머나 인간의 상상, 생각, 사유, 사고의 결과로 나온 것이거든요. 그런 측면에서는 여전히 디지털 시대, 인공지능 시대에도 인간의 생각의 힘, 사유, 사고 능력, 이런 것들에 대한 교육이 필요하다. 그래서 여전히 디지털 시대에도 전통적인 읽고 쓰기, 사유하기로서의 인문학 교육은 굉장히 필요하다. 다만, 다른 패러다임적인 변화는 있어야 되겠다고 생각합니다. 이상으로 마치겠습니다.

사회자 ●●● 네, 감사합니다. 선생님께서는 구본권 선생님의 글을 큰 틀에서는 동의하시면서 관련사항을 말씀하셨고. 앞에 발표하신 두 분 선생님의 발표에 대해서 최일만 선생님과 비슷한 입장에서 좀 더 날카롭게 문제 제기하셨는데, 이 내용에 대해서는 전체 여섯 분의 토론을 모두 듣고 다시 마이크를 넘기도록 하겠습니다. 구본권 선생님께서는 특별하게 질문이나 논평을 요구한 것은 아니었지만 그래도 그것과 관련해서 말씀이 있으시면 부탁드립니다.

구본권 ●●● 제가 Argument를 제시한 것이 아니었기 때문에 토론이 적합한 주제가 아닌데, 논평을 해 주셔서 고맙습니다. 사실 Argumentation이 가능한 주제는 아닌 것 같습니다. 인공지능 시대의 교육에 대해서 우리가 어떻게 새롭게 접근해야 하는가 하는 문제를 제기하는 차원입니다. 우리가 인류의 인지 역사에서 일종의 새로운 전기를 맞은 것이 아닌가 하는 생각에서입니다. 이제까지는 인지와 판단, 추론을 기반으로 행동하는 주체가 인간뿐이었는데, 인간이 아닌 비인간 주체Non—human object가 등장한 상황에서 우리가 제대로 대응하지 못하면 안까교와 같은 현상을 두려움으로만 보게 됩니다. 새로운 인지 능력과 새로운 추론 능력을 찾아야 된다는 것은 결국 교육의 과제가 됩니다.

새로운 교육의 방법론으로 호기심과 비판적 사고 능력이 중요하다고 얘기했는데, 조금 더 큰 틀에서 얘기하자면, 모든 변화가 디지털이라는 정보의 구조 변화에서 생겨났기 때문입니다. 거대한 정보의 구조를 아는 게, 즉 새로운 디지털 시대에 맞는 디지털 구조에 맞는 일종의 새로운 리터러시literacy가 필요합니다. 이를 갖추지 못하면 두려워할 수밖에 없고, 세상의 변화가 이해되지 않는다고 생각합니다.

지금 최영재 교수님께서는 알고리즘이라고 하는 게 "신비롭지 않은 거다"라고 하셨는데, 그것을 아는 사람에게는 신비롭지 않습니다. 하지만, 지금 우리가 만나는 알고리즘은 전혀 공개되어 있지 않습니다. 우리가 일상적으로 접하는 내비게이션의 '가장 짧은 거리', '가장 빨리 가는 거리'가 어떤 과정을 거쳐서 결정되는지 모릅니다. 업체들은 우리에게 실시간으로 경로를 알려주지만 우리는 그 과정을 알지 못합니다. 구글이나 네이버가 어떤 결과를 내놓는지도 우리는 구조를 알지 못합니다. 알고리즘은 기본적으로 기업 비밀이고, 공개되는 순간 어뷰징Abusing이 일어나기 때문에 공개될 수 없다는 것이 지금의 알고리즘 세계에서의 기본적인 행동강령Code of conduct입니다.

그런데, 이번에 알파고 같은 데서 보듯이 우리가 알고리즘을 통해서 만나는 결과는, 딥 러닝에서 그랬는데, 인풋input 값을 집어넣고 아웃풋output 값을 얻었지만 가운데서의 연산 과정과 어떤 방법으로 가공이 됐는지는 아무것도 모르는 상태에서 결과 값만 얻었습니다. 그런데 이것을 "밝혀라"라고 할 수도 없는 까닭은 영업 비밀이자 개발자들의 언어로 이루어졌기 때문입니다. 더 중요한 것은 우리 모두가 그것에 지배를 받고, 구글이나 네이버가 보여주는 세상만을 바라보고 있는데, 그것은 "왜 그렇게 됐냐?", "그것은 알고리즘에 의해서다", "알고리즘은 밝힐 수 없다"라고 하는 이 상황은 우리에게 엄청난 영향을 끼치는 힘에 대해서 우리가 인지하지도 못하고, 통제하지도 못하고, 그래서 어떻게 고치고 바꿔야 하는지도 전혀 모르는 상태에서 살고 있다는 게 가장 큰 문제라고 봅니다. 이 문제를 풀려면은 디지털 인문학을 통해 주어진 환경을 비판적으로 사고하는 인문적 정신이 필요하고 그 핵심은 호기심과 비판적 사고능력이라고 생각합니다.

사회자 ●●● 네, 좋은 말씀 감사합니다. 전반부 세 분의 발표가 디지털 시대의 인간과 인공지능의 관계를 어떻게 바라봐야 할 것인가에 관한 주제였다면, 후반부는 디지털 인문학을 수행하는 구체적인 연구방법에 관한 것입니다. 한림대학교 한림과학원의 송인재 선생님께서 샹제項潔 선생님의 발표에 대한 토론을 해주시겠습니다.

송인재 ●●● 사회자께서 말씀하셨듯이 후반부의 발표는 전반부 발표처럼 최신의 기술로 우리가 지금 겪고 있는 그리고 겪게 될 현상과 관련된 것이라면, 이것은(후반부 발표는) 과학과 인문의 결합뿐만 아니라 현재 최신 인문학의 과학방법론에서 텍스트로 남겨진 과거를 다시 결합하여 현재의 언어로 분석하고 말하는 분야에 관한 것이라고 저는 생각합니다. 먼저 말씀드리면, 제가 대만 사회경제사 전공도 아니고 컴퓨터과학 전공도 아니라서 내용에 대한 세밀한 평론을 할 수 있는 입장이 아니지만, 디지털 인문학을 연구하는 사람의 입장에서 발표에 대한 보완 설명을 요청하는 것으로써 논평하고자 합니다.

선생님께서는 대만 디지털 아카이브archive 구축과 디지털 인문학 연구를 선도적으로 이끌어 오신 분이라고 알고 있고, 인터넷 자료를 통해서나 대만 방문, 그리고 그것을 통해서 많은 견해와 업적을 보았는데요. 거기에서 제가 가장 인상 깊게 본 것은 발표 제목이었는데, '전문 검색으로 과연 충분한가'라는 것이었습니다. 수억 자로 된 아카이브를 만들었는데 이것을 그냥 키워드key word를 쳐서 내가 원하는 자료를 읽는 것으로 끝나게 된다고 한다면, 들이는 노력에 비해서 효용은 너무나도 적다, 그렇기 때문에 그것을 효율적으로 이용할 수 있는 새로운 시스템, 즉 오늘날의 용어로 하면 '분석 도구가 필요하다'는 문제의식을 제기했습니다. 저도 한국에서 '한국의 역사와 데이터베이스'라든지 혹은 '대만의 역사 데이터베이스'를 사상사 쪽으로 이용하면서 그런 분석 도구의 필요성을 굉장히 느끼고 있고, 현재 그러한 모델을 딴 도구를 만들고자 하는 희망을 가지고 있습니다. 그런 점에서 상당히 공감하고 있는 상황입니다.

발표의 특징을 세 가지로 볼 수가 있는데, 하나는 기록물을 제대로 남겨야 하되 제대로 볼 수 있게 각색하는 것의 중요성이라고 할 수 있고, 둘째는 맥락을 파악하는 것이 연구자들에게 상당히 중요하다, 라는 것을 말씀하셨습니다. 특히, 저 같은 경우도 디지털 자료를 검색해서 받았음에도 불구하고 검색결과가 수만 줄, 수만 건이면 제대로 보려면 굉장히 막막한 기분이 드는데, 거기에서 그것을 해결할 수 있는 도구는 상당한 도움이 된다고 생각합니다. 마지막으로 발표에서는 명시적으로 말씀을 안 하셨지만 여기서 만든 데이터로 연구할 수 있는 것과, 데이터에서 말하지 않은 것을 연구자가 개입해서 판단할 수 있는 내용들을 몇 가지 보여주셨습니다. 그런 점에서 디지털 인문학을 하면서 인문학자들이 어떤 역할을 해야 하는지 엿볼 수 있었습니다. 그 전부터 연구자 개인의 해석이 강조되었는데 다시 한 번 확인할 수가 있었고요.

세 가지 추가 질문을 드리면, 첫 번째로는 오늘 소개해 주신 대만 역사디지털도서관臺灣歷史數位圖書館은, '규모가 얼마나 된다'라고 이야기하지만 상당히 다양한 형태의, 그리고 장소도 굉장히 다양하게 산재되어 있던 자료들을 한데 모아서 단일한 체계 안에서 분석할 수 있는 데이터베이스를 구축했다고 봅니다. 그 과정에서 상당히 난관이 있었을 것이고 해결해야 할 문제가 있었을 것이라고 생각합니다. 한국의 근대 자료 자체가 산재된 형태로 있기 때문에 참고사항으로 삼고자 그 과정이 궁금합니다. 또 한 가지는 시스템을 설계할 때 반드시 전공자들—인문학·역사학 전공자—과의 관계에서 시스템 분석 도구의 메뉴들을 결과 도출 형태로 설계했을 것이라고 생각합니다. 거기에서 선생님과 다른 인문사회과학 전공자 또는 통계학 전공자분들과의 협업 과정이 얼마나 어떻게 진행이 되었는지 가장 중요한 부분만 말씀해주시면 감사하겠습니다.

두 번째로는, 전자도서관을 활용하는 문제인데요, 기존에 어떠한 성과들이 나왔고, 이것을 활용하지 않은 연구들과 차별성을 보여주는 연구가 혹시 얼마나 있었는지, 활용도에 대한 문제를 질문드리겠습니다.

다시, 원론적인 문제로 돌아가서 디지털 인문학이라는 주제의 학술회의에 가면 현재의 트렌드는 디지털 인문학에 대한 공감이 상당히 확대되고 있는 것처럼 보이지만, 아직도 많은 인문학자들 특히 전자나 기계를 믿지 못하는 인문학자들은 거부감을 가지고 있는 것이 사실입니다. 2009년에 어휘 통계학을 통한 개념사 연구를 처음으로 소개했을 때부터 최근까지 그에 대한 역사학자들이나 철학자들의 상당한 반발을 만날 수가 있었는데요. 제가 알기로는 선생님께서도 미국과 대만에서 작업하실 때 기존 학계의 비판에 직면했다고 알고 있습니다. 그러한 것들에 대해서 어떻게 대응했고 현재 상태는 어떠한지 알고 싶습니다.

상제項潔 ●●● 먼저, 송 선생님께서 좋은 말씀을 해주신 것에 감사드립니다. 먼저, THDL을 구축했을 때 맞닥뜨렸던 여러 가지 어려움들과 극복 과정에 대해서 잠깐 말씀드리겠습니다. 저희 자료가 어떤 것은 수기 자료로 되어 있기 때문에 입력한다든가 그것을 데이터베이스로 구축할 때 많은 어려움이 있었습니다. 그런데 사실 그것보다 더 어려운 문제는, 저희 시스템이 아마 다른 시스템과는 다르다는 것을 느끼셨을 텐데, 왜냐하면 저희는 데이터 간의 관련 맥락, 다큐멘터리documentary 간의 맥락을 찾아 가는 데 더 주안점을 두었기 때문입니다. 처음에 이렇게 고안하게 된 것은 저희가 처음 DB를 구축할 때 역사학자분들과 협업하는 과정에서 이런 생각을 했습니다. 인문학자들이 원하는 것을 DB에 반영해야 하는데 그것을 말로 표현하자니 과연 무엇을 어떻게 해야 할지 커뮤니케이션communication이 안 되더라고요. 사실 이것은 어떤 단일 회사가 할 수 있는 일이 아니라고 생각했습니다. 그래서 저는 어떻게 했냐면요, 먼저 시스템을 일단 구축했습니다. 그 다음에 대만 역사에 권위 있는 학자—제 친구이기도 한데요—에게 사용해 보도록 했습니다. 사용해 보고 그것에 대한 비판과 문제점을 제기하도록 했고, 그것을 받아서 저희가 다시 또 고쳤습니다. 고치고 나서 또다시 사용해 보도록 했죠. 이 과정에서 계속 비판과 수정이 여러 차례 반복됐습니다. 이러한 프로세스process 전체가 여러 해가 걸릴 만큼 오랫동안 진행되었습니다.

그리고, 저희가 이 DB를 구축할 때 아주 좀 특별한 경험을 쌓았다고 생각합니다. 한국에서도 혹시 이런 DB를 구축하려고 한다면 저희가 썼던 방법을 한번 고려해 보실 수도 있을 것 같은데요. 학제 간의 상호작용을 하는 것이 결코 쉬운 일은 아니라고 생각합니다. 하지만 그것을 겪고 나서 생각하니 상당히 소중한 경험이라고 생각합니다. 그러기 위해서는 인내심이 필요합니다. 저의 친구인 역사학자들은 우리가 역사에 대해서 전혀 모른다는 사실을 참아 내야 했고 우리는 시스템을 설계하는 과정에서 그들이 과연 무엇을 요구하는지를 이해할 수 있어야 했습니다. 또 구체적인 것을 설계에 반영하는 것에 대해 인내심이 필요합니다. 서로간의 인내심이 필요한 것이죠. 그러한 어려움을 겪는 과정에서 저희는 소중한 경험을 상당히 많이 쌓았다고 생각합니다.

저희가 이 DB를 구축하고 나서 저희 자료들이 다른 학술논문에 얼마나 많이 인용됐는지 Index 상황을 살펴봤습니다. 올해 6월, 7월이었는데요. DB 사용, 인용횟수를 찾아보니까 한 800여 편에서 저희의 DB를 사용했더라고요. 상당히 높은 사용률이라고 생각하고, 이것이 저희 연구의 성과라고 생각합니다. 사실 DB는 용도로 봤을 때 현재의 문제를 해결하는 데 그 중요성이 있는 것이 아니라 이러한 다양한 DB들 사이의 맥락들을 어떻게 사용하고 그것을 밝혀낼 수 있는가, 그러니까 이것을 가지고 연구를 하다 보면 지금까지 생각하지 못했던 새로운 것들을 발견하게 될 수 있다는 것에 그 가치가 있다고 생각합니다.

인문학자들이 반대하면 어떻게 할까? 여러 해 동안 이미 경험했습니다. 저희가 막 시작했을 때 저희 학교에 문학원이 있는데, 문학원에서 가장 권위 있으신 교수께서 총장께 직접 영어로 아주 강하게 반발했습니다. '인문학은 인문학이고 디지털은 디지털이다. 인문학은 디지털이 될 수 없고 디지털은 인문학이 될 수 없다'라고 영어로 강하게 비판했다고 합니다. 그래서 총장님이 저를 불러 문제 일으키지 말라고 하더군요. 5~6년 전의 일이고 지금은 많은 것이 바뀌었습니다. 그러니 제 생각에 가장 좋은 방법은 이러한 연구는 연로한 교수님들보다는 대학원생들을 중심으로 해서 진행하는 것이 더 나을 것 같습니다. 디지털 시대에 나고 자란 대학원생들이라면 이런 연구에 반감을 덜 느낄 것입니다. 저는 정보통신 전공자로서 인문학자들의 반대는 아마도 불안감에서 비롯된 것이 아닌가, 라는 생각을 했습니다. 그러나 기본적인 인문학의 발전 추세로 봤을 때 이것을 빨리 받아들일수록 좋은 것이 아닌가 생각합니다.

사회자 ●●● 네, 감사합니다. 불안감의 경우에는 조금 전 토론 과정에서 나왔던 블랙박스라든가 알 수 없는 것에 대한 불안감 문제와 바로 연결이 되는 구체적인 내용인 것 같습니다. 다음에는 한림대학교 영어영문학과의 김용수 선생님께서 김일환, 이도길 선생님의 발표에 대한 토론을 해주시겠습니다.

김용수 ●●● 샹제項潔 선생님께서 기존의 인문학자들의 반대가 있었음에도 불구하고 지금은 많이 좋아졌다고 말씀해 주셔서 저도 희망을 느낍니다. 그리고, 저도 디지털 인문학에 관심은 많지만 전혀 전문성이 없는 사람이라서 오늘 김일환, 이도길 선생님께서 발표하신 글을 읽으면서 특히 통계 전문용어가 나올 때마다 당혹감을 감출 수가 없었습니다. 내가 과연 할 수 있을까, 라는 의심도 많이 들었지만, 또 디지털 인문학은 역시 옛날과 달리 협업이 필요한 분야라는 것을 깨달았고, 두 분께서 인문학자와 컴퓨터 전공자가 같이 잘 협업하면 얼마나 훌륭한 결과가 나올 수 있는지 잘 보여주었다고 봅니다. 많이 배웠습니다.

저는 선생님 논문의 결론 부분부터 질문을 제기하고 싶은데요. '앞으로 디지털 인문학의 과제가 실질적인 연구 성과를 도출하는 것이 중요하다', 그리고 '디지털 인문학의 성격에 관한 논쟁은 디지털 인문학을 축소할 수 있다'는 말씀을 하셨는데, 일부분은 전적으로 동의하면서도 디지털 인문학에 대한 논쟁이 덜 필요하다는 인식은 약간 논쟁을 회피하는 핑계가 될 수도 있겠다, 라는 생각이 들었습니다.

특히, 선생님께서 우리나라의 디지털 인문학이 외국의 디지털 인문학보다 많이 일천하다고 지적하신 것은 맞는 부분도 있지만, 제가 공부한 바로는 우리나라는 2001년부터 이미 디지털 인문학에 관한 논의가 시작되었고 책도 출판되어 상당히 이른 편입니다. 하지만, 문제가 됐던 것은 같은 시기에 등장했던 '문화콘텐츠'라고 하는 김대중 정부가 추진했던 문화진흥사업정책과 거기에 부합해서 인문학자들이 문화 콘텐츠, 인문 콘텐츠를 주도하면서 디지털 인문학 논의가 문화 콘텐츠 쪽으로 넘어간 뒤그것이 지금까지도 이어지고 있어서 상당히 일찍 시작했음에도 불구하고 우리나라의 디지털 인문학이 상당히 가난한 상태에 있다, 라고 저는 인식하고 있습니다.

따라서, 그런 면에서는 단순히 '연구 성과를 내야 된다'라고 말할 것이 아니라 디지털 인문학의 성격에 관한 논쟁도 아주 치열하게 전개되어야 한다고 저는 믿습니다. 거도 힝 싱 문화 콘텐스에 대해서 비판적으로 발언하고 있습니다. 특히, 문화 콘텐츠가 가지고 있는 상업지향적인 것, 문화산업과의 연관 속에서 상업성을 지향한 것이 오히려 인문학을 약화시켰고, 앞으로의 디지털 인문학은 오늘의 논의가 잘 보여주듯이 순수 인문학 쪽의 관심과 인문학의 지식을 어떻게 심화시킬 것인가에 관심을 가지고 해야 될 것 같습니다.

두 번째는, 샹제 선생님께서 디지털 인문학을 정의하실 때 '디지털 기술이 아니면 발견할 수 없는 것을 해낼 수 있어야만 디지털 인문학이다'라는 협의적인 의미로 정의하셨습니다. 두 분께서도 서론에서 이런 방법을 사용해서 '새로운 발견을 시도해 볼 것이다'라고 했지만 과연 이 논문에서 실제 새로운 발견이 있었는지 궁금합니다.

그 다음에 세 번째는, 처음에 키워드 분석, 워드 클라우드word cloud를 통해서 분석하는 것을 보여주셨는데요. 가령, 주제별로 등장한 키워드를 분류하셨는데, 디지털 인문학이 항상 직면하는 문제이겠습니다만, 주제를 분류하는 것에 연구자의 자의성을 어떻게 해결할 것인지? 1950년대의 경우에는 '자유', '보안법', '남북통일', '멸공' 이런 단어가 정치로 분류됐는데, 실제로 잘 보면 전쟁과도 깊이 연관이 되어 있는 단어인 것이 사실이잖아요. 이러한 주제를 분류하는 분류자의 자의성은 상당히 중요한 문제인 것 같습니다. 그리고, 1960년대 같은 경우에는 이런 분류에서 빠지는 것들이 있어요, 많이 등장했음에도 불구하고. 가령, '신파'라는 단어가 그렇습니다. 저는 앞으로 디지털 인문학이 더 발전하려면 큰 그림도 중요하지만─통계적인 방법을 통해서 등장하는 전체적이고 대략적인 큰 그림도 중요하지만─오히려 이런 것에 가려지는 예외적이고 독특한 것들에 더 집중해야 하지 않을까 합니다. 이것이 저의 문제의식이며 앞으로는 그러한 방향으로 갔으면 좋겠습니다.

또 하나는, 1970년대 《동아일보》 같은 경우는 공식적인 기록이 잖아요. 그런데, 그때 (《동아일보》에도) 검열이 들어갔을 텐데, 공식 기록에서 억압되어 있는─저는 사회적 무의식이라는 말을 쓰고 싶은데─그런 사회적 무의식의 문제를 어떻게 드러낼 수 있는지? 가령, 샹제 선생님께서 발표하신 것 중에 '곽백년郭百年 사건'이라는 것이 공식적인 기록에는 전혀 언급되지 않았다, 중요한 사건임에도 불구하고. 이러한 침묵된 키워드라는 것이 있을 수 있을 것 같은데, 과연 이러한 것을 어떻게 잡아 낼지? 가령, 1970년대 키워드 중에는 '뺑소니'라는 단어가 등장하더라고요. 정말 재미있는 것 같아요. '뺑소니'라는 단어에 우리가 주목한다면, 물론 침묵해서 아예 등장하지 않는 '민주'나 '노동'이나 '독재'라든가 하는 것들과 달리 굉장히 중요한 순간들인 동시에 사회적 일탈의 순간들이 공식적인 기록으로 드러난 것이 '뺑소니'라는 단어가 아닐까 생각했습니다. 앞으로 인문학이 이러한 예외적인 것들에 관심을 가지는 것도 중요하지 않을까 합니다.

네 번째는, 키워드 말고 공기어 작업을 하셨고, '가족'과 '지인', 두 단어를 보여주셨는데요. 이것이 더욱 효과적이려면 이것과는 다른 추세를 보이는 대조적인 단어를 역시 공기어 작업을 통해서 시대가 흐르면 흐를수록 사회 환경이 변화할 때마다 어떤 다른 추이를 보이는지를 보여주는 것이 원인을 파악하는 데 또는 더 깊은 사회적 맥락을 읽어내는 데 더 중요한 작업이 될 수 있을 것 같습니다.

마지막으로 토픽 모델링topic modeling 기법을 쓰셨는데요, 이 기법뿐만 아니라 다른 기법도 다 마찬가지일 텐데, 구본권 선생님께서도 신비주의 이야기를 하셨지만, 특히 웨인Wayne 선생님께서 발표하실 때 놀랐던 것이 유니코드로 작업하는 것이 코딩coding으로 드러났을 때 재미있는 인간적인 측면이 있다고 느꼈습니다. 코딩하면 굉장히 비인간적이고, 객관적이고, 깨끗하고, 오류도 없을 것 같은 이미지를 갖고 있어 그것이 마치 우리가 이해하지 못하는 신비주의에 빠지게 될 텐데……. 그렇지만 코딩을 드러냈을 때 의외로 인간적인 측면을 봤습니다. 토픽 모델링을 할 때 맬릿MALLET이라는 소프트웨어를 쓰셨는데 우리가 앞으로 더 진짜 관심을 가져야 되는 것은 이러한 소프트웨어나 프로그램이 가지고 있는 한계, 오류 가능성이라든가, 즉 통계적으로 어느 정도를 드러내 주는지 뭘 잘 드러내 주고 뭘 못 드러내

주는지, 이러한 코딩 또는 소프트웨어 자체에 대한 비평이 필요
한 것이 아닌가 합니다. 우리는 아직까지도 인공지능에 대해서
결과만 보고 작동방식을 모르듯이, 디지털 인문학도 아직 초기
단계이기 때문이기도 하겠지만 소프트웨어의 자체 작동방식에
대한 관심이나 문제의식이 덜한 것 같아요. 그래서 앞으로 그런
쪽도 우리가 관심을 가져야 되겠다고 생각했습니다.

사회자 ●●● 네, 다섯 가지 질문을 하셨는데요, 핵심 부분을
중심으로 답변 부탁드리겠습니다.

김일환 ●●● 네, 꼼꼼하게 논평해 주셔서 감사 드리고요. 답변
은 아주 짧게 단답식으로 하겠습니다. 첫 번째 제기해 주신 지적
은 '디지털 인문학의 전반적인 범위, 영역, 정의에 대한 논의가
필요하고, 콘텐츠 쪽에서만 하는 것이 디지털 인문학이 아니라
고 하는 것'에 저도 동감합니다. 저희가 Digitizing을 빨리 시작하
기는 했지만 그 중간이 지금 조금 많이 안 되어 있는—양적인
용어 쪽이 안 되어 있어서—그런 쪽도 다 아울러서 디지털 인문
학 속에서 같이 다뤘으면 좋겠다는 바람으로 그런 말씀을 드린
것입니다.

두 번째, 이러한 양적인 디지털 연구방법으로 어떤 새로운 것을
발견했느냐는 이야기는 디지털과 관련한 발표를 한 때미디 늘

질문을 받는 것입니다. 사실 오늘 보여드린 것은 그렇게 새로워 보이는 것은 없는, "그렇게 할 거면 뭐 하러 저렇게 많은 양의 데이터를 고생해서 모았느냐?"라는 질문이 나올 수도 있는데, 그것은 디지털 인문학이라는 양적인 방법의 문제가 아니고, 아직 준비를 덜한 것이기 때문에 그것은 저희 잘못으로 인정하고 넘어가겠습니다.

세 번째, '키워드 분류의 자의성'은 역시 지적해 주신 것처럼 양적으로 어떤 결과를 얻은 다음에는 정성적 분석이 꼼꼼하게 따라야 되는데 그것을 자의적으로 분류하고 커팅하고 보여주는 과정에서 굉장히 거칠게만 보여드린 것이고. 아까 지적해 주신 '신파'라든지 어떤 특이한 관심 있는 단어를 찍어서 미시적으로 연구하면 훨씬 더 재미있는 결과가 나올 것이라고 저희도 기대하고 있습니다.

'검열'이나 '무의식'과 관련된 추론하지 않은 단어에 대해서는 지금 나온 것도 아직 이렇게 못하고 있는데……. 그것은 물론 의미가 있고 《빅데이터 인문학: 진격의 서막》에서도 언급되고 있기 때문에 앞으로 가능성 있는 분야라고 생각하고 있습니다. 공기어 네트워크도 사실은 이렇게 지적해 주신 것처럼 어떤 공기어가 증가하는 양상도 보여줘야 되고, 공기어 워드가 날아가는 것도 보여줘야 되고, 뭔가 훨씬 정성적인 분석이 따라야 인문학자들이 "아, 이런 것은 내 연구에도 가져와야 되겠다"라는 생각을 할 수 있었는데, 이번에 저희 것은 보여주는 것에 급급한 점이 없지 않아 있다는 점 인정합니다.

토픽 모델링과 관련해서는 이도길 선생님이 돌린 것이긴 한데 소프트웨어의 정밀함에 대한 평가도 물론 중요하지만, 사실은 우리가 아까 저희가 처음에 했던 티 점수T-score나 이런 통계적 방법들이 그 자체로 얼마나 정확한지가 꼼꼼히 점검된다기보다는 나온 결과를 가지고 판정하는 그런 성격들이 꽤 많이 있습니다. 그리고, 실제 토픽 모델링은 이게 어떻게 그런 결과를 뿌려 주는지 설명을 잘 못해 주더라고요, 그것을 해 준 사람도. 아직까지도 그런 기술적인 검토는 조금 한계가 있는 것 같습니다.

이도길 ●●● 별로 말씀드릴 것은 없지만, 툴tool의 한계는 분명히 있고요. 맬릿의 토픽 모델링은 일단 주제 갯수를 사람이 정해서 모델링을 하고 나온, 각 주제에 속하는 키워드들을 보고 이 주제가 어떤 주제일 것이다, 라는 것을 사람이 네이밍Naming 해 줘야 되는 그런 문제가 있습니다. 그렇지만 결국 이런 툴들을 사용하는 이유는 효율성이죠. 사람이 일일이 다 그 수많은 코퍼스corpus를 읽어 보고 그 안에 어떤 주제가 시기별로 어떻게 변하고 있는지 볼 수 없다, 라는 거죠. 그것을 조금 오류가 있더라도 기계가 자동으로 해서 사람에게 빠른 시간 내에 도움을 주는 데 큰 의미가 있습니다,

사회자 ●●● 네, 감사합니다. 웨인Wayne 선생님 발표에 대해서는 울산과학기술원의 이재연 선생님께서 토론해 주시겠습니다.

이재연 ●●● 선생님의 흥미로운 발표 잘 들었습니다. 같은 국문학 분야에서 디지털 인문학을 하는데, 그렇게 사람이 많지 않음에도 불구하고 제가 하는 방법과는 또 다른 방법으로 문학을 연구하고 계셔서 저한테도 굉장히 자극이 많이 되고, 다른 분들에게도 그러지 않았을까 하는 생각이 들었습니다. 저는 발표에 관해서 세 가지 질문을 드리고 싶은데, 처음에는 구체적 사례로 드신《개벽》에 관한 것이고, 두 번째는 디지털 텍스트를 만들 때 생기는 실질적인 문제들, 세 번째는 말씀하셨던 Bibliography, 서지학이라는 것을 학제적으로 어떻게 다시 바라볼 것인가 하는 세 가지 질문입니다.

첫 번째, 웨인 선생께서 문자를 디지털로 등록하는 기본적인 기술인 유니코드를 가지고서 그것을 다시 배열해서 변환시켜 가지고, 점과 색의 매트릭스matrix로《개벽》의 기사를 시각적으로 표현을 다시 하셨는데요. 그래서 나타난 결과는 텍스트에 등장하는 한자와 한글의 비율이 다르고 그 차이에 따라서 여러 가지 다른 패턴으로 시각화가 되고, 이런 특정 문어文語 사용에 있어서 장르적 차이가 보인다, 예를 들면, 소설에서는 한글이 많고, 논문 쪽에서는 한자가 많이 등장을 하는. 그래서 굉장히 흥미로운 분석 작업을 하셨는데, 이런 것과 더불어서 또 다른 유니코드의 활용도가 있다면 조금 더 말씀해 주시면 좋지 않을까 싶습니다. 특히, 아까 사석에서 얘기할 때 지금 하시는 작업을 보여주셨거든요. 그것은 문자 인식에 관한 것인데, 텍스트본에서 문자 인식의 비율을 높이는 새로운 프로그램을 개발하고 계시다 해서 저는 굉장히 고무가 됐는데 그것이 기존의 것에 비해 얼마만큼 더 성능이 좋은 것인지, 어떻게 그것을 더 발전시킬 생각이신지 조금 더 들었으면 좋겠습니다.

두 번째 질문은, 저와 같이 디지털 텍스트를 연구하면서 가졌던 문제의식을 같이 공유하고 있어서 저는 굉장히 반가웠는데요. 그중 하나가 《개벽》의 영인본 문제입니다. 그러니깐, 국사편찬위원회에서 만든 《개벽》의 디지털 텍스트는 텍스트를 스캔해서 문자 인식을 한 것이 아니고, 사람이 일일이 다 타이프type를 한 전사傳寫입니다. 그것도 《개벽》의 텍스트본인 오성사본, 개벽사본 그 외의 영인본들이 여러 가지가 있는데, 전사자傳寫者들이 뭘 원본으로 보고 전사했는지 알 수 없다는 것을 국사편찬위원회에서도 얘기 해 놓고 있어요. 이것은 《개벽》의 문제뿐만 아니라 해방 이후에 두서없이 출간된 모든 영인본이 다 가지고 있는 문제입니다. 그랬을 때 우리나라에서도 만약에 구글 북스Google Books와 같은 디지털 아카이브를 만든다면, 이것이 정말 문제가 될 수 있거든요. 어떤 영인본을 정본으로 놓고 이것을 디지털 텍스트화 할 것인가? 아까 웨인 선생께서 말씀하신 중간에 디지털 텍스트보다 프린트본 텍스트의 한자가 더 많다고 하신 말이 기억이 나는데, 그것은 아마 전사자가 타이핑을 하면서 모르는 한자는 그냥 한글로 쳐 놓고 넘어가지 않았을까 하는 그런 의심도 하게 되거든요. 대용량의 디지털 아카이브를 만든다면 이런 문제를 앞으로 어떻게 해결할 수 있을까, 라는 실질적인 질문을 드리고 싶습니다.

마지막으로, 선생께서 말씀하신 서지학, Bibliography인데 이것을 기존의 서지학과는 다른 각도에서 접근하고 계십니다. D. F. Mckenzie의 《텍스트의 사회학》을 인용하시면서 여기에서 말한 서지학은 단순히 텍스트의 정보를 판단하는 그런 계통학을 의미하는 것이 아니고, 텍스트의 물성이 작품 해석에 중요한 요소가 되는, 텍스트의 사회사적 측면에서 학제를 말씀하시거든요. 이것을 물질적 대상, 논리적 대상, 논리적 개념으로 보는 데이터 분류법을 차용하고 있기도 하고요. 그래서, 이렇게 물질적인 사회학적 측면이 강조된 Bibliography를 본다면, 기존에 있었던 서지학과 방계로 연결되어 있는 문화, 책의 역사, 개념사, 이런 것들이 어떻게 재해석될 것인가, 재배치될 것인가 하는 그런 질문이 또 생깁니다. 그 부분에 관해서 어떻게 생각하시는지 궁금합니다.

웨인 ●●● 항상 좋은 질문을 하셔서 진짜 감사합니다. 첫 번째 질문은 유니코드 값 분석을 이용하면서 혹시 다른 연구를 할 수 있는지를 설명하면 좋겠다고 말씀하셨는데요. 사실 이 분석은 원래 다른 이유 때문에 시작했거든요. 원래 한글과 한자를 분석하는 것을 목적으로 시작하지 않았습니다. 그래서 아직도 하고 싶은 것은 못했습니다, 유니코드 값으로. 우리가 그리드grid를 만든 이유는 네트워크network 분석을 할 수 있기 때문입니다. 그리드를 만들면 네트워크 그래프로 되어 분석할 수 있어요. Natural language processor나 그런 개념 속의 어휘만을 집중할 수 있거든요. 그런데, 컴퓨터 텍스트 안에서 띄어쓰기나 가운데에 있는 것도 어휘가 되거든요, 정확하지 않으니깐. 어느 정도 어휘 대신 다른 것, 예를 들면 유니코드 값을 이용하면서 Language processor를 할 수 있는지를 시도하고 있거든요. 그런 작업을 하면서 "한자 많네?", "한글도 많다!", 시작할 때에는 사실 그런 분석을 기대하지 않았어요. (발표에서) 그런 이야기만 했지만, 목적은 Natural language processing 하는 것처럼 유니코드 값을 이용하면서 네트워크 그래프를 할 수 있도록 하는 것입니다. 그리고, 지금 유니코드 사용은 어느 정도 세계적으로 이용하는 Standard(표준)가 되었지만 그 전에는 여러 논쟁이 있었거든요. 애스키 ASCII와는 여러 다른 인코딩Encoding 시스템이 있었어요. 혹시 그런 인코딩 시스템을 이용하면서, 옛날 시스템이니 우리가 이용하지 않은 시스템을 이용하면서 다른 분석 방법을 통해서 얻을 수 있지 않을까 하는 생각도 있거든요. 유니코드 한 Standard 예요. 그래서 이 Standard를 이용하면서 다른 Standard도 이용하면서 분석할 수 있어요.

두 번째 질문은 영인본 문제인데, 심해요. 특히, 국사편찬위원회 웹사이트에 들어가 보니 어떤 텍스트를 이용해서 입력했는지 잘 모르겠어요. 입력했던 사람 몇 명을 찾아서 인터뷰 했습니다. 그래서, 왜 한자를 많이 입력하지 못 했는지는 알았어요. 두 가지 이유가 있었는데 하나는 소스source가 없었거든요. 다른 소스를 이용해야 했기 때문에 시간이 많이 걸렸어요. 입력할 때 글자 하나씩 돈을 받았는데, 한글 하나에 50원, 한자는 100원 정도 됐거든요. 그런데도 너무 귀찮으니깐 안 했어요. 그런 기술적·문화적·경제적인 문제가 있었어요. 그것을 만약 구글 북스처럼 하려는 프로젝트가 있다면, 항상 텍스트로 변환할 때 달라지는데, 제 생각에는 어떻게 바뀌었는지 할 수 있는 만큼 기록으로 남겨야 돼요. 새로운 구글 북스와 같은 아카이브 만들려고 한다면, 어떤 원본을 이용했는지 어떤 원문을 읽었는지 기록을 하고, 그리고 나서 어떤 기술을 이용했는지—마이크로소프트Microsoft를 사용했는지, 아래 아 한글을 사용했는지, 무슨 버전version인지—그것도 아주 중요하거든요. 그런 기록들을 가지고 아카이브를 만들 때에는 기록 정보를 남겨야 한다고 생각합니다.

마지막 질문이 제일 어려운 질문인데요. 이번에 답을 할 수도 없을 것 같지만……. Jerome McGann은 아주 뛰어난 디지털 인문학자인데 Textual study(텍스트 연구)부터 시작했습니다. 2년 전에 나왔던 그 분의 책이 있는데요, 《A New Republic of Letters》이라고 첫 행에 이렇게 쓰여 있어요. "What we call literature is an institutional system of cultural memory─a republic of letters. The general science of its study is philology and its Turing Machine is what scholars call the Critical Edition." 이를 번역하면 "문학이라는 것은 어느 정도 까다로운 시스템이라는 것을 생각해야 하며, 그 시스템에는 문화적인 기억이 있는데, 그것이 문학이다." 그것을 공부하려고 한다면 Philology(문헌학, 서지학), 어느 정도 서지학 쪽으로 해야 합니다. 지금까지 한국에서의 서지학은 목록화라고 기본적으로 생각하고 있는데, 그것은 아니라고 생각합니다. 조금 넓게 생각해야 하고, Linguistics(언어학), 문화적인 연구, 철학 등등이 있는데, 그중에서 중요한 것은 기술, 물질적인 것을 포함해야 합니다. 모두 Philology(문헌학, 서지학) 공부를 했거든요. 우리들도 다시 그렇게 가야 한다고 생각하고, 그렇게 가면서 우리도 어떤 튜링 머신 Turing Machine을 만들어야 한다고 생각합니다. 새로운 전집全集을 만들 수 있는 개념, 지금까지 전집이라는 것은 옛날 텍스트를 모아서 정리하고 편집해서 새로운 미디어로 출판을 하잖아요. 그렇게 만드는 것에 대해서 우리는 다시 생각해야 한다고 봅니다. 위의 그런 것을 다 설명할 수 있는 것이 모두 서지학 분야 안에 포함되어 있다고 생각해요. 그래서 새로운 것을—사실, 새로운 것이 무엇이 나오는지 알 수 없는 것 같지만—만들 때 우리 문화의 의미를 깊게 이해할 수 있도록 해야 합니다. 이상입니다.

사회자 ●●● 네, 감사합니다. 지금까지 발표와 토론을 들으면서 혹시 궁금한 사항이나 논평하실 내용이 있으면 말씀 부탁드리겠습니다. 발표자나 토론자 선생님 중 특정해서 요점만 간단하게 질문이나 토론을 부탁드립니다. 네, 박근갑 선생님.

박근갑 ●●● 사실, 어느 발표자 선생님께 지정하기 힘든 질문이 될 것 같은데요. 디지털 인문학이 상당히 매력적인 새로운 대안 과학으로 부상한 것 같은데. 제가 어떤 인상을 받았냐면 지금은 프로이트의 정신분석학에 맞먹는, 우리가 잘 아는 대로 프로이트는 사라진 시간의 영상이 뇌신경망에 각인되어 있는데 이것을 《꿈의 해석》이라는 책에서 말하다시피 이것을 다시 언어로 표현할 수 있는 해석학으로 컨버전conversion 한 과학이란 말이죠. 이것이 인문학에 끼친 영향은 지대합니다. 그런데, 지금 디지털 인문학에 대한 기대를 그 정도는 해야 앞으로 시대를 새롭게 이끌어 가는 과학이 될 것 같은데, 오늘 발표에서는 그런 내용은 좀 안 나왔다고 봅니다. 왜 이런 질문을 드리느냐면, 제가 굉장히 좋은 내용은 많이 들었지만……. 아까 《동아일보》의 분석 너무 멋지게 하지 않았습니까! 너무 재미있었는데. 그것이 말들에 대한 분석인데 그 말들에 담겨진 의미가, 이미 말은 찍혀 있는 영상이지만 거기에 담긴 의미는 이미 사라지고 없습니다. 그 옛 의미들이 어떻게 변화되었는지를 과연 디지털 인문학이 잡아낼 수 있느냐? 만약에 이것을 디지털 인문학이 해낸다면 그때야 비로소 나는 정신혁명이나 과학혁명이 될 것 같거든요. 그런 어떤 욕심, 기대, 이런 식으로 발전해 나갈 수 있는지 질문을 드려보겠습니다.

사회자 ●●● 한림과학원 개념사 작업에도 계속 참석해 오시고, 독일에서 서양사를 연구하신 박근갑 선생님께서 묵직한 질문을 해 주셨습니다. 박근갑 선생님께서 질문하신 내용에 대해서는 아무래도 김일환, 이도길 선생님께서 답변을 해 주시면 좋겠고, 또 혹시 이것은 개념사 연구와도 관련이 되는 부분이기 때문에 한림과학원에 개념사 연구를 해 오신 분들 중에도 오늘 발표 내용을 듣고, 그런 부분은 조금 다르게 보완적으로 탐구할 수 있겠다, 아니다, 이런 생각을 말씀해 주셔도 좋을 것 같습니다.

김일환 ●●● 네, 기대에 부응하는 답변이 될지는 잘 모르겠습니다만, 오늘 발표한 내용 중에서는 어떤 언어적인 변화 양상을 이런 방식으로 지금 포착한 결과를 보여주는 것은 아니고요. 사실은 언어 변화를 양적으로 포착하기 위해서 저희가 가정하고 있는 것은—지금 저희가 분석한 것처럼 빈도에 기반한 분석이 아니고—언어가 과거에는 이렇게 쓰였다가 어떤 식으로 변화해 왔는지를 양적으로 밝히기 위해서 주변에 같이 공기하는 단어들을 훨씬 더 면밀하게 분석해야 한다는 것이 저희의 가정입니다. 그래서 공기어 변화가 어떤 패턴화 되기에 일정하게 변화하게 되면 단어가 가지고 있는 의미도 변화하는 양상을 보일 것이다, 라고 가정하고 있습니다. 그런 내용은 사실은 오늘 발표에는 포함이 안 되어 있습니다.

사회자 ●●● 한두 분 더 질문이나 논평을 받겠습니다.

이경구 ●●● 한림과학원의 이경구입니다. 저는 두 번째 주제보다는 앞의 주제에 대해서 구본권 기자님이 교육에 대해 이야기하셨고, 비슷한 책임과 윤리 문제를 두 분 선생님께서 얘기하신 데 대해 아주 간단하게 말씀드리면, 어찌됐건 많은 대학 현장에서도 여러 선생님들이 이런 문제의식을 가지고 있고, 또 교육 내용에도 영향을 많이 받고 있습니다. 최영재 선생님도 우리 한림대학교가 어떤 일들을 하고 있다고 소개해 주셨는데요. 아마 이런 것과 관련해서 교육 현장에서는 융합교육이나 이런 부분들이 계속 고민이 되고 많이 시도가 되고 있는 것 같습니다. 그런데, 이것이 과연 방향을 잘 잡은 건지 이런 부분들에 대한 교육이 기존의 학제간 교육을 허물면서, 특히 학부 교육에서부터 되고 있는데, 어떻게 방향을 잘 잡고 가고 있는 건지 어떤 건지 그것을 질문 드리고 싶습니다.

사회자 ●●● 오늘 큰 발표의 목적은 전체적으로 자료의 가공에 대한 방법과 방향성의 제시에 있어서 그런 것 같고요. 참고로 김일환 선생님께서는 아까 김용수 선생님 질문에도 나왔지만, 예외적인 사용 용례에 대한 것이나 텍스트에 한 번만 나온 용례를 가지고 논문을 쓰신 것으로 알고 있습니다. 그런 구체적인 분야도 연구하고 계시니까 나중에 정보를 나누시면 될 것 같고요. 전반부 발표 세 분 중에서 조금 전에 이경구 선생님께서 말씀하신 한림대학교나 한국의 대학 사회에서 이루어지고 있는 방향에 대해서 어떻게 보시는지 하는 내용입니다.

또 하나는 아까 최영재 선생님께서 구본권 선생님에 대해서 논평하시다가 앞에 발표하신 두 분 선생님께도 이런 질문을 하셨습니다. '인공지능이 새로운 행위자화 되는데 과연 그것이 인공지능이 새로운 행위자화 되고 거의 인간과 가깝게 되어 간다고 하는 것은 지나치게 정도를 높게 평가한 것이 아니냐? 인간에 밀착하는 정도의 여부를 어떻게 보시줄 수 있는가'를 질문하셔서 거기에 관해서도, 같은 분이 안 하셔도 되지만 답변을 부탁드리겠습니다.

구본권 ●●● 간단히 말씀드리면 지금 교육의 가장 중요한 문제는, 우리가 직면한 문제의 답을 아무도 모르고 있다는 겁니다. 지금 '호기심이 중요하고 질문이 중요하다'라고 하는데, 제가 얼마 전에 읽은 한 에세이를 예로 들어보겠습니다. 그 글의 필자는 서울대학교 철학과를 나오고 미국에서 유학을 하신 분입니다. 그 분은 한국에서 공부를 열심히 잘해 왔는데 미국 명문대학 박사과정에서 공부를 하면서 진짜 문제에 부닥쳤습니다. "나는 그동안 주어진 문제는 잘 풀었는데 문제를 스스로 설정해야 하는 단계에 들어가자 난관에 부닥쳤다. 다른 사람들은 모두 잘 하는데, 그때 비로소 나는 유학생활 최대의 고비를 만났다." 이런 이야기인데, 다른 분야도 아니고 철학을 한다는 분이 이런 문제에 부닥쳤다고 말하는 게 상징적이라고 봅니다. 철학은 스스로 문제를 발견하고 설정하는 게 전문인 분야인데, 이런 표현을 할 정도이니 다른 분야는 굳이 물어볼 필요도 없지 않나 하는 생각이 들었습니다.

파블로 피카소가 컴퓨터에 대해서 "컴퓨터는 멍텅구리다. 질문할 줄 모르기 때문이다"라고 이야기했고 《기술의 충격》이라는 책을 쓴 케빈 켈리Kevin Kelly는 "기계는 답변을 위해서 존재하고, 인간은 질문을 위해서 존재한다"고 말했습니다. 이런 문제를 만들어 내는 능력이 지금은 가장 중요한 통찰이 되고 있는데, 우리가 이러한 방식을 교육 현장에 적용하고 있는지 돌아봐야 합니다. 최근 들어 전공도 통합하고 융합교육도 시도하는데, 과연 이러한 변화를 현재의 교사, 교육 행정가들이 시행할 수 있을 만큼 훈련을 받았는가, 능력이 있는가, 그러한 재교육 프로그램이 갖춰져 있는가를 먼저 살펴봐야 할 것이라고 생각합니다. 호기심과 비판적 사고력을 중시하는 교육의 중요성은 많이 알고 있는데 과연 이러한 교육철학에 입각해 만들어진 교수법을 갖추고 있는가? 저는 교육 개혁을 위해서는 학생들이 아니라 먼저 교육자들의 현실과 역할을 재검토하는 것이 우선이라고 생각합니다.

이중원 ●●● 사회자께서 답변을 하라고 하셔서, 예를 들어 보겠습니다. 올해죠. MS에서 테이Tay라는 자연언어 인공지능 프로그램을 컴퓨터에 올렸죠. 알파고 같은 경우는 바둑 관련 빅데이터를 충분히 학습시킨 후에 이세돌하고 싸움을 붙였지만, 테이 프로그램은 그런 빅데이터 없이 직접 인간과 소통해 보라고 한 것이거든요. 그런데, 24시간 만에 문을 닫았습니다. 그 이유는 보수, 우익, 히틀러 추종주의자, 여성 폄하주의자, 우리 사회에서 도덕적으로 문제가 있는 발언을 신조로 가지고 있는 그룹들이 집중적으로 학습을 시켰어요. 그랬더니 몇 시간 뒤에 제3

자가 들어가서 대화를 나누려고 보니 히틀러가 영웅이니 뭐니 이런 얘기를 계속하고 있어서, 사회적인 물의를 일으켜 문을 닫았습니다. 인공지능은 그 정도의 능력을 가지고 있어요.

결국, 알파고와 같은 스타일이 있는 반면에 테이와 같은 방식의 인공지능이 있고요. 또 영화 〈그녀Her〉에서 나오는 것처럼 사람을 힐링할 수 있게, 치료할 수 있는 치유적 차원에서 상담하는 프로그램도 이미 운영하고 있습니다. 이러한 인공지능 프로그램들이 결국 중요한 것은 인간과 소통한다는 거죠. 아무리 프로그래밍이 있다 하더라도 인공지능에서 사용되는 딥 러닝 프로그램은 이미 나름대로 로직logic이 있기 때문에 인간이 통제할 수가 있어요. 그리고 각 레이어layer마다 웨이팅weighting을 어떻게 주느냐에 따라서 얘가 어떻게 데이터를 분석하는지도 지정할 수가 있습니다. 그런데 뭐가 조정이 안 되냐면, 빅데이터가 조정이 안 돼요. 얘가 가지고 있는 학습 능력으로 무엇을 학습하느냐에 따라서 아까 같이 이상한 인공지능으로 갈 수도 있고, 정말 인간에게 필요한 인공지능으로도 갈 수가 있는 거죠.

그런데, 빅데이터의 통제는 기술적인 문제가 아닌 거죠. 어떤 종류의 빅데이터를 우리가 인공지능에게 활용하도록 할 것이냐? 그 다음에 빅데이터를 단순히 주어질 때만 판단하는 인공지능이 아니라 그것을 스스로 메모리 하는 것이 효율적일 수 있거든요. 인공지능 딥 러닝 프로그램 안에서도 계속 빅데이터를 줄 때마다 처음부터 다시 반복하는 딥 러닝은 사실은 인공지능 프로그램의 효율성이 떨어집니다. 그러니까, 일정 정도 학습을 한 후에 애가 스스로 메모리해 놓고, 그 다음에 추가 학습을 저장하는 이런 능력이 있는 인공지능 프로그램을 당연히 만들 거예요. 법률체계도 마찬가지고, 암 진단 프로그램도 마찬가지고. 그럼 인간이 기억을 어느 정도 메모리를 하고 '내가 좀 전에 뭘 했지'라는 것을 판단하는 것과 상당 부분 유사합니다. 그것을 의지를 가지고 판단하느냐는 것은 저는 중요한 문제가 아니라고 생각하고, 중요한 것은 인간에게 그런 모습으로 계속해서 나타난다는 겁니다. 그러면, 인간의 삶은 분명히 정신적으로나 윤리적으로나 도덕적으로나 사회적으로 어떤 영향을 받게 되어 있고, 그렇다면 그 존재를 단순히 도구로써 간주했을 때는 인간이 관리하고 통제할 수 있는 수단이 도구적인 방법밖에 존재하지 않게 된다는 거죠.

그래서, 우리가 아까 오랑우탄 이야기를 했습니다만, 오랑우탄에게 구태여 인격체라는 것을 법정에서 판결해 줄 필요가 뭐가 있나요? 오랑우탄한테는 전혀 좋은 게 없거든요. 이미 20년 동안 동물원 창살 안에서 살아왔기 때문에 바깥세계로 나가는 거 별로 좋아하지 않을 겁니다. 결국 오랑우탄을 인격체로 규정하는 것은 인간이 다양하게 존재하는 인간 주변의 존재자들을 액터actor라는 관점에서 다양한 지위를 부여하고 그것을 사회 시스템 안에 조화롭게 구축함으로써 인간의 삶을 보다 바람직하고 윤택하게 하려는 그런 시도라고 생각합니다. 그런 규정들이 있을 때 좀 더 엄격하게 사람들이 인위적이고 자의적이고 인간중심적으로 행위하기보다는 그런 것들을 좀 복합적으로 조화롭게 사고할 수 있도록 사회제도나 이런 체계 안에 편입시키는 거죠, 그런 개념들을 바탕으로. 그런데, 우리는 편입할 수 있는 그런 개념이 아직 없다는 겁니다. 인간에게만 적용되었던 개념으로는 적용이 안 되죠. 인간이 가지고 있는 개념만 보면 여전히 인공지능은 아무리 똑똑해도 도구일 뿐입니다.

그런 면에서 어떤 철학적인 분석 작업이 필요한 게 아닌가 하는 생각을 한 거고요. 그 존재자들에게 의지가 있느냐 없느냐는, 존재론적인 차원의 문제는 지금의 문제는 아니라고 보고, 그것은 초지능 시대에 가서 던져질 질문이라고 생각합니다. 그것은 아마 저도 그렇고 신상규 교수님도 그 논의를 하려고 했던 것은 아니라는 말씀을 드리고 싶습니다.

사회자 ●●● 보충해서 설명하실 분이 있으신가요?

신상규 ●●● 이중원 선생님 말씀에 대부분 동의하면서, 조금 보충하고 싶은 부분이 있는데요. 아까 알고리즘에 대해서 다 알고 있다고 그랬는데, 실제로는 모릅니다. 전통적인 고전적 방식의 AI의 경우에는 알고리즘을 다 알고 있습니다. 하지만, 알파고에서 채택하고 있는 Neural Network(신경망) 같은 경우에 우리가 알고 있는 알고리즘은 학습알고리즘이에요. Neural Network를 어떻게 학습시킬 것인가와 관련된, 딥 러닝을 하는 알고리즘은 우리가 알고 있습니다. 하지만, 바둑알의 위치를 결정하는 것과 같은 컴퓨터의 작업은 딥 러닝의 알고리즘이 작동하는 것이 아니라, 딥 러닝 알고리즘에 의해서 스스로 학습한 어떤 루틴routine을 통해 이루어지는데, 우리는 그 루틴을 모릅니다. 알파고 같은 경우에, 가령 그 행동을 보고 학습을 통해서 어떤 바둑의 룰rule을 습득했다고 추정할 수 있습니다. 그리고 그 룰을 적용하여 (바둑을) 두는데, 제작자들도 알파고가 실제로 어떤 과정 혹은 어떤 규칙을 거쳐서 그 수를 선택했는지를 모두 알지 못합니다. 그래서 알고리즘은 여전히 신비한 것이고요. 어떤 면에서는 아직 인간의 이해 영역 밖에 있는 부분입니다.

그 다음에, 계속 나왔던 질문 중의 하나가 과연 그런 존재들이 정말 인간과 근접한 존재이냐에 대한 증명의 문제입니다. 아까 최일만 선생님과 위세찬 선생님이 질문하신 것에도 이러한 요구가 바탕에 깔려 있다는 생각이 듭니다. 이 문제는 포스트휴먼이나, 탈인간이라는 관점을 왜 자꾸 이야기하는지의 중요성과 연관되어 있습니다. 우리가 도덕 같은 것을 논의할 때, 항상 인간을 중심에 두고, 노력을 위해서는 사유의지가 있어야 때, 의식이 있어야 돼, 자기반성적 능력이 있어야 된다는 이야기를 하거든요. 사실, 그 자체가 굉장히 인간적인 기준들입니다. 왜 도덕적 행위자가 되기 위해서 의식이 있어야 되는지? 반성적 의식이 있어야 되는지? 그것은 사실 굉장히 인간적인 기준이거든요. 우리가 그것을 토대로 도덕의 모든 실천적 문제에 접근하려는 태도 자체가 대단히 인간주의라는 것입니다.

사실 인간의 경우에도 그런 자유의지가 있느냐 하는 것은 분명하지 않습니다. 결국 남는 것은 "나는 내 스스로가 자유의지를 가지고 선택했다"라고 하는 자기 확신 혹은 주관적 경험입니다. 그와 더불어 "나는 그런 것이 틀렸다고 생각하는데"라고 하는 반성적인 주관적 경험이나 의식이 있습니다. 철학의 존재론적 관점에서, 현대 철학자들은 정신이라는 것을 이해할 때 꼭 인간의 정신이 기준이 될 필요는 없다고 생각합니다. 우리가 정신이라고 부를 수 있는 것들의 공통적인 특성이 무엇이냐를 찾아 내려는 것이 현대 철학의 지배적인 논의였고, 그런 논의들이 인공지능에 어떤 토대를 제공했다고 얘기할 수 있습니다. 그런 관점에서 접근했을 때, 철학자들이 내리고 있는 결론은 '정신은 계산'이라는 것입니다. 그리고 그런 정신성이나 자유의지와 같은 것을 확인하는 문제도, 결국엔 행동주의적 결과를 가지고 이야기할 수 있을 뿐이지, 우리 내부에서 이루어지는 어떤 체험을 하지 못한다고 해서 인공지능에는 그런 것이 '없다'라고 말할 수는 없다는 것이죠.

반성적 의식의 경우에도 다음처럼 말할 수 있습니다. Ned Block 같은 철학자는 의식을 세 가지로 구분합니다. Access consciousness (접근적 의식), Phenomenal consciousness(현상적 의식), Self consciousness (자의식)가 그것인데, 이 세 가지 의식은 모두 의식의 다른 측면을 이야기하고 있습니다. Phenomenal 하다, 라는 것은 우리가 주관적으로 느끼는 감각적인 질에 대한 것입니다. 그것을 제외한 나머지 의식들인 Access consciousness나 Self consciousness 같은 경우는 인공지능에서 구현 가능합니다. 피드백 회로 등을 만들어서. 내부의 상태를 스스로 감시하는 메타meta 상태를 두는 방식으로요. Phenomenal한 부분은 아직 기계에서 구현 가능한지 확실치 않지만, 의식의 나머지 부분들에 대한 것은 이미 어느 정도 작동하고 있고 기술적으로 구현 가능합니다. 그런데 도덕적 선택이나 판단, 그리고 행동과 같이 소위 인격적 존재가 수행한다고 여겼던 것에서 중요하게 작용하는 것은 Phenomenal consciousness가 아니라는 거죠. 여기서 중요한 것은 Access consciousness나 Self consciousness 같은 것인데, 그런 것들은 아직 낮은 단계이긴 하지만 실제 기계적 수준에서 구현 가능합니다. 철학적인 존재론 관점에서 그런 것들이 원론적으로 인공지능에서 불가능하다고 볼 이유는 없다는 거죠. 그리고 그런 틀에서 인공지능 프로그램들이 연구되고 있고, 또 그런 시으로 계속 진행되었을 때, 다른 근본적인 수준에서의 반론이 제기되지 않는 한, 정도의 차이는 있지만 그러한 방식의 의식적 존재자들은 출현할 것입니다. 지금은 아직 낮은 수준의 지능적 존재자들이 등장한 단계에 불과합니다.

사회자 ●●● 예, 장시간 발표와 토론을 해 주신 선생님들과 끝까지 경청해 주신 선생님들께 감사드립니다. 그러면 이상으로 제8회 일송학술대회를 마치겠습니다. 감사합니다.

찾아보기

디지털 시대 인문학의 미래

⊙ 2017년 4월 9일 초판 1쇄 발행
⊙ 2019년 1월 4일 초판 2쇄 발행
⊙ 기획　　　　　일송기념사업회
⊙ 글쓴이　　　　이중원, 신상규, 구본권, 샹제頂潔, 천리화陳麗華,
　　　　　　　　김일환, 이도길, Wayne de Fremery, 김상훈
⊙ 발행인　　　　박혜숙
⊙ 펴낸곳　　　　도서출판 푸른역사
　　　　　　　　우) 03044 서울시 종로구 자하문로8길 13
　　　　　　　　전화: 02) 720-8921(편집부) 02) 720-8920(영업부)
　　　　　　　　팩스: 02) 720-9887
　　　　　　　　전자우편: 2013history@naver.com
　　　　　　　　등록: 1997년 2월 14일 제13-483호

ⓒ 일송기념사업회, 2019

ISBN　979-11-5612-090-2　93300